现代传播·广播电视传播　MODERN COMMUNICATION

丛书主编　王文科 陈少波

Television Variety Show Director

电视综艺节目编导

王国臣 著

ZHEJIANG UNIVERSITY PRESS

浙江大学出版社

目 录
CONTENTS

绪编　电视综艺节目的属性与特征

上编　综艺节目文本创作

第四章　相声艺术及其创作要领 ……………………………… 45

下编　综艺节目导演艺术

电视综艺节目的属性与特征

第一章　电视综艺节目的起源与发展

一、世界电视综艺节目的发端

　　人类社会步入 20 世纪之后,随着电子科学技术的飞速发展,世界已经进入了"电子时代",电子时代最鲜明的时代特征就是各类信息的迅速传播,使人类真正进入了大传播的时代,甚至是信息大爆炸的时代。电视则将人类带入了一个高度文明的新世纪——电视文化的新时代。

　　电视综艺节目是随着电视的发明而诞生的。1936 年 11 月 2 日,英国广播公司(BBC)在伦敦郊外的亚历山大宫以一场规模盛大的歌舞开始了电视的正式播出,这一天被认为是世界电视的诞生日。作为电视节目,"歌舞"首先从亚历山大宫通过电波传送到有电视接收机的观众面前,综艺节目从此诞生。

　　"二战"前的美国"全国广播公司"(NBC)和哥伦比亚广播公司(CBS),曾试办过"综艺"节目,其中有游戏、竞赛、马戏、表演等,但因经费及节目的质量都难以保障,无法提供创办固定的综艺节目条件,曾一度终止。到 1945 年第二次世界大战结束,美国电视台迅速膨胀,从 1946 年的 6 家增加到 108 家。其中,全国广播公司(NBC)和哥伦比亚广播公司(CBS)借鉴广播电视开办娱乐性节目的经验,网罗娱乐艺术界的明星,将他们各类形式的表演引入电视,并加以串联、解说、组合,在电视中推出了综艺节目。

　　电视综艺是电视节目的一个重要的节目门类,是继音乐、舞蹈、美术、戏剧、戏曲、曲艺、电影等艺术之后,在艺术大花园中的又一朵艳丽的"奇葩"。这枝"奇葩"吸取并融合了姐妹艺术的营养,伴随着电子科学技术的发展,异军突起,成为新的艺术门类。在众多的艺术门类中,电视艺术这一"奇葩"博取众长,卓然而立,顾盼生辉。

　　电视综艺是以先进的电子技术为基础,以电视特有的声画造型为表现手段,运用艺术的审美思维,对各门类的综艺作品进行加工综合、创造,通过屏幕形象的塑造,达到动人、感人、悦人、宜人的艺术效果的新兴综艺形式。电视综艺节目为广大观众所喜闻乐见,具有较强的视听综合艺术性和广泛的群众性。

1948 年 6 月,在美国电视屏幕上诞生了两个具有开创意义的综艺节目。全国广播公司将广播电台直播的综艺节目移植到电视中,推出电视综艺节目《德克萨克明星剧院》,由弥尔须·伯尔勒任该节目主持人。播出后获得了轰动的效果,赢得了观众的热烈欢迎,被称为美国电视史上"第一个突破"。同年 8 月,哥伦比亚广播公司推出有固定播出时间的第一个以歌舞为主的《城中明星》综艺节目。

美国电视网播出的综艺节目,除了体育节目外,几乎垄断了电视网上的黄金时间。因为它们不但为开拓综艺节目的广阔天地打下牢固的基础,而且还带动了电视娱乐节目的发展。加上电视网也大力鼓励娱乐节目。1949 年设立的每年一度的艾米奖,主要奖励娱乐节目,头三年扩大到全国范围,为电视的繁荣做了很大的贡献。

第二次世界大战结束后,电视在许多国家飞速发展。大多数国家都有自己的电视综艺节目,而且都有自己的特点。有的以肥皂剧、连续剧、系列剧见长,有的则以室外音乐会见长。英国 BBC 娱乐节目有音乐、舞蹈等,法国电视节目有文学、艺术、音乐、舞蹈、戏剧、电影、杂耍、综艺等。20 世纪 80 年代,电视剧减少了,而智力竞赛、猜谜节目、逗笑节目增多了。这个时期娱乐性节目的特点是:(1)各种因素混合的节目增多;(2)信息节目渗入到娱乐性节目中去。电视以诸多的优势,物色培养、造就了许许多多的艺术表演家。许多经过数年奋斗获得成功的艺术家认为,"电视可以一夜之间造就一个明星或毁掉一个明星"。这种说法虽然有些夸张,但也道出了电视的神奇力量。这种诱惑力使得不同风格、不同流派、不同形式的各类艺术在电视这个大舞台上各显身姿,从而促进了电视娱乐节目多样化的发展。

二、电视综艺节目在新中国的发展

1958 年,中国第一座电视台——北京电视台(现中央电视台的前身)开始试播。电视节目直播的传播范围仅北京市区几十平方公里。当时,北京市内仅有 50 台电视机。1958 年 9 月 2 日,北京电视台宣告"正式播出"。中国的电视综艺节目伴随着北京电视台的建立而诞生,并经历了几个不同寻常的发展时期——

创作初期主要采用直播的形式。1958 年"五一"国际劳动节那一天,就在演播室向北京地区直播中央广播实验剧团表演的诗朗诵《工厂里来的三个姑娘》,北京舞蹈学校演出的舞蹈《小天鹅舞》、《牧童和村姑》和《春江花月夜》。

节目虽说不够丰富多彩,但这毕竟是第一次综艺节目成功的尝试,也与当时的电视技术水平相适应。当时因为还没有录像编辑设备,无法进行录像和编辑,只能用直播方式播出。直播时期的综艺节目是在演员表演的同时,摄影师根据导演的意图,将节目从剧场或演播室直接播送出去。由于受技术手段和编导人员经验不足的限制,播出的节目内容很少有电视化的艺术处理。首次综艺节目就是从一间由会计室改建的约 60 平方米的小演播室内直播出去的。一些短小的节目,如诗歌朗诵、曲艺、杂技、独舞、独唱等常在这间小演播室里播出。舞台演出的节目则以剧场实况转播为主,充分发挥电视即时传真的特性。

1959 年国庆 10 周年时,北京电视台通过电缆传送,转播了天安门广场的综艺晚会实况,这是北京电视台首次转播规模比较大的综艺演出。

此后,各地电视台相继开播,也陆续办起了自己的综艺节目。这些电视台主要播出当地文艺团体表演的节目,尤其是受到当地群众欢迎的具有地方特色的节目,多数也是实况转播。

由于实况转播时期电视化的思维和制作手段,没有充分展现电视的表现力。1960 年以后,北京电视台建了 600 平方米的演播室,提高了演播条件和艺术加工的能力,对综艺节目都运用了电视的思维手段进行艺术的再创造,从而丰富了综艺节目类型和节目的艺术表现力与电视化。

1960 年春节,北京电视台首次在演播室里排练、播出综合性春节综艺晚会,有诗朗诵、相声、戏曲、歌舞等,这就是后来流行的大型综艺晚会的雏形。此后,北京电视台又组织了 3 次《笑的晚会》。第一次是北京和天津相声演员的表演,第二次以综艺茶座的形式播出,第三次以电影、话剧、相声演员表演的小品为主。这几次《笑的晚会》为探求综艺节目的新形式提供了新的经验。

1964 年 12 月底,北京电视台利用黑白录像机录制了常香玉主演的豫剧《朝阳沟》第二场和《红灯记》中《智斗鸠山》一场,在迎接 1965 年元旦的综艺晚会中播出。这是我国电视媒体第一次使用录像播出的综艺节目,使综艺节目在时空上初露了新的发展前景。令人遗憾的是,1966 年爆发了"文化大革命",酿成持续 10 年的全国性的大动乱,大大推迟了这一美好前景到来的时间。

"十年动乱"期间,综艺节目十分单调,以转播舞台演出为主。"十年动乱"结束后,大批优秀的戏剧、音乐、歌舞、曲艺、杂技节目重新在舞台上演出,综艺节目源源不断,电视屏幕上呈现出群芳争艳的喜人景象。中央电视台转播了几次大型综艺晚会,在全国观众中引起强烈的反响。

1976 年 12 月 21 日,北京电视台直播了《诗刊》编辑部主办的诗歌朗诵音乐实况。艺术家王昆、郭兰英、王玉珍、常香玉等登台表演,缅怀老一辈无产阶级革命家。会上演唱了如《绣金匾》、《兄妹开荒》、《夫妻识字》、《洪湖赤卫队》等歌曲。1977年,北京电视台主办的专题综艺节目《我们永远怀念你啊,敬爱的周总理》,用激情饱满的解说词串连、穿插了反映周总理生平事迹的影片资料和郭兰英、马玉涛等歌唱家演唱的歌曲,抒发了全国人民对敬爱的周总理的深切怀念之情。

从1979年开始,我国电视事业的发展大大加快,开始迈进快速发展和繁荣的时期。以1980年"三八节"晚会为代表的综艺节目的实况播出,大大超越了第一阶段的实况意识。它表明综艺节目驾驭先进的电子技术,在更大范围内掌握调动时间、空间,充分发挥综艺节目主题鲜明、结构完整、手段多样,有层次、有节奏的特点。一年一度的春节联欢晚会是中国综艺节目繁荣发展的重要标志。

一系列大型综艺竞赛活动的举办,也是这一时期综艺节目繁荣发展的标志。如中央电视台1984年起先后举办的"全国电视相声大赛"、"全国戏剧小品电视大赛"、"全国喜剧小品邀请赛"等综艺竞赛,为综艺节目的发展拓宽了路子,同时也大大丰富了综艺节目的内容。

随着综艺节目呈现繁荣局面,各国综艺节目的国际间交往也日益增多。一是中国的电视台与国外的电视台合作制作播出综艺节目,二是中国综艺节目频频参与世界交流并在国际上获奖。1986年6月,中央电视台应邀首次参加意大利电视台主办的《夏日世界音乐之夜》节目,综艺部录制的琵琶独奏《十面埋伏》和古筝独奏《渔舟唱晚》参加了联播,都取得了圆满成功。

走向世界的中国综艺节目在国际上多次获奖。如中央电视台的《民族歌舞与杂技》节目获1987年"中国人民多种传统形式艺术专业表演奖"。1988年,中央电视台的《金舞银饰》在第二十五届"金色布拉格"国际电视节上获"传统与民间音乐电视奖"。另外,各地方台也积极参与国际性的电视交往,如上海台和四川台分别从1986年和1991年起,举办"白玉兰奖"国际电视节和"金熊猫奖"国际电视节。

这一时期,中国电视节目还出现了多种样式新颖的综艺节目形式,电视屏幕充满了探索的精神。如电视艺术片将文学、戏剧、音乐、舞蹈、绘画、摄影等多种艺术形式融合在一起,创造出新的意境,成为繁荣发展期综艺节目的一种引人注目的形式。

另外,为了繁荣综艺节目的创作,鼓励电视剧的创作,中央电视台1981年设立"全国优秀节目评选",1987年设立了"星光奖"。这些奖项的设立大大鼓舞了电视创作者的积极性,为综艺节目的繁荣起到了巨大的促进作用。

《正大综艺》是从 1990 年 4 月开始,其节目内容由正大集团方面提供,中央电视台国际部负责节目后期制作。有关外国的节目部分分别分布在《世界各地》《外国文艺》《动物世界》等小栏目中,这在 1990 年综艺性节目很少的情况下,可以说是独此一家。当时由于节目内容新颖,制作形式独特,这个栏目一炮打响。然而两年后,正大集团方面提供的节目已经不能满足观众的需要,年收视率从 23.2 降到 18.3,栏目组的编导及时调整,首先在节目形式上加以大的改进,从内容上收集电视台资料库里的可用素材,编辑了许多生动活泼的小单元节目,同时也自己拍摄"中国真奇妙"的板块。1993 年后,《正大综艺》栏目又与地方省、市电视台合办《正大综艺》节目,这种合作一直保持到现在。《正大综艺》栏目每一次节目内容、形式和主持人的调整,都给栏目注入了"新"味,注入了活力。2000 年推出的新栏目《同一首歌》,老歌新形式一炮打响,老少皆喜,唱红了大江南北,深受电视观众的欢迎。

随着精神文明的发展和电视技术的进步,综艺节目的样式层出不穷,向栏目化、专题化发展。如《同一首歌》《星光大道》《非常六十一》《欢乐中国行》《曲苑杂谈》等,能在固定时间里,以特定内容、形式、风格的综艺节目吸引稳定的观众,代表当代电视的发展趋势。

此外,综艺节目的繁荣还体现在中央电视台综艺专门频道的开播。如电视综艺频道(中央 3 频道)等。这些综艺频道的开通,满足了广大观众对不同综艺节目的需要,大大丰富了综艺节目。

中国综艺节目经历了漫长的探索期,终于走进了全面发展、全面繁荣的新阶段。

综艺节目形成繁花似锦的格局,综艺栏目遍地开花。从综艺节目的内容上看,歌舞、戏剧、戏曲、曲艺、相声、杂技、文化生活以及舞台演出,电视综艺节目不断出现创新;电视晚会越来越引人注目,电视晚会的声势也越来越大,出现了许多大型和特大型的晚会节目。与此同时,电视晚会的艺术审美也越来越从舞台演出演变成融合电视导演创作思想和电视手法的综艺节目作品,电视晚会成为综艺节目中与电视剧并驾齐驱的"两驾马车"。

近几年来,在电视台演播室内和广场上制作的综艺节目,不论是大型的节目,还是小型的综艺栏目,节目的质量均比前几年有很大的提高。2008 年北京奥运会开、闭幕式大型晚会,可以说是综艺节目在中国乃至世界的登峰造极之作。2009 年在北京举办的破天荒的"相声脚本拍卖会",标志着综艺节目脚本备受重视、高速发展的局面已经为期不远了!

三、电视综艺节目与中国说唱文学的渊源

"综艺节目",是综合性文艺节目的简称。它的主要构成元素是声乐、器乐、戏剧、曲艺、舞蹈、杂技等表演艺术,辅之以舞美、灯光、音响、服装、化妆、道具等辅助艺术,"综合"编排在一起,具有"集约化的信息传达方式",其主体形式是各种样式、各种风格、各种主题的综艺晚会。从文本角度考量,中国综艺节目的脚本大体属于"说唱文学"范畴。

"说唱"——以说说唱唱的形式,反映社会生活,娱乐大众。这同时也是"曲艺"的特征。故此,许多地方把"说唱"当做"曲艺"的同义语。据不完全统计,全国的曲艺约有 300 种之多,基本上可分为"说类"、"韵诵类"、"演唱类"三大类。

"说类"基本是散文体的,如评书、故事、相声、双簧等曲种。

"韵诵类"有一定的节奏和韵辙要求,但主要还是"说",用简单的打击乐伴奏,如数来宝、快板书、山东快书、天津快板等。

"演唱类"分两种:一种是板腔体式,以伴奏乐器鼓板为标志,文学脚本一般以七字句为主,间有五字句或十字句,两句为一组,单数句可以不押韵,用仄声字;双数句一定要押韵,用平声字,一上一下,反复使用。如湖北大鼓、京韵大鼓、梨花大鼓、奉调大鼓、梅花大鼓、乐亭大鼓、道情、渔鼓等均属板腔体式唱类曲种。另一种是联曲体式,以便用固定曲牌为特点,文学脚本是"长短句",使用的曲牌都有固定的句数、字数以及韵辙要求。如湖北小曲、长阳南曲、恩施扬琴、山东琴书、常德丝弦、四川清音、大调鼓子曲等皆属联曲体式唱类曲种。

在艺术实践中,还逐渐演化出了"说唱兼有类"曲种——既有全无伴奏的大段说白,也有音乐伴奏的成套唱词,如苏州弹词就是有说有唱,以唱为主。另有一些运用板腔体式说唱长篇大书,亦有用联曲体说唱大书的尝试。

民间说唱是在我国独特的文化土壤上生长起来的、为广大民众所喜闻乐见的一种民族的艺术。这种艺术形式的基本特点是:以叙述为主,表演为辅,一人多角,虚中求实。

所谓"叙述为主",指的是民间说唱属第三人称"叙述体"。"叙述",也叫"说表","表叙表唱",即由演员以第三人称的身份给观众说故事,唱故事,说笑话。因为民间说唱是从民间故事、民间笑话、民间叙事诗发展演化而来的,因而保存了这些体裁叙述故事的特点。作品中交代背景、发展情节、刻画人物、评点议论都离不开叙述。可以说,叙述是说唱艺术表演的基础。

但是,民间说唱又不同于一般的讲故事、说笑话,它要求在叙述故事的同

时，还要佐以适度的、摹拟性的表演，此即所谓"表演为辅"。

说唱艺术中的"表演"，与戏曲中的表演也有区别。戏曲表演分角色，归行当，一人一角，属"代言体"。而说唱艺术表演则是"众生万相，皆备于我"——生旦净末丑，老虎狮子狗——全由艺人一张口说出。演员时而要跳进故事中去，模拟故事中的某一角色（这叫"起角色"）；时而又退出来，继续以说书人的身份往下叙述。就在这种"时进时出"、"进退转换"之中，完成刻画人物、叙述故事、表达主题、抒发情怀的任务。

这种"一人多角"的表演，实际上只是一种"写意性"的模拟，它的"角色化"是虚拟的、片断的、瞬间的。装男扮女、装老扮少，可由一个演员完成，不受年龄、性别限制，虽然也要求"装龙像龙、装虎像虎"，但主要追求"神似"，"点到而已"，不作动作上的过分追求。人物一转相，演员即退出角色，继续叙述。有人把戏曲表演称作"现身中的说法"，那么，说唱艺术则应该是"说法中之现身"了。它表明，民间说唱是一种"表叙表唱为主、进退转换为辅"的说唱性的语言艺术。

这种"写意性"的模拟表演，配合着说表唱词，能催发听众的联想，在各人心中形成再造的艺术意境，达到"虚中求实"的目的——所谓"实"，即生活与情感的"真"；而"虚"，则指模拟性的表演及由此而在听众心目中形成的一种艺术意境。听众从这新造的意境中，可以领略人物的神韵，从而获得一种情与理的认同与共鸣。说唱艺术的这种特点，使它具有独特的灵活性。首先，它能突破时间、空间的限制，"指天说天，指地说地；言险而惊，言寒而凛"，演员时进时出，叙述、描摹、评点、议论十分自由；其次，便于直接与观众交流感情。因是第三人称叙述式，演员与观众站在同一视点上，演员可以替观众发问或说话，因而能取得观众的充分合作，更有效地调动观众的丰富联想，达到良好的艺术效果。

（一）说唱之"说"——评书

说唱艺术的历史十分悠久，甚至可以上溯到古代的"徘优"，因为《史记·滑稽列传》中就专门记载了优孟、优游、淳于尧三位"徘优"的活动。他们"滑稽多辩"、"善为言笑"的特点，与后世的曲艺有惊人的相似之处。也有人根据四川成都天回镇出土的东汉墓穴中有一个"说书俑"，认为这也可以算得是探索曲艺源流的一个"物证"。

从文学史上看，说唱文学的萌发与兴盛，始于唐代的"变文"。"变文"开初是寺庙里和尚用来宣讲佛法经文的。和尚讲经，亦很注意宣传效果。为了吸引善男信女，这种"变文"讲经说法是有说有唱、图文并茂的。由于这种形式生动活泼，很能吸引听众，因此很快为民间口头创作所吸收。一些民间传说、历史故事、民间趣闻,不断被编进"变文",从庙堂到"瓦子",到处传唱。

到了宋代,说唱文学经过长期的孕育,已经相当发展并逐渐成熟了。因为宋代经过晚唐和五代乱离之后,重归一统,商业经济得到了飞速发展。商业的发展,促进了大都市的繁荣,当日的汴京"举目则青楼画阁,绣户珠帘;雕车竞驻于天街,宝马争驰于御路;金翠耀日,罗绮飘香。新声巧笑于柳陌花衢,按管调弦于茶坊酒肆"。秦楼楚馆、歌女伶工,一派升平景象。

正是在这样的条件下,说唱文学得到了蓬勃的发展,而且还涌现了不少著名的专业艺人。宋元以后,讲唱文学历经数朝,一直不衰,各式曲种,争奇斗艳。这其中,首推"评书"。评书艺术,自宋代说书产生以来,一直久传不衰。传统评书中,有以金戈铁马、朝代更替、忠奸争斗、安邦定国等为内容的"大件袍带书",如:《三国》、《列国志》、《隋唐》、《杨家将》、《精忠说岳传》、《大明英烈传》等;也有以绿林侠义、除暴安良、比武打擂、拜山破寨等为内容的"小件短打书",如《水浒》、《三侠五义》等;还有一些是以烟粉灵怪为内容的,像《聊斋》、《西游记》等。

近些年,又涌现了一批重新整理的传统评书、新编历史评书和以近、现代史斗争及现实生活为题材的新评书。评书艺术不仅凝聚着广大民众特别是说书艺人的创造才能,而且,也以其深厚的艺术传统,熏陶着、铸造着我国民众的审美心理结构,影响着作家文学民族风格的形成,其中,有许多可资借鉴的艺术经验。

(二)说唱之"唱"——鼓词

元代以来产生、流行的弹词和鼓词,也是影响甚大的曲种。它们是地地道道的民间说唱文学。除了极少部分是由文人加工润饰或拟作的以外,其他几乎全部出自无名氏之手。多少年来,它们在包括民间艺人在内的广大民众中流传、演唱,并不断地被再加工、再创造。所以,同一个题材的故事,在不同的时代,不同的地方,甚至不同的演唱对象中,演唱的风格和色彩各有不同。

弹词,又分"国音弹词"和"土音弹词"。国音弹词多衍历史故事,如叙述赵匡胤离乱兴衰故事的《安邦志》、《定国志》、《凤凰山》三部曲,计674回,历数唐末五代之兴衰,全以七字句组成,讲文极少,在当时颇负盛名,似至"高贤睹之喷饭,闺媛阅之而解颐"。土音弹词多用吴音,采取民间传说或花前月下、儿女情深的故事。

鼓词,更是别具声色。单明清以来流传下来的鼓词作品,其数量就浩如烟海,令人惊叹。从最早的《大唐秦王词话》到《大明兴隆传》、《平妖传》、《三国志》、《忠义水浒传》、《西唐传》、《反五关》等等,每部都在50册以上,内容全是金戈铁马、国家兴亡的故事。其气势之宏伟壮阔,其内容之丰富多彩,其人物之鲜明生动,其语言之流畅活泼,都达到了前所未有的水平。

传统鼓词继承了乐府诗的现实主义传统,所反映的生活面十分广阔:大至国家兴亡、文治武功;小至家庭纠纷、人情冷暖;从帝王将相、公卿贵族,到绿林英雄、平民百姓,以至和尚道士、尼姑妓女,真可谓无所不包。

鼓词在艺术品味上博采诸说唱曲种之长,情节曲折紧凑,富有悬念,扣人心弦。无论是刀光剑影、龙争虎斗的战争场面,还是以性格冲突取胜的"文斗",都写得极有声色。鼓词的语言准确鲜明,生动形象而又通俗易懂。唱词全系合辙押韵、琅琅上口的民间诗体语言;散文讲说也同样铺陈对仗,铿锵起伏,富有音乐美;句型基本上承袭着"变文"的体制,多以七字句、十字句为主,兼有活泼多变的衬字或叠句,形成了独特的、具有中国作风和中国气派、为群众所喜闻乐见的艺术风格。

清中叶以后,由于社会经济及生活方式的变化,大型的鼓词讲唱逐渐为"摘唱"所代替。民间艺人出于生计考虑,常将大部鼓词中的精华部分摘出单唱,以应观众之需。因篇幅渐短,散文讲说部分逐渐萎缩,而演变成纯粹的唱类曲种,"子弟书"便是由鼓词蜕变而来的形式之一。"子弟书"主要是八旗子弟所作,分西调、东调两种:西调以罗松窗为代表,多写风花雪月、儿女情长;东调以韩小窗为代表,多慷慨激昂的歌声和"大江东去"之风格。近、现代艺人继续传唱的各类大鼓,多有"摘唱"和"子弟书"的篇目。

新中国的成立,给民间说唱艺术带来了全新的发展天地。曲艺以其短小灵活、战斗性强的特色,发挥着"综艺尖兵"、"综艺轻骑队"的特殊作用。曲艺队伍不断发展,传统作品得到整理,曲艺音乐不断改进,南、北曲种互相交流、借鉴,曲艺理论研究也不断加强。在现代文化冲涌激荡的潮流中,民间说唱艺术也在不断汲取姊妹艺术的精华,努力在新的层面上谋求新的发展。

(三)说唱之"融"——相声

相声是说学逗唱相辅相成、相融相长的艺术形式,它的可证之史较短,然可溯之源却很长。1908年出版的英敛之《也是集续篇》里有这么一段记载:"北京供人消遣之杂技,如昆、弋两腔,西皮二簧,说评书,唱时调种种之外,更有一种曰相声者,是滑稽传中特别人才也。其登场献技并无长篇大论之正文,不过随意将社会中之情态撷拾一二,或形相,或音声,模拟仿效,加以讥评,以供笑乐,此所谓相声也。"

一般认为,这是现今所说的"相声"的最早记录。据侯宝林等相声艺术家考证,相声的名称,经历了"像生——像声——相声"的发展过程。今天的"相声"形成于清末,因清代的"像声"而得名。"像声"是一种口技,"能学鸟音,并能作南腔北调,嬉笑怒骂,以一人而兼之,听之历历也"。表演时,常"以青绫围，隐身其中"，故也称"隔壁戏"。相声有"明春"、"暗春"之说，在布幔后表演口技为主的叫"暗春"，撤去布幔表演的叫"明春"，即现今说的相声。再往上溯，"像声"又渊源自宋代即有的百戏的一种："像生"——摹仿得像生的、活的一样。"像生"是宋代流行的一种技艺，以模拟声音形态而至于毕肖为其特点。

《东京梦华录》、《西湖老人繁盛录》、《梦粱录》等籍中分别有"学像生"、"乔像生"、"像生花果"的记载，《都城纪胜》中还记有"小女童像生叫声社"这种类似于今天的艺术班社。故赵景深先生在《中国古典喜剧传统概述》里说，所谓相声，实在是末代"像生"之遗，这话很有道理。因为，"相声"的名称虽从"像声"转化而来，但"像声"主要是一种口技；而"像生"则是以模拟声音形态为内容的说唱艺术，在内容、表演形式及风格上，表现出与后来的相声有更多的渊源关系。不过，这也只是就相声名称发展的大致脉络而言的。如果再深入一步考察，就会发现，构成相声艺术的诸多要素，早就在孕育形成之中。

在旧中国，相声是民间艺人在车站、码头、路边、广场、茶馆、酒店卖艺乞食的"撂地儿"艺术，从未登过大雅之堂。

新中国成立以来，相声艺术进剧场、进厂矿、进"戏匣子"，形成了规模、培养了团队、得到了快速发展。大多数中国人都是在广播里认识的侯宝林、郭启儒、刘宝瑞、马三立、马季……如果没有"十年动乱"，相声艺术的状况还要更好一些。

上个世纪80年代，因为刚刚改革开放，被压抑得太久的这一综艺奇葩获得了新生，接二连三地出现了一些好节目。尤其是在几届中央电视台春节晚会上，相声与小品、歌曲鼎足而立，更是要风得风，要雨得雨。然而到了90年代，相声的底气就越来越弱了，似乎走到尽头，再也找不到昔日的辉煌了。很多相声演员退出江湖，还有一些人改行去演小品、拍电视剧，一时间相声的大殿里，门可罗雀，连著名的相声大师马季也好像突然间失踪了。

马季的重新出山是在1996年的春节晚会上，他要与徒弟刘伟合说一段他新创作的相声。他想以此为标志，再现江湖，为不景气的相声打出一片天下来。

1996年，马季已经62岁了，说相声整整40年。他早年投师侯宝林、刘宝瑞、郭启儒和郭全宝等大师门下学艺，侯宝林是他的"责任老师"。马季尊重各位大师，特别是郭启儒先生，称他是"德艺双馨"的大师。大师们的艺德使马季受益匪浅，在他几十年的说唱艺术生涯中，他以天赋、勤奋和不断探索的勇气，成为相声创作和表演的大师级人物，曾被评为全国十大笑星之首。不仅如此，马季桃李兴旺，也在相声界堪称一绝。他有徒弟16人，姜昆、赵炎、冯巩、刘伟、兰成、刘惠等等，皆是声名远播的大腕。

尽管相声因不景气而遇到困难，有人想把相声认真改造一番，但马季始终认为相声是一门语言的艺术，说学逗唱都不应离开语言这个中心。他说："相声越来越像小品，小品越来越像相声，相声创作的不景气和所谓软处理，都使人感到不安。"退出舞台这些年，他除了总结自己多年的创作实践和演出实践外，更多的是对这门艺术作理性思考。他自信，他的这些思考无疑对他重登舞台大有益处，对整个相声事业的发展也会产生积极影响。

马季认为，讨论相声是重讽刺还是重歌颂是没有意义的，应该把精力用在把相声写得更像相声、说得更像相声方面。他举出相声的祖师爷、说单口相声的张寿臣老先生为例，让人在笑的同时，也获得了知识，长了见识。这就要求相声演员是个学问家，最起码应该努力成为学问家。

1987年春节晚会的备战阶段，相声演员们遇上了邓在军总导演。她执导的晚会节目都是经过她严格挑选和反复修改才定夺的。在这方面，她真正做到了一丝不苟和严肃认真。连演员们都感到了这一点，相声创作更是首当其冲。正是因为这一点，相声演员们才从中受益无穷。当时，姜昆和唐杰忠对自己的相声《虎口遐想》感觉不错，可邓在军一时要他们把前面改改，一时又要他们把中间改改，过些天还要他们把结尾的"包袱"改改。导演这样挤一挤、压一压，还真能出好东西。《虎口遐想》通过那天，姜昆高兴得就像孩子过年一样，走路直跳高儿。

晚会播出后，人们对这个相声评价很高，连留学海外的学生也纷纷给中央电视台写信，说这届春节晚会的节目当首推《巧对影联》、《虎口遐想》和《五官争功》为佳。令人惊讶的是，这三个最佳竟然全部是相声。而这三个相声段子无一不是在导演近乎苛刻的严格要求下，艰难出世的。唐杰忠有一次"微服私访"，戴了大口罩，架着大墨镜，去转了几家音像城，说要买姜昆、唐杰忠的相声录音盒。人家说："实话告诉您，早就脱销了。"唐杰忠听了就偷偷地乐。

很显然，他们把工夫下在创作上，才有如此好的结果。

1988年，牛群的相声《巧立名目》也是在邓在军的锤打下问世的。这个相声又被称为《领导：冒号》，主要是用"领导，冒号"一句话作为从头到尾的贯穿"包袱"。当时牛群在北京战友歌舞团，善于创作，表演幽默，不愠不火，很有特点。在春节晚会特定的氛围中，一般很难容得下十几、二十来分钟的节目。《巧立名目》长达18分钟，自然是要大幅度压缩的。由于这又是一个讽刺相声，许多提法尚有推敲的必要；这段相声中的幽默在于滑稽，需要针对不同文化层次的观众面，在"包袱"的结构和语言上也要做一些调整。

经过不断的努力，这个段子终于在春节晚会上演出了，尽管是在零点钟声敲响之后才演，但它毕竟还是按照预期的效果一炮打响了。牛群的名字也就在全国观众中不胫而走。

平心而论,相声演员们不可谓不努力。面对观众的高要求,面对电视台的高标准,他们不使出浑身解数也是不可能的。为此,他们耗费了多少心血难以尽述。比如说,冯巩在春节晚会排练阶段,73岁的老父卧病在床,靠换血维持生命,冯巩只能利用间隙时间乘火车赶往天津。站在病榻前,他实在不忍告诉白发苍苍的老父:他只能就这样站一会儿,马上又要赶回北京排练去了。当他洒泪别过老父,回到排练场后,就又得为了给观众带来笑声而卖力了。

相声难搞,还因为有小品的冲击,这是大家都承认的事实。因为小品中融入了相声的许多手段,而相声又局限在说学逗唱的圈子里,要想在短时期内有很大的提高,简直是不可能的。1995年,总导演赵安在准备当年的春节晚会节目时,鉴于相声的衰退,专门召开了一个相声创作的紧急动员会,向相声的高质量发起了最后冲击,但是收效甚微,最后只有牛群和冯巩的《最差先生》有那么一点点希望。其实赵安心里也明白,对于相声只能"死马当做活马医"了。

到了21世纪,一向以综艺轻骑兵著称的相声突然以"重型装甲部队"的崭新姿态出现,昔日两个人往台上一站就开说的情况也许会一去不复返了,代之而起的是形形色色、花里胡哨的噱头。人们为此总结出"五带":一是带道具,比如在相声《得寸进尺》中冯巩带了一个塑料人顶替郭冬临。二是带乐队,唐杰忠、刘俊杰的相声《戏迷》,不仅"串调"串得别开生面,更好玩的是还带了一个乐队,这一新颖的形式的确为整个作品增色不少。三是带"托儿",侯跃文、石富宽的相声《你说我说》,不仅他俩说,还要邀请一位观众来说,这名观众其实就是一名"托儿",有了他的帮衬,两位相声演员就能真正放开了去演。四是带手机,姜昆、戴志诚的相声《真实的谎言》全靠手机才玩得转,后来这个节目被春节晚会"枪毙",他们便把手机带到山东电视台去了。

被称为"巴山鬼才"的魏明伦早在1999年就向相声界开炮了,并且将矛头直接指向颇受观众欢迎的牛群。他的文章发表在《名人》杂志上,言语之犀利,情绪之激烈,都堪称少有。他在《无刺的相声》中写道:

"春节晚会年年难办年年办,近几年来总有牛群老弟一段相声节目,在歌舞升平之间登台搞笑,在千金之夜老生常谈。牛群枉有伶俐的口齿、善辩的技巧,可惜用于编造套话、废话、浅薄笑话、矫情大话,言不由衷及言不及义,每年必说而每况愈下。亿万观众听腻,有识之士摇头。你说你是无奈,我看你是'无赖'!占着茅坑不拉屎,赖着晚会往上爬。把相声变成扬名的工具,削弱了相声的讽刺锋芒。"魏明伦拉开架势,大有一骂到底、不吐不快的意思。他承认牛群刚刚出道时还有几分锐气和才气,只可惜鸡公拉屎头节硬。他质问:"为什么讽刺无力,难道现实生活已经完美无缺了?别装瞎了!"他认为,社会转型期可讽可刺之事与可歌可泣之事美丑交集,层出不穷。单说反腐败、反贪官的题材,就俯拾皆是;再听听民谚民谣民间笑话,遍地零珠散玉。说到这里,魏明伦冒出一句:"我替你们脸红!"

魏明伦最后给牛群的忠告是,到民间去,到父老乡亲那里去,听听民谣,看看杂文,瞧瞧漫画,写写段子。据说,牛群看了这篇文章不但不生气,反而极为称赞,认为如此指名道姓,大开"骂戒",在"捧杀"惯了的演艺圈里还是少有的。这种文友间的开骂,也许并不认真,魏明伦借牛群这个靶子,说出的却是对整个相声的看法。同时应该说,他也代表了民众的心声。

2002年春节晚会爆出一条新闻,将在语言类节目中邀请来自台湾的相声短剧《谁怕贝勒爷》。它选自赖声川的相声剧《千禧年,我们说相声》。《千》剧年前在北京上演时,总导演陈雨露悄悄带人去看,一下子就看中了,于是力邀该剧组参加春节晚会。改编成短剧的《谁怕贝勒爷》入选春节晚会后,一路顺风,与其他一心想上春节晚会的节目相比,赖声川和他的剧组无疑是幸运的。但因为《千》剧并非为晚会特别创作的节目,本身又是完整的戏剧,节选改编上有一定的难度,再加上春节晚会的特殊性,两岸文化的差异性等,所以一向对作品要求严格的赖导演并没有因为晚会的青睐就有所放松,而是费了不少的工夫来加工修改。直到最后一次彩排时,赖导演还坐在观众席上,拿着小本子边看边做记录,之后又谦虚地征求姜昆等人的意见。以至在演出前夕,还对作品做了最后的精雕细刻。他们这种精神着实感动了不少人。

赖声川,台湾著名导演,是台湾"表演工作坊"的创建人。能参加大陆春节晚会,赖声川也非常高兴。他对采访他的记者兴奋地说:"很开心,除夕夜,我们在北京说相声!"

《千禧年,我们说相声》以相声这一中国传统表演形式为切入点,以意象中的"千古茶园"为背景,通过八个看似不同、实则相关的相声段子,向观众讲述了中华民族上个世纪的沧桑故事。其形式新奇,内涵丰富,令人深思回味。

中央电视台晚会剧组的编导们就兴味盎然地邀请其参加春节晚会,并就改编事宜交换了意见。两岸艺术家为向全国观众介绍这台相声剧精品,做了有益的尝试。

(四)说唱之"变"——小品

在中国艺术发展史上,出现过不少多种艺术的综合形态,如汉代的百戏,唐代的戏弄,宋金的院本杂剧,清代的全堂八角鼓、杂耍种种。两种形态可以并存,并在一定条件下向对立面转化。如由全堂八角鼓中分解出相声、单弦;或由吹、打、拉、弹、说、学、逗、唱、变、练十样技艺综合成"十样杂耍",都体现了艺术形态发展的辩证过程。

小品是一种出现在当代的表演艺术综合形态。只有这样为小品定位，才能准确地把握小品的本质特点和艺术规律，有利于它的发展。

1964年，著名导演王扶林把十几个喜剧小品组成一台节目，取名为《笑的晚会》，在中央电视台中播出，引起了强烈反响，首次体现了喜剧小品独立演出的巨大潜力。

小品形成全国热，是现代传播媒体电视事业发展的结果。但这个形势是圈里人预先想象不到的。值得一提的是，早在1982年，相声名家马季曾提出发展小品艺术的见解。他说：我们广播艺术团是专门为广播、电视提供播出节目的表演艺术团体，而我团的创作状况，尤其是相声的难产，同当今电视文艺迅速发展的形势已不适应。要改变这个局面，有必要增加表演性强的那种小品形式。接着，由他调兵遣将，集中精悍力量投入了小品创作（1983年中央电视台春节联欢晚会播出的单人小品《宇宙牌香烟》，便是这次创作的作品之一）。

喜剧小品真正被广大群众所接受还是在电视文艺大发展的80年代之后。1983年，中央电视台首届春节联欢晚会上，王景愚表演了哑剧小品《吃鸡》。1984年中央台春节联欢晚会上又推出了陈佩斯和朱时茂表演的《吃面》，以惟妙惟肖的表演和与相声相差无几、笑料百出的语言，赢得了亿万观众的心。从电视画面上看，连出席晚会的著名相声演员侯耀文、笑林等人也笑得前仰后合，不能自已。如此巨大的喜剧魔力，使"喜剧小品"作为一个独立的艺术形式被中国观众所接受，成为各种晚会和综艺节目不可或缺的语言类节目，甚至形成了歌舞、小品相声、戏曲名段三足鼎立的综艺格局。其后，陈佩斯、朱时茂两个原本并不十分著名的电影演员连续演出系列喜剧小品《拍电影》（1985年）、《烤羊肉串》（1986年）、《主角与配角》（1987年）、《胡椒面》（1989年）、《警察与小偷》（1991年）、《大变活人》（1994年）、《幽默体操》（1997年）等，成为家喻户晓、星光灿烂的喜剧明星。

在小品创作意识上，如何拓宽思路、标新立异，应该说是一个难题。幸运的是中央电视台为小品创作者的学习与实践开创了一片新天地。电视台文艺部前主任邹友开说："电视播出的小品，要有新、奇、特的色彩。那些四不像、非节目的节目，观众更喜欢看。"

小品作家赵连甲深有感触地说："通过长时间与电视台合作，我领悟到创作是要从播出整体设想出发，所要写的小品内容、样式、长度，包括如何发挥演员特长等等，都要按着导演确定的构思放眼着手。所以我时常开玩笑说：一般称作者是'爬格子的'，而我是'爬竿子的'（即猴子顺竿爬）。"虽说如此，但每个晚会的编导成员和我们都有一个共同的追求，就是要千方百计地发挥小品的喜剧艺术特点,让观众笑起来。把握喜剧艺术的风格与特色,便成为我们创作小品所要坚持的路子。

要搞喜剧性的小品,我们必须一方面注重向戏剧表演艺术学习,一方面着力发挥曲艺风趣幽默的特长。曲艺中的相声,论其世代相传的历史,系统的表演理论,极为丰富的文本,可以说在中国喜剧幽默艺术领域中独一无二。这是我们搞小品的资本哪!实践证明,很多影视、戏剧人员为了丰富自身艺术,在小品的创作与表演中大量吸取了曲艺的成分。而我们学习借鉴其他艺术之长,搞有曲艺特色的喜剧小品,可以说也是对曲艺艺术的发展。

随着电视的普及,从1983年开始,全国出现了小品热。然而,究竟什么是小品呢?概念一直模糊。开始,许多人习惯地认为小品不过是由训练戏剧演员的即兴表演发展而成的一种短剧形式。当然,这种戏剧小品是一种客观存在。但用戏剧小品的属性概括电视荧屏上出现的各色各样的小品,显然是不够的。特别是大批曲艺演员涌上荧屏,把他们原来各自的表演形式,如化妆相声、独脚戏、谐剧、二人转说口、鼓曲拆唱等,也改头换面作为小品演出,不一而足。这样的曲艺小品并非来自戏剧训练,它也是一种客观存在。现今小品艺术中知名演员和作者大半来自曲艺界,就是一个不争的事实。赵连甲在《浅谈曲艺小品的艺术风格》一文中指出:"在源出于传统曲艺的小品中,对观众情绪的调动和包容,从一开始就受到比戏剧小品更突出的重视。开头要有碰头彩,要尽快地让观众入戏;结尾处要有'底',要有出人意外的'包袱'给观众以满足,等等。""生活丰富多彩,曲艺小品的创作方法和创作理论也该丰富多彩。文贵有法,文无定法,不法而法。"(《曲艺》1995年1月号)同样的道理,也不能用曲艺小品的属性概括整个小品,因为还有别种别样的小品。

在创作、表演的实践还不足以形成小品的系统理论的时候,中央电视台的有关领导曾对小品作者提出过这样的意见:"要熟悉把握电视特点,广开思路,可以搞些杂交型的小品。"(洪民生语)"电视播出的小品,要有新、奇、特的色彩。那些四不像、非节目的节目,观众更喜欢看。"(邹友开语)我觉得,这个指导思想是正确的。它有利于倡导创新思维,促进小品艺术和相关表演艺术的发展。

研究小品艺术的丰富实践以后再来回答小品是什么这个问题,可以得到这样几点认识:

第一,小品不是一个剧种、一个曲种或一个其他艺术的单纯品种。有人拿小品与相声作比较,说是小品压倒了相声。其实,小品中有相声,相声中也有小品,小品与相声不是同类项,是不可比的。

第二,小品不是一个表演艺术门类,不能与戏剧、曲艺、音乐、舞蹈、杂技等并列。

第三,小品是一种形式简短的多种艺术综合体,在多种艺术中,只有由戏剧艺术或曲艺艺术担纲,才能做成小品节目。

1987年,中央电视台举办了首届戏剧小品电视大赛,客观上激发了文艺界创作小品、表演小品的热情。喜剧小品很快地以压倒相声的威势成为语言类的重头戏。1993年春节晚会上,小品与相声的比例为2∶1。1994年,小品占了7个,而相声仅2个。各省、市电视台的各种春节晚会和文艺栏目也推出了大量的喜剧小品,其中一批作品达到了较高的水平,相继推出了赵丽蓉、赵本山、宋丹丹、黄宏、郭达、蔡明、巩汉林、潘长江等大批的专业小品喜剧明星。小品走向了全面繁荣。

20世纪90年代,以喜剧的方式表现世俗风情和人物内心感情的作品有了更大的突破,出现了一批具有思考性的哲理风格的喜剧小品。典型的作品如《张三其人》、《爱情变奏曲》、《盲点》、《开会》、《借烟》、《邂逅》、《无题》、《充实》、《卖猪》等等。《张三其人》通过一个小人物处处怕得罪人,又处处得罪人,想要维护自身权利,却又不得不委屈自己的种种无奈和哭笑不得的行为,让人们在笑声中体会到了大多数人自身的人性弱点和一时难以改变的无奈的人际环境,启发了人们在自己的生活空间中,怎样多一些宽容和理解,多一些感谢而少一些猜疑。如果说《张三其人》还是重在表现邻里同事这样的社会关系,《爱情变奏曲》则是以家庭中的夫妻关系为切入点,形象地表现一对吵吵闹闹的恩爱夫妻,他们以特有的"骂是爱"的语言方式和睦相处,彼此关爱,一旦改变了这种方式,硬要学一些相敬如宾式的文雅,反而彼此尴尬,手足无措,充分让人们领会了夫妻之间默契自然的重要,领会这种"说也说不清"的夫妻纠纷。这些小品以笑料为外在方式,以思考为表现目的,对于大多数人的生存状态和生活方式进行了哲理式的反思,让人们在笑声中反省自己,也反省自己所处的文化环境。哲理小品的出现,提高了喜剧小品的认识价值和审美价值,也丰富了喜剧小品的表现力。总之,喜剧小品在短短的20多年里异军突起,成为大众文艺中最受瞩目的艺术形式。它把中华民族的幽默极大地发挥出来,它不硬充高雅,也不故作深沉。它关注平民百姓,不回避生活中的无奈、困窘,不怕表现小人物的笨拙、虚荣、委琐,也不漠视他们对美的追求和顽强的生存能力,以单纯的主题表现大社会内容,达到了以小见大、见微知著的目的。它带来笑声,带来思考,带来喜悦,带来讽刺。它的故事和人物就在身边,它的道理一看就懂,一学就会,因而小品是最平民化的大众艺术,也是雅俗共赏的艺术形式。

小品需要高水平的创作队伍,尤其是既能写又能演的艺术家。

一说起黄宏与宋丹丹,观众就会想起他们的《超生游击队》、《小保姆与小木匠》、《回家》等小品。这些小品不仅深入民心,同时他们成功地塑造出一对"恩恩爱爱、欢欢笑笑、比翼双飞、郎才女貌"的屏幕形象。

《超生游击队》是一个经典得不能再经典的作品,许多喜爱黄宏与宋丹丹的人当初都是从《超生游击队》中认识他们的,而黄宏与宋丹丹的小品情缘也正是从那时开始的。他们的配对有些天凑机缘的意味,宋丹丹看上了黄宏的剧本,黄宏则看上了宋丹丹的表演,一对绝配也就这样产生了。《超生游击队》在 1990 年元旦晚会上播出之后给曲艺界带来了前所未有的轰动,其火爆程度甚至超过了陈佩斯和朱时茂的《吃面》。从此,这对黄金搭档确立了他们在小品界的重要地位。于是,接下来又有 1992 年的《秧歌情》和《婚礼》,都给观众留下了非常深刻的印象。

1992 年以后,尽管他们没有再度合作,宋丹丹却从来没有停止过对黄宏的小品创作和表演的关注。几乎每一年的春节,她都要格外认真地观看黄宏的节目,并提出她对作品的见解。而黄宏几乎找任何新的搭档时都要事先打电话给宋丹丹征求一下意见。

中国有一句古语:"开弓没有回头箭。"在一边学艺一边进修期间,黄宏悟出了今后的发展方向:"不能重复别人走过的路;要想成为强者,就必须摸索出一条适合自己发展的新路。命运需要自己把握!"在 1989 年的那个春节,黄宏带着自己创作的小品《招聘》闯进了中央电视台春节联欢晚会。虽然那年的春节晚会并没有使黄宏红起来,但那却是一个划时代的标志:一个小品的时代,一个黄宏融入小品创作的时代。

如今,黄宏除了在小品的崎岖小道上攀行外,也触了电,并大有所获,《党员金柱》和《二十五个孩子一个爹》都夺得了电视电影的最高奖。宋丹丹还是致力于她演电影、电视的本行。人们怀念他们的组合,向往着他们下一次的配对。

朱时茂同陈佩斯在舞台上属于那种一正一邪的形象,从而形成天然的反差,这种不谐调本身就是一种喜剧因素,很能生发喜剧效果,再加上他们的表演,还有不出彩的吗?

他们在创作中长期磨合,也是很默契的一对,戏前戏中都称得上是很好的搭档。

他们搞创作还有一个特点,就是不要稿子,书面的东西都是后来整理的。在创作过程中,他们常常是你一句我一句地互相对,先把大框架对出来,再往里面添小"包袱",作品也就基本成型了。他们创作起来特别认真,就连上厕所也在苦思冥想。有一回朱时茂从厕所出来,突然冒出一个想法,就一边跑一边大叫:"啊——我有了!"陈佩斯一见,立即冲过来将他的嘴巴死死捂住说:"别讲话！你刚从厕所里出来，'包袱'是臭的！你臭自己可以，可别臭了我！"

一提起"羊肉串"，人们就会联想到陈佩斯的一脸歪笑和朱时茂的一脑门子汗。尽管工商部门没有干预，这"羊肉串"的上市也不是很容易的。那是1996年春节晚会前，电视台找上门来，不去吧，盛情难却，这是广大电视观众的希望；去吧，观众的要求一年比一年高，真怕让观众失望啊！同时，他们也怕丢了自己的面子，砸了个人的牌子。这事拖到年底，电视台有股韧劲儿，仍紧追不舍。陈佩斯和朱时茂这一憨一嘎终于到了电视台，并当即在后台算计起来："不蒸馒头蒸口气，头拱地也要弄出个节目来！"

于是回家，连夜开排。16分钟的小品，近似一个微型独幕话剧。只有10天，太紧张了。一个通宵初步成型，台里的领导立即审看；两个通宵大体定型，部、台领导就在楼道里审看，并当场拍板，定了！随后就是修改提高，直到春节晚会正式开始时，别人在舞台上演出，他们还在后台手忙脚乱地改词儿呢。

陈佩斯是个极爱下功夫的人。仅以小品《狗娃和黑妞》为例，便可见一斑。

有一次，陈佩斯到河南郑州去演出，与郑州公安局局长在一起吃饭。席间，大家都起哄，要公安局长唱歌。他推辞不过，便唱他们老家的一个戏。戏中讲的是王宝钏回娘家过年，她丈夫薛平贵那时穷困潦倒，没脸到老丈人家去。可又没吃没喝，又想老婆，就跳墙到丈人家去看老婆，结果把脚扭了。跳墙下来之后那段唱，简直是美妙至极，把不能大大方方敲门进屋，但又想念妻子的矛盾心情表达得惟妙惟肖。那是河南周口太康县人乞讨时所唱的一种小调，类似于安徽的凤阳花鼓，但曲调迥然不同，唱腔上下滑动的幅度特别大，幽默感极强。当时，这个在舞台上逗得观众俯仰大笑的陈佩斯，却被局长逗得笑滚到桌下去了。他被这种民间文化所吸引，也被它所深深地感动。

他认为，这是一种被人们忽略了的真正意义上的文化，能把陈佩斯笑倒，说明它的喜剧效果有多强，艺术魅力有多大。回到北京后，这一情景始终在陈佩斯心中萦回，挥之不去。他便把这一喜剧形式、内容和他的想法全讲给邓在军听了。邓在军说："挺好的，也挺美的。"

于是，他再下河南，开始创作，并请河南的祁飞帮他编剧。他们四处奔走，去体验生活。慢慢的，陈佩斯还发现，包办婚姻还在农村普遍存在着。年轻人没有婚姻自由，而且那种旧的习惯势力、旧的观念、道德伦理与新的观念、文化的碰撞非常激烈。看到这些，陈佩斯心里一动，更加坚信他的创作没有过时，今天仍有现实意义。

回城以后，他把搜集到的材料整理加工了，交给剧组看，结果被否定了。陈佩斯并不死心，三下河南，同祁飞又到许昌，再次深入生活，并且路费也是自费，因为谁也没指望他还能干出什么名堂来。但这难不倒陈佩斯，他想到了一个主意并付诸实施,于是费用的问题就解决了:到部队和大家联欢,演几个节目,食宿费用就全免了;下基层去,到许昌矿山演出几场,人家也把费用全免了。那些日子,他有些悲哀,怎么看自己都像个"讨饭"的,走到哪儿艺卖到哪儿。当河南省听说陈佩斯如此下工夫去演一个河南地方戏时,立刻命令各单位全开"绿灯"。从河南回到北京,剧组就看到了比较成型的剧本,也就是后来在舞台上演出的《虎娃与黑妞》。之后他四下河南,要找一个扮相好、唱念做打都不错、又有灵气的演员。大约找了十多位女演员都不满意,最终想到了小香玉,小香玉有一种别人很难有的质朴而内在的气质。其实,小香玉也很关注陈佩斯在河南找演员的动向,一说找她,她就来了。节目审查时,尽管还不太成型,但一上台,陈佩斯那身卖油的棉袄,那件西服,那条领带,再加上小香玉那身小花袄,尤其是小香玉本身那种气质,一下就把观众给抓住了。现场观众笑倒了一片,也辛酸了一片,还唏嘘了好半天,演出特别成功。

郭达和蔡明是从1990年《综艺大观》第三期开始合作的,他们作为搭档一同出现在中央电视台春节晚会上。他们还有个体会,彩排时分明很好的,也因为太想搞好,正式演出反而比彩排差多了。花几个月时间,创作、排练、审查,无数道关卡都过了,大年三十晚上才终于站到舞台上去。这期间,大脑那根弦绷得紧紧的,从早到晚,哪还有一点心思去吃饭?那时候是不知道饿也不知道渴的。弦绷得太紧了,人很疲惫,心里就告诉自己要睡一会儿,其实根本睡不着,还一趟趟跑厕所。实在没法了,还暗暗念佛,求佛爷保佑,起码要能进戏,只要能进戏,戏就能演好。

当然,总体上来说,他们的创作和表演都是不错的,观众也认可他们,因为他们能把观众逗乐。有一次,观众问蔡明:"你们演出的时候,观众笑,为什么你们能忍住不笑?这要多大的功夫啊!"

蔡明一听,倒笑了:"不是我们不笑,是我们早就笑够了。比如说出一个好点子,想出了一句好台词,构思出一个好'包袱',大家就特别高兴,若在直播时能演好,那就太开心了,大家为这能笑好几天。"

在他们的小品创作和表演中,自己比较满意的是《越洋电话》和《父亲》。湖北作家夏雨田写了一个相声,他们就借过来重新写,把相声改成了小品《越洋电话》。在《越洋电话》的排练中,郭达有些为难,因为他害怕演伤感哭泣的戏。小品的前半段是逗笑的,但郭达在排练时却哭得一塌糊涂,剧中人的孩子在国外,而郭达的孩子也在外地,他有一种体会,触景生情,一拿起电话他就哭上了。

《父亲》这个作品是蔡明想出来的,这个念头产生在出租车上。有一天,蔡明坐车回家,突然有了一种感觉:如今的人钱多了,人情却淡薄了,正如文人们所说的那样,春冰薄,人情更薄。蔡明想要去寻找一种真正的感动,而感动世界的是不变的真诚。

蔡明还认为,用歌星这种人物形象比较鲜明。

于是,蔡明去找郭达,两人讲好了,蔡明演歌星,郭达演父亲。他们的想法成熟之后,就去找导演赵安,声泪俱下地把剧情讲了一遍,结果把赵安也讲哭了。不用说,赵安马上拍板,同意在春节晚会上演出。可是在演出时,郭达犯了老毛病,竟然又没能哭出来。生活中觉得自己很会哭的郭达,偏偏在舞台上哭不出来。严格地说,这种遗憾是不能在这么重要的舞台上出现的。但是,郭达在春节晚会上哭不出来也不能全怪他自己。晚会现场的观众很多,观众们特爱鼓掌,以为这是对演员的一种支持,以为把现场搞热闹了就能带动电视机前的观众,其实这是误解,这也是电视机前的观众往往看到或听到莫名其妙的掌声的缘故。现场观众不仅未能支持到演员,反而因一次次鼓掌,倒把演员的节奏打乱了。有时连那些有经验的演员也不知怎么往下演了,太影响情绪。所以每次轮到郭达和蔡明演出时,他俩都要求观众不要鼓掌。

赵本山、范伟、高秀敏、巩汉林、潘长江、句号,还有专门"打本子"的何庆魁都是东北人。铁岭的"三驾马车"、导演编剧张慧忠、张超、崔凯也是响当当的小品大腕。还有一个宫凯波,曾专为赵本山写小品,更是了得。近几年冒出来的赵本山那帮弟子,2009年春晚一夜走红的"小沈阳"……一个地方怎么出了如此多的小品大腕呢?有人说,东北那地方,赵本山式的幽默在普通农民身上都有,那里有许多"二人转"的演员,都有赵本山"抖包袱"的幽默本事。赵本山等人的小品反映了那里的生活,大家爱看,明星就出来了。

赵本山是在1990年才参加春节晚会的,此前两年,他也带了节目到过北京,都没通过审查这一关。可他那时在东北早已是家喻户晓的人物了。

1990年他和他的搭档演出的是《相亲》,而《相亲》就是在1989年被审掉的节目。当时没通过,据说是因为普通话的问题,导演组担心观众听不懂那些土得掉渣的土语方言。这次依旧带来这个节目,依旧是方言土语,怎么又通过了呢?赵本山后来总结经验时说,可能是三个原因:第一,他与中央电视台已经建立了相互信任的关系,彼此可以随时交流;第二,全国部分省市电视台建立了相互交流的渠道,他的节目所到之处,影响巨大,熟悉他的人越来越多,很多观众甚至给中央电视台打电话、写信推荐他;第三,小品《相亲》已经演了三年,有了很大影响,中央电视台也想把它搬上春节晚会的舞台。

当时的演艺界或明或暗有这样一种想法,似乎只有在中央电视台露面的演员才算好演员,才能有较大影响。所以,赵本山也一心想上中央电视台。事实果真如此,可以说,通过中央电视台春节晚会的演出,一夜之间,全国观众都晓得了东北的小品演员赵本山。

赵本山有非凡的自信心,演了那么多的小品,他最难忘的是 1995 年的小品《牛大叔"提干"》,讲的是牛大叔为希望小学换玻璃到处求人的事。之所以难忘,是因为它的演出还颇费了一番周折。晚会历来对节目要求十分严格,有时甚至是无情的,节目被拿掉成了家常便饭。这年的腊月二十八,就为这个小品上不上,还没个说法。赵本山很难受,他想,要是十天前就把它拿掉,他还可以回家过年;剩下两天了,如果把它给毙了,那倒真成了有家归不得了。此外,还有一件令人尴尬的事,报纸上已经把这个小品将会演出的消息发了出去,并说剧组很满意。如果让他回去了,他又如何向关东父老交代?

赵本山越想心里越乱,就硬着头皮去找导演谈,找领导谈。之后,又按照导演的要求通宵达旦地修改。幸运的是,腊月二十九,节目终于通过了。

赵本山对自己的创作和表演每次都满意,因为他的小品风格类似,幽默感很强;每次的味道又不同,观众分别能从中领悟点儿什么,不是哈哈一乐就完了。从中可以看出,赵本山是一个社会责任感强的人,追求作品的品位,里面总要隐含些什么,总想教育观众。由于他的作品不是干巴巴的说教,所以观众笑了乐了,还能受到启发。经过多年的实践,证明他走的这条道是有前途的。

小品受到观众的偏爱,也就使小品过热起来,大家一起往这条道上挤。于是,粗制滥糙的东西也随之泛滥起来,逼得小品走向一条下滑的路。小品成了一叫二喊三下泪的模式,再不就穷"贫"一阵子,几乎走到了穷途末路。

面对小品的这种处境,赵本山在焦乃积等专家的帮助下认定了一条:从生活出发,从人物出发,向更深层次挖掘。于是他坚持这样的观点:小品一定要有主题,一定要揭示社会问题并能说明问题。只有这样,小品才有了骨架,也才能立起来。小品幽默往往是深沉的,不是浮皮潦草的滑稽。只有真正领会了小品的真谛,才能创作出脍炙人口的优秀作品,进而增强小品的生命力。

有段时间,赵本山也想把自己的风格变一变,认真一想,又觉得没必要。因为他的表演让观众的印象太深了,观众骨子里认定赵本山就是这么个形象,改成别的,观众不习惯,可能也就不能接受了。就像卓别林大师一样,他演的几乎都是无声电影,行头也只有一套,当他有一部电影改成有声电影后,观众反倒远离了他。赵本山有一顶帽子,这就是他的标志,如果不要那顶帽子了,也能演,人家也知道是赵本山,可还有几个人认为这样也很过瘾呢?

赵本山已经演了百余个小品,他认为小品滑坡的原因一是创作和表演的进步跟不上观众欣赏水平的提高,看多了容易发腻;二是都以为小品好搞,粗制滥造的太多,影响了观众的兴趣,也打击了演员的信心。为此,赵本山呼吁:小品需要大导演、大手笔、大演员的齐心协力,通力合作,才能搞好。

　　这时有人断言,赵本山的小品已经难有超越,可是,2001年春节晚会赵本山以一个《卖拐》的小品征服了观众,使他在表演艺术上又进了一步,也使得他在这一届春节晚会"最受欢迎的节目"评选中遥遥领先。因此有报道说,《卖拐》是赵本山现象中的一个里程碑。对此赵本山不以为然,他信心依旧:"以后还会拿出更怪的作品来。"看来,人到中年的赵本山是不会轻言退休的。

　　这不,2004年的晚会导演一中标,就立马飞赴沈阳拉赵本山入伙,还不遗余力为赵找来了新的铁三角搭档:范伟和宋丹丹;接着又赶到上海,去了解赵本山张罗的二人转在南方观众中的反响。

　　赵本山现在无疑是中国小品演员中最走红的,不过他现在的作品也有被"枪毙"了的,但不是因为质量问题,而是他有更好的作品取代。2001年春节晚会,他原先准备的小品是《买彩票》,后来用《卖拐》取代;2002年春节晚会他原先准备的是《面子》,后来被《卖车》取代。演出后,在"我最喜爱的春节晚会节目"评选中,其他语言类节目的选票惨不忍睹,而赵本山的两个小品却双获一等奖。更有意思的是,那两个被"毙"掉的节目上了元宵晚会同样叫座。他和他的剧组是既过好了大年三十,也过好了正月十五。到了2009年的《不差钱》,赵本山已经能在确保演出效果的前提下,成功地推出新人了,可以说,赵本山及其强档组合成了小品森林里的参天大树。

　　创作小品有一个"化"的过程。这种"化",包括由听觉艺术为主转向听视艺术,由时间艺术为主转向时空艺术,以及由叙事为主转向叙述性戏剧性兼重。1989年,赵连甲编写的《懒汉相亲》,由他和著名演员雷恪生、宋丹丹联袂演出,获得很大成功。作品不仅讽刺了懒汉,更讽刺了为摘掉"光棍村"的帽子不惜帮助懒汉弄虚作假、欺骗女方的村长,矛头指向形式主义的浮夸风。舞台上用"摆砌末子"的手法,借助一张由气球堆出的"沙发"和一台由纸盒冒充的大电视,将剧情搞活,荒诞离奇,耐人寻味。

　　赵连甲在创作中,颇为重视与他人协作。他多年参与中央电视台春节联欢晚会的节目策划,更尝到了众人协作、集思广益的甜头。他由此悟出了一个道理:艺术家们掌握的知识与信息有多有少,只有取长补短、互通有无,才是成功之道。

第二章　中国电视综艺节目的现状

中国的电视综艺发展势头令世界刮目，令国人惊奇。其成果和现状可以从以下几个方面概括总结：

一、形式与内容相互推进

近几年来，在电视台演播室内制作的电视综艺节目，不论是大型的节目，还是小型的综艺栏目，节目的质量均比前几年有很大的提高。

特别是随着现代电子技术的进步，舞美、灯光、音响技术的充分调动等使电视艺术的表达效果大大提高，电视综艺节目的艺术表现力大大增强。例如，在电视晚会中"面包墙"取代电视墙的使用，大大增加了节目的清晰度和画面的表现力度。高亮度背投式大屏幕首次在我国电视节目中应用是在中央电视台《93 春节联欢晚会》上。在那次电视综艺晚会上，高亮度背投式大屏幕——大屏幕与它的"前辈"——电视墙同时露面使用。在那一次晚会上，高亮度背投式大屏幕可谓是"不用则已，一用惊人"，在同一个晚会中，两套不同的电视技术设备的画面效果对比，一优一劣，极为明显。

在以后的各类节目中，高亮度背投式大屏幕完全取代了电视墙，在节目的画面表现上发挥着越来越大的作用。电视墙实际上是由一个显像管组合而成，不但亮度低，分辨率差，而且信号输入也只有一种，即复合视频信号输入，它的显像管的曲率也直接影响观看的视角范围（比高亮度背投式大屏幕——大屏幕小一倍），电视墙的每一块荧光屏的边宽为 10～20 毫米，拼接组成电视墙后的接缝就有 20～40 毫米，画面的损耗是非常严重的，尤其是出现人物画面的近景时，在电视墙上就看不到人脸部的某一部分，这样一来不但没有起到应有的画面效果，反而破坏了现场和电视导演所需要的屏幕表现的画面。所谓"面包墙"指的是英语"VIDEO WALL"，即"高亮度背投式大屏幕"——"大屏幕"。

到 2008 年北京奥运会开幕式晚会播出之际,观众惊喜地发现:声光手段在综艺节目中已经无处不在了,"大屏幕"既能"贴在墙上",又能"铺在地上",还能随意移动、改变形态,简直成了无所不能的魔术了!

在电视技术发展的同时,电视综艺工作者特别是电视综艺编导经过前十几年的磨练,对于运用电视手法来二度创作综艺节目的电视样式可以说是相当的自如了,要进一步提高综艺节目的质量,满足观众不断提高的欣赏水平,电视综艺工作者开始注重综艺节目的前期策划,也更注重"人脑"的开发。越来越多的综艺编导更加注重综艺节目的前期策划,并把策划作为一种创作的机制运用到综艺节目的生产之中。在节目的创作中,不但策划综艺的表现主题内涵与艺术审美,而且还重视策划调动电视观众的参与热情,台上台下、演播室表演与屏幕观众的融合,有的节目还将串联与节目本身有机地连接,显得自然、紧凑,气氛和谐,融为一体。

与此同时,电视综艺工作者们也开始更加注重综艺节目的后期制作和节目的包装。综艺节目经过画面多视点、多角度和镜头转换等后期的制作处理,丰富了画面的信息量和层次感,增加了画面的审美意境,使综艺节目的质量有了很大的提高。

二、重大庆典不可或缺

电视综艺节目走出演播大厅和剧场,把演播室设在自然的外景之中,不是为外景而外景,而是外景融合于节目,为节目的主题和节目的内容的需求服务。这种表现在屏幕上往往场面烘托节目的思想与节目意境,场面壮观,现场感强。例如:1994 年在天安门广场进行的国庆 45 周年烟火晚会直播——获第九届全国电视综艺"星光奖"荣誉奖、在湖南韶山毛主席故居前举办的纪念毛泽东诞辰一百周年《人间正道是沧桑》大型综艺晚会——获第八届全国电视综艺"星光奖"特别奖、在广州天河体育场举办的《黄河魂——星海音乐会》开幕式晚会、在清华大学举办的《97 恋曲音乐会》;以及 1997 年现场直播柯受良《飞跃黄河》和在无锡水浒城举办的《相聚水浒城》大型电视演出节目——获第十二届全国电视综艺"星光奖"一等奖等大型外景电视综艺节目。这一批节目各个场面真切感人,气氛热烈欢快,给人以耳目一新之感觉。

大型综艺节目走出演播厅大胆创新,小型的综艺栏目与节目也同时并举不断办出新意。这类节目也纷纷跳出演播录制和选送资料编辑的模式,走向外景拍摄和与地域特色电视台合办的路子。就中央电视台综艺部和戏曲·音乐部来讲,最有代表性的是《东西南北中》、《旋转舞台》、《音乐桥》和《九州戏苑》等一批栏目。《东西南北中》原来是为选播各个地方电视台综艺节目的一个编辑性栏目,名为《百花园》,1993年进行全面改版,开始由中央电视台与地方电视台合办,把舞台设在与节目相融合的外景之中,采取多场景的录制办法,打破了时空限制。此外,改版后的《东西南北中》节目还追求快节奏、大信息量。这一些变革较前卫地代表了当时电视综艺节目编导的理念和制作形式及电视表现形式的革新。对此,该节目播出后立即引发了很大的反响,一时间好评如潮。中央电视台1988年5月开播的《旋转舞台》是一个聚歌、舞、乐为一体的栏目,由于电视综艺节目的迅速发展和观众欣赏品味的不断提高,该栏目进行了改版。1996年改版后的《旋转舞台》采用内、外景相结合的方式,在外景中运用多场景的录制方法,取得了很好的收视效果。更值得可喜的是,《旋转舞台》栏目的编导在表现节目内容上走了系列化的路子,成功地推出了《中外名家名曲系列》、《江河湖海系列》等,融思想性、艺术性、欣赏性和知识性为一体,大大拓展了节目的表现视野。

电视综艺的新形式不断出现。如音乐电视与情节音乐电视、电视文学与电视散文、专题综艺与访谈对话性专题等等,应该讲在这一阶段电视综艺的形式是一个纷呈涌现的时期,电视综艺的新形式在这一时期最值得一提的是引国人注目的"心连心"户外演出活动,"心连心"是带有明确慰问性质、把户外演出加以电视化的电视节目。"心连心"电视演出活动,是从1996年2月开始的。为了很好地贯彻党的"二为"方针,根据中央领导的有关指示,文艺工作者要深入基层、深入群众、深入生活,送文化下乡、送戏下乡,为广大工农兵服务,创作出更多反映生活的优秀作品,中央电视台于1996年5月13日正式组建"心连心"艺术团。

"心连心"艺术团的首次慰问演出是1996年2月11日在革命老区河北省平山县西柏坡举行的——《沃野春潮》,观众人数达5万人,节目播出后,引起了强烈的反响。从领导到观众,从综艺工作者到电视专家,来电、来信评价:演出真实、亲切、生动感人,真正体现了电视为人民服务的宗旨。它代表了电视综艺的方向和潮流,起到了正确导向和示范性作用。这次活动为以后的"心连心"活动开了好头,奠定了坚实的基础。同年4月30日,到国有企业改革中卓有成效的北京第一机床厂进行第二次《五月花正红》的"心连心"慰问演出。5月13日,中央电视台正式组建了"心连心"艺术团,以纪念毛泽东同志《在延安文艺座谈会上的讲话》发表54周年为契机,在革命老区井冈山地区的遂川县为乡亲们作首场演出,向当年的老红军、老赤卫队员、军烈属以及所有老区的人民献上了一腔《永远的深情》。至此以后,"心连心"艺术团足迹遍及边远山区、革命老区、部队、学校、工矿油田等,"心连心"的慰问演出已成为一种深得人心的电视综艺的新形式。

三、艺术性的多元化整合

在电视和电视综艺起步后的一个相当长的时间里,电视综艺节目主要是对舞台上和演播室演出的各种"原生态"的综艺节目以及各类综艺活动进行电视的二度创作,保留原有艺术形式的审美价值。在那种情况下,专题性综艺节目不是很多,但是从90年代初,特别是1993年以后,专题性综艺节目得到了较大的发展。

随着人们对电视综艺多样性要求的日益强烈,电视综艺节目出现专题化取向,各个电视台综艺性的专题化栏目不断增加。中央电视台的综艺专题栏目"百花园"、"周末文艺"、"周末大回旋"、"外国文艺"、"九州戏苑",上海电视台的"大世界"、"大舞台",北京电视台的"大观园"、"旋转舞台"等都是专题综艺节目的特定综艺栏目,这类节目力求接近观众,吸引观众参与,充满了新鲜感和吸引力。

优秀的专题性综艺节目,具有鲜明的地方特色,浓郁的民族风格,强烈的时代色彩,展现了我国电视综艺创作的繁荣景象,大大丰富了人民群众的精神文化生活,提高了审美情趣。

音乐电视的异军突起,越来越显示出电视综艺所具有的强大的生命力。如果说《黄河魂》、《抗洪精神颂》、《光明赞》等晚会是以气势磅礴取胜的,如果说《蒋兆和的流民图与丹尼亚日记》、《英雄乐章——陈毅诗词专题艺术片》、《芬芳年代》等专题综艺节目是以深邃的蕴涵和审美情趣取胜的,那么音乐电视则以小取胜,以小见大、以精取胜。

音乐电视来源于国外,在国外,音乐制作商为了包装歌星,推出歌星的歌曲,便把盒带上的主打歌曲拍成音乐电视,以便在电视媒体上推广。因此,国外的音乐电视作品多是服从于商业的需要,表现的几乎是流行通俗歌曲,内容上多是以爱情题材为主,视觉上多为"3分钟轰炸"。而我国的音乐电视,比"人家"晚了10年。以中央电视台为领头,从1993年开始下决心发展中国特色的音乐电视,对国外的音乐电视内容、形式等进行"改造",去粗取精,使其为我所用。1993年开办了第一个音乐电视栏目——《东西南北中》,同年3月,推出了第一期音乐电视作品。

四、音乐电视异军突起

中国的音乐电视是以1993年为起步阶段,1994年是发展阶段,1995年则开始走向成熟,开始制作出大量的精品。音乐电视在短短的三四年时间里,从起步走向成熟,它的异军突起,应该讲是电视综艺空间拓展的重要表现,显示了电视综艺所具有的强大的生命力。记得 1993 年丁关根同志看完"首届中国音乐电视大赛颁奖晚会"后,给予了充分肯定。在中央电视台的带动下,各省级电视台也相继开办了这类音乐电视栏目,从而推波助澜,促进了中国音乐电视的迅速发展。

音乐电视的发展也带动和促进了词、曲作家和歌星、歌手等整个音乐娱乐界的发展。如果说音乐电视是为歌星、歌手提供了一个展示和推出的"天地",那么,音乐电视也为词曲作家和歌唱家提供了显示自己实力的广阔舞台,同时,也很好地表现出音乐电视强大的生命力。从 1993 年开始,中央电视台下大决心发展中国的音乐电视,并对其进行"改造",去粗取精,洋为中用。在音乐电视的演唱风格上推广了通俗、民族、美声三种唱法;在音乐电视的内容上不再局限于爱情题材,而是注重表现丰富多彩的人生和现实生活;在视觉上,从主题出发,不搞猎奇,不追求低俗。

五、戏曲和高雅音乐融入荧屏

1993 年以前,电视综艺发展的主要标志是电视晚会和电视剧的蓬勃发展,栏目得到确立,电视歌唱和小品比赛被搬上屏幕。但是,对于戏曲和高雅音乐还没有足够的重视。从 1993 年开始,中央电视台在扶植、提倡高雅音乐和民族戏曲方面做了大量的工作。

1992 年开始举行旦角组的比赛,1993 年是生角组的比赛,1994 年是丑角、老旦组的比赛,历时三年,推出了一大批像于魁智、李维康、杨赤、孟广禄、刁丽等优秀演员。同时,还举办了地方戏曲比赛,如粤剧演唱比赛、豫剧演唱比赛、黄梅戏演唱比赛、越剧演唱比赛、青年京剧歌手大赛,这些大赛是中央电视台和地方台联合主办并推出的,戏曲大赛系列活动大大推动了地方戏曲的发展。

《京剧名家名段欣赏》演唱系列晚会接连 8 场演出,中央领导高度重视。首场开幕式演出,影响巨大而深远,因为京剧艺术的博大精深、魅力无穷的电视化和大众化,以致发展到现在,在每个大型的电视晚会中,戏曲节目已经成为必不可少的节目。

《中国京剧音配像精粹》系列工程是李瑞环同志倡导并亲自抓的。到本世纪末,第四批已经完成。每批 50 部集,共完成 200 部集。中国京剧音配像主要是以那些已过世的著名的京剧表演艺术家梅兰芳、张君秋、程砚秋、谭富英、马连良、尚小云等原唱录音为基础,由他们的传人或后代来扮演唱段中的角色,并把二者合成起来。例如:《青霜剑》原唱录音主演程砚秋,配像主演李蔷华;《哭灵碑白帝城》原唱录音主演奚啸伯,配像主演张建国;《洪羊洞》原唱录音主演谭富英,配像主演谭元寿;《打渔杀家》原唱录音主演梅兰芳、马连良、叶盛章,配像主演董园园、张学津;《鼎盛春秋》原唱录音主演谭富英、裘盛戎,配像主演谭元寿、孟广禄;《杜十娘》原唱录音主演荀慧生,配像主演孙留敏;《将相和》原唱录音主演马连良、袁世海,配像主演冯志孝、吴玉璋;《霸王别姬》原唱录音主演张君秋、刘连荣,配像主演杨淑蕊、景荣庆;《金山寺·断桥》原唱录音主演尚小云,配像主演孙明珠。

从1996年开始,推出了戏曲艺术的第四项工程——《中国戏曲精品库》,戏曲节目在电视屏幕上异彩纷呈。

中国戏曲源远流长、博大精深,是中华民族文化的瑰宝,也是世界文化宝库的珍品。剧种繁多、剧目丰富的中国戏曲艺术,经过历代戏曲艺术家精心创作,涌现了一批艺术水平很高的经典剧目,这些剧目已成为中华文化的宝贵遗产。

《中国戏曲精品库》是为进一步落实江泽民同志关于弘扬民族艺术,振奋民族精神,向广大群众特别是向青少年进行爱国主义教育的重要批示,整理、保留、弘扬那些经过千锤百炼的中国戏曲经典剧目,把著名戏曲艺术家的代表作,用录像形式录下来:黄梅戏《天仙配》、《女驸马》原唱录音主演严凤英、王少舫,配像演员马兰(韩再芬、吴亚玲)、黄新德;豫剧《大祭桩》、《白蛇传·断桥》原唱录音主演常香玉,配像虎美玲,豫剧《拷红》、《花木兰》原唱录音主演常香玉,配像小香玉;河北梆子《钟馗》、《武松》、《夜奔》均由裴艳玲主演;丝弦《宗泽与岳飞》由张贺林主演;赣剧《窦娥冤》、《金钗记》由涂玲慧、陈莉主演。到1999底,已录制了近400部,这一大批地方戏曲已在中央电视台三套按固定时间播出,极大地满足了广大戏迷朋友的欣赏要求。与此同时,戏曲界专家也一致认为,此项工程功德无量。戏曲节目是许多省级电视台综艺节目中重要和不可缺少的节目。

高雅音乐已越来越受到重视和欢迎,培养了一大批观众。1992年以前,能欣赏高雅音乐的电视观众还不是很多。1992年,随着电视综艺的发展和电视观众欣赏水平的不断提高,特别是中央电视台首次举办了《黑龙江交响音乐作品比赛》和转播维也纳新年音乐会,尤其是观众对中央电视台转播维也纳新年音乐会浓厚兴趣,中央电视台开始感到在观众中普及和提高高雅音乐欣赏水平的必要性和紧迫性,从1993年开始,每年的新年晚会改成每年一台的新年音乐会,随后也开出了播出高雅音乐的固定栏目《音乐桥》、《音乐直播厅》、《音乐大舞台》和1999年改版的《交响乐世界》、《国乐飘香》,为高雅音乐的普及和提高起了积极的推动作用。

六、精品意识不断强化

加强精品意识,制作精品节目,是观众的需要,是竞争的需要,也是电视综艺发展到今天的必然趋势。多年来,以中央电视台为主,上海、浙江、山东等各省级电视台在电视综艺节目上创作了许多电视精品和优秀的综艺栏目。以中央电视台为例,1992 年有《中秋月正圆》综艺晚会、纪念毛泽东同志《在延安文艺座谈会上的讲话》发表 50 周年的《丰收大地》综艺晚会、《第一届中日友好歌会》等;1993 年有庆祝中央电视台建台 35 周年的《今宵属于你》大型晚会、《黄河神韵》专题综艺节目、纪念毛主席诞辰 100 周年的大型晚会《人间正道是沧桑》、《奥林匹克梦》、《梅兰芳金奖大赛》、《'93 中国音乐电视大赛颁奖晚会》、《庆五一小品晚会》等;1994 年有《'94 新年音乐会》、《国庆焰火晚会》、《走过九月——教师节》综艺晚会、《大学生之夜》综艺晚会、《大地深情》综艺晚会、《银河灿烂——长春电影节晚会》等;1995 年有《光明赞》、《相聚在北京》、《七月礼赞》、《万家灯火平安夜》、《黄河魂——星海音乐周开幕式音乐会》、《五月放歌——庆祝五一演唱会》、《一切为了你》等;1996 年有《星光灿烂》、《京剧名家名段欣赏》演唱系列活动、《星河千帆舞》、六场《"心连心"系列演出活动》等;1997 年有工人体育场的《祖国颂》、人民大会堂的《回归颂》、清华大学的《'97恋曲演唱会》、《飞跃黄河》、《继往开来》等大型综艺晚会。这些大型晚会都堪称精品佳作,至今还让人回味无穷。

从这些优秀节目中,我们不难看出它们的特点:主题鲜明、构思完整、节目精彩、气氛热烈、制作精致、节奏明快、信息量大、创新意识强、综合水平高、整体效果好。总之,体现了思想性、艺术性、观赏性的完美结合,受到大多数观众的称赞。

此外,不少栏目也播出了许多优秀节目,尤其是《综艺大观》、《曲苑杂谈》、《东西南北中》、《正大综艺》、《旋转舞台》、《同一首歌》等。这些栏目所播出的节目,精品多、格调高、受众面广,思想性、可视性强。

几年来,音乐电视精品作品令国内外同行刮目相看。来自美国音乐电视台的一位同行应邀参加了第二届中国音乐电视大赛颁奖活动,在观看了部分获奖作品后,深有感触地对杨伟光台长说:"我们美国的音乐电视更看重于商业,你们的音乐电视更注重于艺术,中国特色很浓,水平很高。"正因为如此,中国的音乐电视作品《黄河源头》和《乡风乡韵》在国际比赛中获得了大奖,为国争了光。也正因为音乐电视精品多,又进一步推动了音乐创作,也推出了新人。应该承认,拍摄制作音乐电视作品,尤其是制作音乐电视作品,特别是制作精致的音乐电视作品,已经成为乐坛推出新歌的重要手段。

七、不断创新求变

1995 年 11 月 30 日,仅仅准备了两个月,中央电视台就推出了综艺频道,初步满足了广大电视观众对综艺节目的需求。其中电视剧、国外引进的《佳艺》系列节目、电视综艺节目是这个频道的主干栏目。1996 年 1 月 1 日,仅仅经过一个月的准备,又推出了戏曲·音乐频道,大大促进了戏曲艺术和音乐的发展。这些都使电视综艺的内容更加丰富了:既有严肃的高雅音乐,又有通俗的流行音乐;既有中国音乐,还有外国音乐;既有欣赏性的节目,还有知识性和欣赏性相结合的节目;既有京剧、昆曲,也有地方戏曲;既有唱大戏的,也有戏曲名家介绍和普及戏曲知识。

此后,在两三年间,全国各省电视台和省会台也纷纷开通了综艺频道。这种局面迅速地推动了电视综艺的发展。

电视综艺与其他艺术相比,更强调变化,更强调出新。大型节目和栏目每天跟观众见面,如果总是墨守成规,时间一长,观众就会厌烦。在这种情况下,更需要电视综艺工作者有强烈的创新求变的意识,要不断"求新、求变、求精",这是电视综艺的生命所在。例如中央电视台综艺部策划的《全国青年歌手电视大奖赛》,从 1984 年的第一届到 2000 年的第九届,其中经过了两次重大的改革。第一次是 1986 年的第二届,它改变了第一届单纯的声乐比赛模式,采取现场直播、现场亮分,允许参赛歌手自选曲目,允许现场观众鼓掌,使全国青年歌手电视大奖赛更具有电视特点。更重要的改革是在全国青年歌手电视大奖赛中第一次将参赛歌手分民族、美声、通俗三种唱法区分加以比赛,显得青年歌手电视大奖赛更加科学,更符合当时乐坛的实际。这一届所确定的民族、美声、通俗三种唱法比赛一直成为往后各届全国青年歌手电视大奖赛和各地青年歌手电视大奖赛的样板,由此也确立了我国声乐唱法的总体格局。

全国青年歌手电视大奖赛第二次重大的改革是 1998 年的第八届,这一届改革了过去的个人单项演唱比赛为团体比赛为主,改变了单一的个人演唱比赛为"综合素质考核"和"个人演唱比赛"兼而有之、综合平衡考核打分。与此同时,在规定曲目上,增加了数量,减少了难度,增加了选择范围,便于歌手发挥水平。在比赛的场次上,增加了决赛的场次,使青年歌手电视大奖赛节目直播系列化,大大增强了影响力。此外,在现场评分、公布成绩、设奖项目、比赛时间等方方面面也作了相应改革,大大突出了歌手大赛的整体性,大大强化了歌手大赛的电视特点,大大增强了节目的可视性。

大型的电视节目和电视活动在创新求变,栏目和节目的改革与变化速度则更快。

《综艺大观》创办于 1990 年 3 月,这个栏目的宗旨是强调娱乐性、参与性和综艺性,并一直是坚持现场直播,开播至今已办了二十一年,但它也始终在变化发展。这个长达十年之久的栏目,前后进行了五次大的调整和改版。1994 年的调整,增加了热线电话、综艺寻呼和《综艺快车》、《送你一支歌》等小栏目,其目的在于加强观众的参与感,使节目更贴近观众、贴近生活。1995 年的调整,加强了节目的包装和片头的宣传,推出了电视喜剧小品比赛,目的在于进一步加强节目的娱乐性和趣味性。1996 年的调整,增加了《四面八方》和《周末有约》等小栏目,旨在加强节目的新闻性和扩大节目的来源。1997 年的改版,增加了《综艺传真》、《系列小品》和《新起点》等小栏目,其目在于利用先进的卫星传播手段,追求纪实性和艺术性并举,追求系列化,不断推出新人新作。《综艺大观》作为中央电视台综艺部支柱性的名牌栏目,历时十载还依然存在,就是在于始终不断的求新、求变、求精的节目理念和节目实践。

《旋转舞台》是 1988 年开办的。开始一段时期该栏目颇受电视观众的欢迎,后来由于节目没有变化,观众反映说该节目总是一副“老面孔”,渐渐失去了吸引力。一直到 1996 年对节目进行了改造,在题材策划内容上开始走系列化的路子:中外名家名作系列、江河湖海系列,民歌系列、百年经典系列,大大增强了艺术品位和电视节目的可视性,再一次重新受到电视观众的青睐。

总之,电视综艺节目在电视综艺工作者的不断创新、不断探求、不断进取中得到蓬勃发展,极大地丰富了中国的电视屏幕,然而,电视综艺其后面的道路还很长很艰巨。

八、电视综艺节目存在的问题

近十年来,电视综艺节目迅猛发展,成绩是巨大的,但也存在一些问题,有待我们今后逐步解决。

(一)电视晚会数量很多,质量不高

在 1992 年之前,相对于舞台演出来讲,电视晚会的出现是电视综艺领域的一场革命。由于电视晚会非常具有电视特点,所以一出现就引起了很大轰动,观众反响热烈。到了 90 年代中期,人们开始感到电视晚会泛滥,如果不加以控制,将直接影响电视综艺晚会原有的美好声誉,成为电视综艺发展新形势下的绊脚石。

电视晚会这一形式欢快热闹,现场感强,易于为观众接受。通过晚会宣传自己未尝不可,但若只是一味想到商业效果、宣传效果和明星效应,不注重从节目质量上下功夫,结果只能适得其反。

办电视晚会,一方面要有主题、有构思;另一方面还要符合电视综艺的规律。电视晚会不能办得说教过多，专题性过浓，也不能办得太过舞台化，缺少电视特点。手法陈旧、节奏拖沓，这些正是这几年一些电视晚会逐渐失去观众的原因之一。

电视综艺基本上占据了电视屏幕的大片"江山"，综艺节目数量之多，但优秀的佳作与人、财、物的投入，与审美情趣日益增长的观众精神需要不相适应。这几十年尽管精品意识已经深入人心了，但是从数量和质量的比较来看，精品晚会和精品的电视综艺节目还是偏少，优秀节目不足，优秀栏目不够。总的来说，两头小，中间大。两头小，就是精彩的、优秀的栏目少，特别差的也少；中间大，就是一般的平庸之作多。

（二）理论建设落后于实践

电视综艺的实践，这几年是一步一个脚印地往前走，但理论建设没有跟上，特别是电视晚会缺乏理论指导，再加上受现在社会商业意识的影响，容易出偏差。如果当初电视晚会的理论跟得上，指导思想比较明确，电视晚会的发展无疑要比现在更快些，编导队伍的成长也会更好些。而音乐电视的发展则在理论与实践相结合上做得好一些。1993年刚开始发展音乐电视和举办音乐电视大赛时，我们就注意到理论建设，开了音乐电视研讨会，对实践进行总结，并从理论上进行探讨。所以，音乐电视的发展比较健康，指导思想也较明确。

（三）制作模式上有待进一步改革

这几年来，电视综艺节目大发展，但电视综艺节目在制作体制上应该走什么样的路子，还有待于进一步解放思想、大胆探讨。现在电视综艺节目的制作数量大大增加了，制作的队伍也大大发展，但是制作队伍的总体素质还不够强。今后的电视综艺节目制作能否朝社会化生产方向发展？有的电视综艺节目可以交给公司操作；有的节目可以让社会上的制作电视节目的单位承担；重大的、有时效的节目和重要的电视活动则由电视台来完成。总之，电视综艺节目的社会化有待于进一步摸索，走出一条适合中国电视综艺节目发展的道路。

第三章 电视综艺节目的传播特征与创作原则

一、电视综艺节目的传播特征

电视的综艺性节目是综艺与电视相结合的产物。与一般综艺相比较,它的传播手段和传播方式的不同,又会使受众的审美环境、审美方式乃至审美心理发生变化。从传播角度考察电视综艺性节目的特征——

(一)包容性特征

所有的电视节目都具有一定的包容性。不过与其他节目相比,综艺节目的包容性更强,也更富有特色。从艺术品种方面看,它可以包容音乐、舞蹈、绘画、文学、戏剧、电影、雕塑、建筑等一切艺术门类;从题材内容方面看,远至上古的神话传说,近至我们身边的琐事,乃至对于未来世界的幻想,可以说是古今中外、天上地下,无所不有,无所不包;从文化层次方面看,它既可以是精英综艺,也可以有大众综艺,几乎所有层次的综艺都可以在广播电视的综艺性节目中找到自己恰当的位置。此外,综艺性节目的品种、样式也是十分丰富的。它既有欣赏性的、娱乐性的,也有知识教育性的、报道评介性的和社会服务性的。

综艺作为元素进入电视这个传播系统之后,经过交互作用和再度创作,都或多或少地具有了独自存在时所不曾有过的性质和功能,并成为综艺节目的一个部分。包容意味着兼收并蓄,意味着融合,意味着百花齐放和丰富多彩,意味着一个新的艺术品种——综艺节目的诞生。包容性是电视综艺节目性节目的特征之一。

综艺的社会功能或社会作用,是文学艺术家和综艺批评家长期谈论而又争论不休的问题。欧洲文坛关于"为艺术而艺术"同"为社会而艺术"的分歧,大约可以称得上是关于综艺社会功能的很有代表性的争论。自从马克思主义综艺学说在我国文坛占据主导地位以后，"为人民而艺术，为社会而艺术"的主张已经为多数人所接受；综艺的作用、教育作用和美感作用也已为多数人所认定。综艺节目是社会综艺的一个组成部分，它的社会功能和社会作用，总的来说和社会综艺自然也是一致的。

（二）艺术性特征

综艺节目的基本特征是艺术性，它不同于新闻节目。新闻节目要真实、客观、及时地反映现实生活，而综艺节目可以虚构，以典型、艺术地再现生活。正像真实性是新闻节目的灵魂一样，艺术性是综艺节目的灵魂。综艺节目的艺术性体现在它的形象上。电视综艺是用画面和声音结合塑造形象，通过艺术形象，生动、逼真地描述大千世界的变化，反映社会生活的各个方面。

电视综艺节目的审美特征还体现在它的鼓励性和感染力上。它通过声音和画面形象的典型特征和感情因素去撞击观众的心扉，并使之产生共鸣，达到审美、娱乐和潜移默化的作用。

（三）现实性特征

电视综艺节目不是文学艺术在电视媒介上的简单再现，而是通过电视化思维和电视的技术手段加工、选择和重新创作，以崭新的面貌展现在观众面前，并赋予它新的现实意义。

电视综艺的现实性首先集中体现在它的题材上。电视综艺的一个重要功能是通过艺术形象传播舆论、影响公众舆论。电视综艺节目的内容要反映时代的主旋律、讴歌时代大潮中的英雄人物和先进典型。即使是历史题材和外国综艺题材的综艺节目，也是"古为今用，洋为中用"：这些题材的综艺作品对现实有启迪、警世或借鉴作用，能为现实服务，为现实的政治、经济和社会生活服务。此外，电视综艺节目还要配合各种活动，如各种节目庆典活动、宣传活动，乃至国事活动、外交活动等，具有强烈的时代感和时间性。

电视综艺节目的现实性还体现为突出显示和强调综艺的思想性和教育作用。由于电视媒介具有极大的社会影响力，综艺节目创作要选择综艺作品即以选择精品为主，并弘扬本民族的优秀文化传统。

电视综艺节目的现实性还体现在它的"新"字上。节目内容新，形式也要新，节目的表演者也要新。往往是一台新节目，造就一群明星，发现一批新人，给综艺界带来新的气象、新的风格和新的思路。

（四）娱乐性特征

电视是一种大众传媒。大多数观众收看综艺性节目的第一欲望常常是娱乐。人们经过一天的紧张劳动之后，打开电视机，看一段相声、一首乐曲或是看一个电视剧，首先是为了娱乐和消遣。如果我们的综艺性节目不能满足人们的这个欲望,恐怕就很难吸引大多数受众听下去、看下去。即使你的节目很有"水平",很有"意义",群众不买你的账,也很难发挥作用。所以,对电视综艺节目的娱乐作用,是万万不能忽视的。

有一个时期,"娱乐作用"的名声似乎不怎么好。一提到"娱乐",有人就认为是提倡玩乐,是不务正业,甚至认为是"追求低级趣味"、"追求感官刺激"。另一些人虽然并无这种偏见,但说到"娱乐作用",总不如谈论"宣传"、"鼓舞"、"教育"作用来得理直气壮。其实,这完全是一种误解。

对于"娱乐",古今中外虽然有各种各样的解释,却很少见到有人把它和低级趣味等同起来。当然,我们并不主张把娱乐作用和教育作用等同起来。事实上,不同的艺术种类、艺术样式乃至每一个具体节目,这两方面的作用都有区别。例如,有些综艺性节目通俗易懂,娱乐性较强,同时又有较高的艺术性和思想性;有些节目艺术性较高,娱乐性较强,但并无深刻的思想内容,很难说有什么鼓舞、教育作用。当然,也有一些节目,思想内容精深,艺术水平也高,但却没有多少娱乐作用。综艺艺术是丰富多彩的,人民群众的需求是多种多样的。高雅、博大、精深的作品当然可以播出,应当播出;可供休息、娱乐,能够使人精神松弛的作品也应该播出。电视既然面向广大群众,那么,它所播出的综艺性节目也应当以寓教于乐的作品为主。

（五）社会教育特征

综艺与社会生活是"泉"与"源"的关系,社会生活是综艺之源。综艺表现的内容来自社会生活,高于社会生活,是社会生活的集中反映。综艺和社会生活又是一种辩证的相互作用的关系。社会生活是综艺产生和发展的基础,综艺对社会生活又会产生反作用。积极的、进步的综艺会推动社会的发展进步;消极的、落后的综艺会阻碍社会的发展进步。综艺节目必须通过其宣传,对社会发展的进步起到积极的作用。

综艺性节目的社会教育作用,应当是多方面、多层次的,不是单一的,如政治方面、思想方面、道德方面、社会历史方面、科学文化方面以及文学艺术修养方面等等。就思想教育方面而言,又是多层次的,如集体主义、爱国主义、共产主义、国际主义以及在社会群体生活中应该提倡的某些思想、观念、精神等等。综艺节目应当充分发挥各个方面的教育作用,力求丰富多彩。不应当把"教育"理解为只是思想政治教育。思想政治教育肯定在综艺性节目中占重要地位,但是也要看到:我们的受众中还有相当多的人对于自己祖国的历史和现状不甚了解,对于现今世界政治、经济、科学、文化发展状况知之不多,甚至还有一部分人处于文盲或半文盲状态。

综艺性节目通过形象和典型发挥美感作用,又通过形象和典型发挥教育作用。比如,善良、美好的形象让人感到可敬、可亲、可爱,使人在感情上、精神上得到一种高尚的美的感受,同时也就给人以熏陶和教育;邪恶的形象让人感到可恨、可恶,同时也就可能激起人们与之斗争的力量。正因为如此,许多理论家把文学艺术称作"生活的教科书"或"生活的百科全书"。

电视综艺节目是收视率较高的几类节目之一。调查表明,许多地方的收视率排行在前四位,甚至名列榜首。它的受众异常广泛,它的内容街谈巷议,它的形式喜闻乐见,这些无不说明综艺节目已成为电视文艺中的主流文化。这种主体地位和收视强势,不仅要求编导者自觉地把向观众提供雅俗共赏、丰富多彩的各种文艺节目作为自己的主导思想和创作指向,传播健康益智、寓教于乐的精品节目,更应是创作者和编导们应该遵循的原则。

事实上,电视综艺节目已经承载着对受众的多项宣传使命和传播任务。第一,是党的文艺思想、导向意识的传播——它的所有节目无不体现以优秀的作品教育人、以高尚的情操感染人的宗旨;第二是先进的文化思想和艺术成果的传播——综艺节目创意的时尚性、前瞻性,精品意识的追求,最新艺术形式的引入,对优秀艺术和先进文化的学习、借鉴,无不体现这一点;第三是大众文化的传播——也即综艺节目中的"俗文化"类内容,说平民、演平民、平民演的节目;第四是新观念、新思维的传播——它的许多创作节目和交流、移植、改造节目,往往注入了时代的人文意识、前卫的鲜活因子和思维的全新理念,给受众以新的启示和新的思考;第五是多种知识和信息的传播——这是综艺节目"综合"属性所具有的优势,不仅让受众欣赏各类文艺节目,同时也广泛传递其他知识和信息;第六是审美取向的传播——以健康向上、格调高雅的总体风格,多姿多彩、美不胜收的节目内容,以及光、电、色、声、画的综合艺术效应,让人们赏心悦目,给受众以美的享受和愉悦。

二、电视综艺节目创作的基本原则

综艺节目的社会职能和作用可以归结为认识作用、思想教育作用和美感教育作用三个方面。即通过听觉、视觉欣赏综艺节目,帮助人们获得丰富的社会历史知识、文化知识和生活知识,提高观察生活、认识客观世界并改造客观世界的能力,提高思想觉悟水平,培养高尚的艺术趣味和健康的审美观点,鉴别真伪、善恶、美丑,并达到愉悦情怀和身心的目的。综艺节目有独特的创作要求。

综艺节目创作即综艺节目的制作应遵循以下原则:

(一)大众性原则

综艺节目的首要任务应当是满足广大观众的精神文化生活的需要,使他们在工作、学习和劳动之余能够得到美的享受和娱乐休闲。因此,制作综艺节目时,首先要从广大观众对综艺节目的需要出发,充分运用电视的各种表现形式,制作出为观众所喜闻乐见、赏心悦目的综艺节目来。

观众的层次、兴趣和欣赏水平是多样的,要得到广大观众的认可,绝非易事。这就要求我们的综艺节目创作者提高自己的创作水平,提高节目质量,抓好"三精"(即精品频道、精品栏目、精品节目)。精品的标准就是思想崇高,艺术精湛,制作精良,可视性、可听性强,富有吸引力和艺术感染力,让广大观众在观看节目的同时得到娱乐美的享受和教育。

(二)民族性原则

民族性原则极其重要。综艺节目为弘扬中华民族的优秀传统文化而努力。民族文化是国家传统文化的精华,是最有特色和最有生命力的。综艺节目只有根植于深厚的民族文化,才能枝繁叶茂,丰富多彩。所以,综艺节目的一个重要任务是挖掘中华民族的文化遗产,弘扬民族文化优秀传统和创造中华民族的新文化。

我们在继承和弘扬民族文化的同时,要取其精华,去其糟粕。要以开放的态度,吸纳一切优秀的文化,增强民族文化的生命力。在继承民族文化的同时,要有所超越、有所创新、有所突破。力求制作堪称时代、民族的文化标志的作品流传后世。

(三)有益无害的原则

有益原则是指综艺作品对社会的稳定、精神文明建设等有促进作用,对提高人民群众的审美情趣和陶冶道德情操有益处。这种综艺作品是综艺节目的主流。无害原则是指综艺节目作品只要是对人们的身心不造成不健康的影响和损害,不一定强调社会教育和思想教育作用及认识功能。这类综艺节目也是需要的,可以在综艺节目中占一席之地。只有这样,我们的综艺节目才能丰富多彩,真正做到百花齐放,百花争艳。

(四)寓教于乐原则

综艺创作用形象说话,通过形象表达创作者的思想、感情、观点、意见,从而体现综艺的认识作用、思想教育作用和美感教育作用,这是一切综艺的特殊性能。综艺的这三种作用不是通过说教的方式灌输给群众的,而是通过娱乐方式实现的。娱乐是综艺的最基本的性能,也是综艺实现其社会功能的最基本的手段、方式和途径。现代综艺观点认为,娱乐作用即是愉悦人的身心,也是综艺的功能之一。这一点和认识作用、思想教育作用、美感教育作用并不矛盾。在现代生活中,综艺节目是人们娱乐生活不可缺少的组成部分。几乎所有的综艺节目或作品,都至少具有娱乐及三种教育作用中某一种作用。优秀的综艺节目或作品,常常有更多甚至全部的作用,并使这些作用在节目或作品中得到美的、高品位的结合和体现。把教育意义和作用寓于娱乐方式之中,通过娱乐达到教育目的,这是成功的优秀的综艺节目或作品的鲜明特点。如春节综艺晚会、电视综艺赛事、音乐电视以及电视戏曲等。

（五）追求文学品味原则

始终不渝地追求曲艺作品的文学品位,不是一件容易做到的事情。传统曲艺作品尽管其中不乏民间艺人和文人创作的文学珍品,但在社会上只被看成一种消遣品、玩意儿,几乎无人对它提出文学品位的要求。曲艺作品成为一种特殊的文学作品,是中华人民共和国成立后才提起的。但是,在社会主义计划经济时期,往往过于强调曲艺作品的政治宣传性,忽视它的文学性。进入社会主义市场经济时期,往往过于强调曲艺作品的娱乐性,也忽视它的文学性。

说唱文学大多用口头形式呈现,不同于书面文学可以反复咀嚼,而是一听而过,来不得半点艰深与晦涩,必须明白、晓畅、回环、曲折。说唱文学创作要求在充分掌握生活素材的基础上,着力写好典型人物和人物关系,由人物性格和矛盾冲突衍生出故事情节,在情节的发展中扭结成矛盾的焦点和高潮,从而形成不同的喜剧式架构,达到思想性、艺术性、观赏性的统一。

说唱作品对语言的运用十分讲究,需要准确地把握辙韵、声调和句式变化,力求使说唱语言具有美感、动感、音乐感和幽默感。

三、电视综艺节目创作的基本要求

电视综艺的社会职能和作用可以归结为认识作用、思想教育作用和美感教育作用三个方面。即通过听觉、视觉欣赏电视综艺节目,帮助人们获得丰富的社会历史知识、文化知识和生活知识,提高观察生活、认识客观世界并改造客观世界的能力,提高思想觉悟水平,培养高尚的艺术趣味和健康的审美观点,鉴别真伪、善恶、美丑,并达到愉悦情怀和身心的目的。电视综艺有独特的创作要求。

（一）积极地反映社会生活

电视综艺与其他社会综艺相同,它所表现的内容是反映社会的政治、经济、文化、科学等各方面生活面貌的。综艺与社会生活是"泉"与"源"的关系:社会生活是综艺之源。综艺表现的内容来自社会生活,高于社会生活,是社会生活的集中反映。综艺和社会生活又是一种辩证的相互作用的关系。社会生活是综艺产生和发展的基础,综艺对社会生活又会产生反作用。积极的、进步的综艺会推动社会的发展进步;消极的、落后的综艺会阻碍社会的发展进步。综艺节目必须通过其宣传,对社会发展的进步起到积极的作用。

综艺创作用形象说话,通过形象表达创作者的思想、感情、观点、意见,从而体现综艺的认识作用、思想教育作用和美感教育作用,这是一切综艺的特殊性能。综艺的这三种作用不是通过说教的方式灌输给群众的,而是通过娱乐方式实现的。娱乐是综艺的最基本的性能,也是综艺实现其社会功能的最基本的手段、方式和途径。现代综艺观点认为,娱乐作用即是愉悦人的身心,也是综艺的功能之一。这一点和认识作用、思想教育作用、美感教育作用并不矛盾。在现代生活中,电视综艺是人们娱乐生活不可缺少的组成部分。几乎所有的综艺节目或作品,都至少具有娱乐及三种教育作用中某一种作用。优秀的综艺节目或作品,常常有更多甚至全部的作用,并使这些作用在节目或作品中得到美的、高品位的结合和体现。把教育意义和作用寓于娱乐方式之中,通过娱乐达到教育目的,这是成功的优秀的综艺节目或作品的鲜明特点。

（二）紧密地依附形象思维

电视综艺节目或作品的思想内容是通过声音和画面所塑造的形象来表现的。综艺创作的任务就是创造鲜明的生动的艺术形象,它的创作过程就是塑造艺术形象的过程。形象是创作者表达思想感情的手段。以声音和图像信息相结合的电视本身就是在塑造形象和传播形象特征。电视综艺对声画形象的塑造越生动鲜明,就越能表达思想感情,越能提高观众的思想觉悟和审美能力。

电视综艺的创作实质上是声画形象塑造的过程。从生活中选取具有典型意义的现象,通过分析、判断加工、提炼创造形象。这一形象创造的思维过程,就是形象思维。

综艺创作者的形象思维活动的特点,一是创作者对现实生活素材进行集中、概括时,始终是形象和思想紧密地结合在一起。创作过程的思维活动始终伴随生动具体的形象,思维成果也用生动具体的形象来表现。二是在形象思维中,想象是具有突出的意义。在形象思维中,有了想象、联想和幻想,不仅可以补充实际经验和感受的不足,而且可以使创作形象更加丰富多彩、鲜明生动,乃至具有更大的概括性。

创造形象不完全依赖于现实,还常常借助于虚构。虚构是想象的必然结果,但是这种虚构也有生活依据,有生活的集中与概括。

此外,在形象思维的艺术创作过程中,自始至终都伴随着强烈的感情活动,创作者在艺术形象塑造中常常体现出强烈的爱与憎。从对社会生活中具体事物的实感出发,产生和在形象中抒发创作者的真情。这种真情实感的紧密结合,是艺术思维、形象思维的自然规律。

(三)集中地运用典型形象

一切综艺作品对社会生活的反映都不可能是自然形态的照搬,因为社会生活是多变的。电视综艺通过创作者塑造的艺术形象反映生活,往往具有更鲜明、更广泛、更深远的意义。经过创作过程塑造的形象,实际上是创作者认识社会生活并对其加工提炼,即分析、选择、集中、概括的结果。这种艺术形象一般具有概括某种典型人物或事物的广泛意义,以使人们通过这一形象举一反三,真实、全面地认识社会生活的本来面貌。这种形象称为具有典型性。创作者通过观察、判断和认识社会生活,把生活现象概括、集中起来,并进行由表及里的挖掘和去粗取精的提炼,然后在具有典型的形象中表现出彩。在综艺创作中,典型化突出表现在形象塑造中的典型人物及所处的典型环境,这是大多数成功综艺节目或作品的魅力所在。围绕典型人物和典型环境,常常还有典型条件、典型情节、典型性格、典型事物、典型经验等。

综艺形象典型化的主要意义在于,它所表现的艺术的真实源于实际社会生活的真实面貌,又高于实际生活,并能体现出更深远的意义。典型化的基本规律则主要表现为典型性与鲜明个性的统一、普遍性和特殊性的有机融合。电视综艺创作成功与否和水平高低如何,主要体现在形象塑造典型化的结果及其方法和途径上。

(四)追求内容与形式的统一

所有的综艺节目或作品都有它的内容与形式。一般来说,内容和形式也是统一的。综艺节目或作品的内容包括两个因素:一个是客观的因素——现实的社会生活;另一个是主观因素——创作者的思想和感情。综艺作品的内容是这两个因素的统一体。综艺节目或作品的内容在创作过程中表现出来的是它的题材和主题。题材和主题分别是作品内容客观因素和主观因素的体现。

综艺作品的形式是指它的内容结构和表现手段。形式一般与作品的思想内容直接而紧密地结合在一起。作品的内容不是抽象地存在的,而是通过相应的形式表现出来的;作品的形式就是具体地表现作品的内容并为内容服务的。内容决定形式,形式为内容服务,这是综艺创作的基本规律。

形式并不是消极的,它对内容具有反作用。主要表现在:一是适合于内容的完美形式不仅有利于内容的充分表现,而且可增强作品的艺术感染力;反之,低劣粗糙、不适合于内容的形式则会妨碍内容的表达,削弱作品的艺术感染力。二是内容可以用不同的形式来表现,一个内容的素材,可用电影来表现,也可以用电视剧、戏曲或话剧来表现。各种丰富多彩的形式及其不同的表现手段、表现风格,既可以为创作者提供多样化表现内容的机会,也满足了不同层次、不同兴趣的观众的需要。

上编

综艺节目文本创作

第四章　相声艺术及其创作要领

　　没有笑料也就没有相声。但是,作为相声艺术的笑,不是自然的生理现象,而是通过某种语言技巧而实现的艺术效果。包袱,是民间艺人的创造。在生活中,并非一切事物都能引人发笑。一般说来,假、丑、恶的事物之中,大多蕴涵着可笑的种子;惩治假、丑、恶,笑是得力的武器之一,同时也包含着人对自己的敏锐、聪慧的赞赏与陶醉。它既标示着人认识生活的能力,也表现出人把握生活的一种优越感。那讽刺的笑是无情的鞭子,幽默的笑是善意的规劝,含泪的笑是深层的反思,畅怀的笑则是审美的愉悦。

一、相声艺术"四要素"

　　构成相声艺术的要素有"说、学、逗、唱"。分述——

　　(一)相声是"说"的艺术

　　"说",即是艺人常说的"说'大笑话'、'小笑话'、'俏皮话',说个'字义儿',打个'灯谜',说个'蹦蹦蹦儿'、'憋死牛儿'、'绕口令儿'"等等。相声的"说"与民间笑话、"说话"艺术及民间语言文字游戏有直接的渊源关系。

　　相声的"说",许多都从民间笑话发展而来。相声艺人有所谓"说点'大笑话'、'小笑话'"的说法。"大笑话"指的是《刘塘参皇上》、《马寿出世》、《宋金刚押宝》、《解学士》、《康熙私访月明楼》、《硕二爷跑车》、《张广泰回家》、《大小九头案》等八段笑话故事,艺人称之为"八大棍儿"。"小笑话"则是采自口头笑话用于单口相声里的短篇作品,如《熬柿子》、《化蜡千》、《连升三级》、《日遭三险》、《三近视》、《小神仙》、《珍珠翡翠白玉汤》等,艺人又称作"小碌碡儿"。

　　民间"说话"艺术中那许多恢谐幽默的故事、艺人捷言巧辩的口才及讽谏戏谑的风格,对后世相声的"说"也有着广泛深刻的影响。例如相声段子里的"贯口",讲究的是"口快如刀,如水之流",它与"说话"艺术那种口若悬河、舌如利刃、洋洋洒洒、恢谐谑浪的艺术传统是一脉相承的。

此外,如拆白道字、灯谜酒令、出题答对、铺陈药名、罗列地名、戏名、菜名等等语言文字游戏,也广为相声所吸收,不断地补充和丰富着"说"的手段。如传统相声段子《打油诗》、《傻子学乖》、《测字儿》、《歪讲三字经》、《打灯谜》、《洋药方》、《菜单子》、《地理图》、《绕口令儿》等等,均以其博闻多识、机言妙语而让人心悦神怡,收到雅俗共赏的艺术效果。所以,"说"在相声中居于统领地位,它赋予相声艺术以表演基础,表明它是"说法中之现身"的语言艺术。

(二)相声是"学"的艺术

"学"是相声的模拟表演部分。学虫鸣鸟叫,学方言土语,学市声叫声,以声音摹拟为主,兼有形体仿效,常将刻意求真的模仿与打诨发噱结合起来,是"说"和"逗"的一种补充手段。

(三)相声是"逗"的艺术

"逗"即是抓哏取笑,风趣逗乐。笑是相声最重要的艺术特点。没有笑,可以构成其他任何形式的作品,但绝不能构成相声和喜剧。相声,以笑为武器,揭露矛盾,塑造人物,评价生活,而且通过笑,寓教于乐,使人从中得到美感和启迪,完成自己的社会使命。笑,是构成相声艺术风格的核心。

古代的"徘优"、唐代的"参军戏"及宋代的"滑稽戏",对相声这种喜剧风格的孕育和形成,有着深厚而久远的影响。

(四)相声是"唱"的艺术

"唱"是指唱"太平歌词",学唱各类戏曲、小调以至电影插曲等等。学唱亦是相声表演的一种手段。无论是"正唱"还是"歪唱",都力求写意、传神,为组织笑料、制造喜剧氛围服务。

"说"、"学"、"逗"、"唱"这四要素之间的关系并不是并列的。其中,"说"和"逗"是主要的。"说",从表现方式上,统领着"逗"、"学"、"唱";而"逗"则从艺术风格上制约着"说"、"学"、"唱"。"说"、"逗"之间相辅相成,互为因果。凡不具喜剧风格的"说",就不是相声而是故事或评书;同样,不用"说"的方式表现的"逗"也不成其为相声,而是喜剧里的插科打诨了。而"学"和"唱"都只是相声艺术的手段,不能离开"说"和"逗"。如果离开了"说"和"逗"这两条,那也就不成其为相声的要素,而是一种单纯的口技或戏曲清唱了。

了解了相声艺术的"四要素",我们明确相声是笑的艺术,无笑就不成其为相声。那么,相声怎么会使人发笑呢?喜剧的笑,来自喜剧情节和喜剧性格;相声的笑,则来自它特殊的艺术手段"包袱"。为了探索相声艺术的创作规律,必须认真地研究"包袱"。

二、相声的形态和总体结构

(一)相声的形态

相声的形式有单口、对口、群活三种。

1. 单口相声

单口相声又叫"单春",是相声中出现最早的形式。单口相声多由民间笑话发展而来。一般有生动的故事或曲折的情节,并通过故事情节或画龙点睛的评点,抓哏取笑、组织包袱,与观众进行直接的感情交流。传统相声《山东斗法》、《日遭三险》、《连升三级》、《小神仙》、《三近视》、《化蜡千》等等,都是优秀的单口相声段子。

2. 对口相声

对口相声是相声的主要形式,由两个演员表演完成,甲为逗哏,乙为捧哏。对口又分"一头沉"、"子母哏"和"贯口"三种。

(1)"一头沉"是以逗哏叙述为主,捧哏居于辅助地位,捧、逗二人以"聊天"、"对话"的方式进行表演。逗哏甲有时是局内人,有时又跳出人物,叙述故事,居统领地位。捧哏乙则一面代表观众说话,一面又代表故事中的对立面发言:有时通过"赞"、"疑"、"惊"、"吐"等方式顺口接音,穿针引线;有时又在段落转换之处给甲递火引鞭,垫砖搭桥,为甲抖响包袱创造条件。捧逗之间配合默契,完成表演。

(2)"子母哏"是通过甲、乙互相争辩,揭露矛盾,组织包袱,进行表演。乙不单是捧哏,有时也配合甲来逗,犹如"火上浇油",使包袱更脆、更响。捧、逗之间的对立,常常是因为逗哏甲叙述的片面、歪曲、谬误,引起捧哏乙以不同的观点进行争辩,揭露其说词中的矛盾,加以夸张渲染,组织包袱。

应该指出的是,不论是"一头沉",还是"子母哏",捧、逗之间的关系是又矛盾、又统一的。唯其矛盾,才能揭露事物的真相,刻画性格,渲染喜剧气氛;唯其统一,才能使叙述顺利进行,达到捧、逗之间的默契,从而与观众交流感情,使相声成为统一、完整的整体。

(3)"贯口"是以流利轻快、抑扬顿挫、一气呵成的语言进行表演的相声段子。

传统相声《地理图》、《菜单子》、《八扇屏》、《开粥厂》等都是属于这一类。这类相声段子,一方面能给人以有益的社会生活、地理物产等方面的知识;另一方面,又由于它语言流畅、多变而又富于节奏变化,常能给人以一种活泼、聪慧、美的感觉。相声演员常用这些段子进行语言基本功的训练。

3.“群活”

“群活”是指三人或三人以上的相声。除捧哏、逗哏之外,还有一个从中调停、滑稽取笑的“腻缝的”。传统相声里这类相声不多,流传下来的有《扒马褂》、《训徒》等。

(二)相声的总体结构

一段相声,一般由“垫话”、“瓢把儿”、“丘活”和“底”这几个部分构成。“垫话”,是相声的开场白。其主要作用是为了集中观众的情绪。为了达到这一目的,“垫话”中至少要安排一个包袱。通过酣畅的笑声,集中观众的注意力。头一个包袱抖响,气氛就会骤然活跃,这叫“顶门包袱”,也叫“打门锤”。试看《假大空》里的“垫话”。

> 甲:您是×××同志。
>
> 乙:是我。
>
> 甲:久闻大名,如雷贯耳,皓月当空,名驰宇宙。×××同志……
>
> 乙:怎么啦?
>
> 甲:满怀珠玑,胸藏锦绣,才高八斗,学富五车。
>
> 乙:嘿,有玩艺儿。
>
> 甲:×××同志,艺术上炉火纯青,登峰造极。×××的名字,家喻户晓,妇孺皆知。×××三字,与山河并在,同日月争辉,名垂青史,永垂不朽!
>
> 乙:上台没一分钟,就把我给说死了!

这段“垫话”写得十分精彩。它好就好在全是信口胡诌的假话,而且越来越不着边际。“假大空”的形象,当然会在一片笑声和掌声中,引起观众的关注。可见,“垫话”中的“顶门包袱”,关系着演员第一次“亮相”的效果。如果因为火候不对或者拖泥带水造成“皮厚”,包袱就不会抖响,头一个包袱抖不响,欣赏过程中的心理障碍就不易排除,演员和观众双方都会受到影响。

“瓢把儿”是“垫话”和“正活”之间的过渡段落。这一段包袱的作用主要在垫砖搭桥,为引入“正活”作铺垫。虽然也会有笑声,但对全段相声来说,是高潮到来之前的前奏,略作交代,便要迅速引入“正活”。《假大空》中的“瓢把儿”,就是向观众简单介绍了假大空主任其人,并说明上级要派人来检查工作,假大空主任以为机会来了,马上召集管粮油蛋菜的书记会议,很自然地引入了“正活”。

“正活”是一段相声的主体部分,俗称“大梁子”。塑造人物、叙述故事、揭露矛盾、评价生活,都在这部分进行。“正活”部分的包袱,应疏密相间,错落有致,一环扣一环,一步紧一步。填包袱不露声色,抖包袱干脆果断。节奏的抑扬起伏,要与观众的心理变化同步:既不能犹豫迟缓,坐失良机,使观众失望;也不能心急气躁,过早释疑,刨掉"底"的效果。《假大空》从假大空主任召开粮油蛋菜会议入"正活":首先谈粮食生产,吹出了"亩产万斤"的牛皮;其次说吃油的事,引出了一大篇废话;讲到了蛋的生产,甩出了"催蛋机"的荒唐假设;说到蔬菜供应,又发表了"窝头比面包好吃"的谬论。几个部分并不平均使用力量,有的包袱一翻再翻,有的就一抖而过,布局比较协调。最后讲到白局长下来检查,假大空主任先是逢迎拍马,看到白局长拿出群众的检举信,又赶快转舵,表示要痛改前非。至此,相声已接近高潮,要最后结"底"了。

"底"是相声的高潮,也是相声的结尾。艺人习称为"攒底"。"底"的包袱应该成为全篇的"点睛"之笔,成为衡量演员概括生活能力的一个检测器。测试指针,就是观众的笑声。试看《假大空》的"底":

> 甲:……从来没有人说我说假话,今天您到这,一眼就给瞧出来了,看来您的水平比他们高多了。
>
> 乙:又捧上了。
>
> 甲:白局长,我向您表示红心。
>
> 乙:怎么表示的?
>
> 甲:"沉舟侧畔千帆过,病树前头万木春。野火烧不尽,春风吹又生。面对我的缺点错误,我脸不变色心不跳,泰山压顶不弯腰。我一定高举红旗学大寨,认真看书,努力学习,搞好计划生育,除四害,讲卫生,节约粮食,不随地吐痰,搞好家庭团结,一日夫妻百日恩……"
>
> 乙:这什么乱七八糟的?!

假大空主任这一套瞒天过海、语无伦次的拙劣表演,令人忍俊不禁。它画完了"假大空"形象的最后一笔。观众用笑声和掌声表示自己接受了演员对生活的理解和评价,证明这段相声是成功的。反之,"底"的包袱如果抖得不响,观众自然笑不起来,就可能造成"底凉"的僵局,这是相声的最大忌讳。

三、相声的"包袱"

(一)什么是"包袱"

"包袱"是一种形象的比喻说法,指的是相声中的笑料。笑料是各种矛盾失去平衡,造成不协调而产生的。诸如内容与形式、主观与客观、动机与效果、言论与行动之间的矛盾,以及自我性格中的出尔反尔、不能自圆其说等等,这些不符合生活常情的矛盾失调,都会引起人们的笑声。正像黑格尔所说:"任何一个本质与现象的对比,任何一个目的与手段的对比,如果显出矛盾或不相称,因而导致这种现象的自我否定,或是使对立在现实中落了空,这样的情况,就可以成可笑的。""包袱"便是生活中各式各样矛盾的集中表现。

试看传统相声《买佛龛》中的包袱:

一位老太太笃信神佛,每年腊月二十三都要祭灶,她认为灶王爷是"一家之主",没有他,"一家人就没头儿啦";可在现实生活中,这"一家之主"徒有虚名,"户口上没有他"。老太太对灶王爷十分虔诚,送他"上天言好事",还巴巴地等着他"回宫降吉祥"。但事实却是,你不拿钱去买,"这灶王爷就回不来"。而且,老太太明明花了钱,却还偏不让说是"买"的,硬说是"请"的。可当人问她多少钱"请"的,她却冲口而出:"嗨,就他妈这么个玩意儿,八毛!"包袱一抖,满堂彩! 原来,灶王爷的神格尊严分文不值,他既不是家庭的主宰,也不能降福人间,而不过是小贩们借以谋利的商品而已。甚至连虔诚的老太太也因为心疼钱,而无意中要骂他几句。观念中作为神格的灶王爷,与现实中作为赚钱手段的灶王爷尖锐对立,矛盾一再失调,令人捧腹不止。这些脆响的包袱,就像一面哈哈镜,经它一照射,灶王爷的体面威风真是扫地殆尽了。这便是包袱的妙处。

包袱,是民间艺人的创造。在生活中,并非一切事物都能引人发笑。一般说来,假、丑、恶的事物中,大多蕴涵着可笑的种子;惩治假、丑、恶,笑是得力的武器之一。本来,假、丑、恶本身不一定可笑,但是,它们常常要用那"愚蠢的妄想,失算的企图",把自己装扮成真、善、美,甚至以丑为美,自炫于人,这就令人可笑了。因为乔装难免不露出麒麟皮下的马脚,虚饰的外壳与恶劣的内质本身始终处在种种不协调的尴尬境地。而能迅速、准确地发现这种"愚蠢的妄想,失算的企图",并能把种种不协调放大而公之于众,让它原形毕露,出尽洋相,这便是人的聪明,也是相声中包袱能抖响的关键所在。这时,笑声已不单是对假、丑、恶的嘲弄,同时也包含着人们对自己的敏锐、聪慧的赞赏与陶醉。正如马克思所说的:"历史不断前进,经过许多阶段,才把陈旧的生活形式送进坟墓。世界历史形式的最后一个阶段就是喜剧。"因此,笑,是一种高级层次的审美评价,人们在和过去告别的过程中,是不能离开笑的!这也是以笑为基本特征的相声艺术受到广泛欢迎和喜爱的根本原因所在。

"包袱"是相声的基本艺术手段,恰如情节在喜剧里的地位一样。喜剧性情节,是喜剧表现主题、刻画人物的基本手段;相声却不同。相声中的情节必须为组织包袱服务。有的相声甚至不要情节,但决不能没有包袱。相声演员通过包袱,把所要表达的一切传达给观众;而观众也正是通过包袱来欣赏相声艺术的。

因此,包袱也是相声的基本结构单位。任何一段相声,都是由串珠似的大大小小的"包袱"组成的。最理想的段子是大包袱套小包袱,整个段子就是个完整的包袱。

(二)"包袱"的种类

包袱的种类很多,从构成包袱的艺术手段来分,大致有两大类:一是"肉里噱",二是"外插花"。

1."肉里噱"

"肉里噱"原属评弹术语。在相声中,借指胶合着人物性格的、与相声内容直接相关的包袱。其构成方式亦有多种。

"肉里噱"的包袱可以通过人物的语言或行动结构而成。如《关公战秦琼》中,韩复渠的父亲质问艺人:"关公是哪儿的人?""山西人为什么到我们山东来打仗? 有我们的命令吗?""你知道关公是谁的人吗?""他是阎锡山的队伍!""我们山东有好汉秦琼","他们俩谁的本事大?""叫他们俩比比","来一出关公战秦琼""不会? 那全别唱了,全不让走,饿你们三天不管饭,看你会不会!"这真是一幅绝妙的自画像。韩父自作聪明的自问自答,把他那昏聩、蛮横、霸道而又愚蠢不堪的嘴脸揭露无遗。

有时,包袱并不落在被讽刺对象本身,而是透过别人眼中见出。如《威胁》中的爸爸,慵懒无聊,可还要在孩子面前摆架子,责怪孩子没有叫爸爸。孩子委屈地说:"怎么叫你呀? 怎么叫你呀? 大热天你穿着背心在马路边打扑克,脸上还贴满了纸条。不光我没叫你,姗姗也没叫他爸爸。""怎么啦?""她爸爸脸上画了六个小王八。"孩子的天真、自尊,与父亲的慵懒、无聊形成了鲜明的对照。哪个父母听了能不自省一下:自己给了孩子什么影响? 好的,还是坏的?

有时,包袱表面看去并不可乐,但由于大家都很熟悉,很容易触发人们的联想,使观众已有的认识突然明晰起来,在一种默契之中,也可以引爆出畅怀的大笑。像《假、大、空》中的假主任,是个专靠吹牛拍马、弄虚作假、欺上压下混世的典型。他不论场合,不看对象,一开口便是"祖国大地红烂漫,雄心壮志冲云天","山在欢呼海在笑,一轮红日当头照","在国内外一派大好形势下……"以不变应万变,空话连篇;一提战斗口号,便是"人有多大胆,地有多大产","宁可扒皮抽筋,也要亩产万斤";说起假话来是"什么也甭掺","我就不信他们的面包比窝窝头好吃","宁要社会主义的窝窝头,也不要资本主义的面包";而那废话是"收破烂的都不要","光看到粮棉油,就看不到敌我友,要看到世界上还有穷苦的老百姓","要身在西下洼,看到亚非拉,要看到南半球的爪哇、苏门答腊、埃塞俄比亚,要看到西半球的哥伦比亚、危地马拉、尼加拉瓜"。这些貌似惊人实则虚空的信口开河、胡说八道,都是很精彩的"肉里噱"包袱。这些话出自"假大空"主任之口,却令人很快联想起那假话、大话、空话盛行的年代。在这一阵又一阵的笑声中,人们毫不留情地嘲笑这种过失,笑着与过去告别。

可见,"肉里噱"的包袱,是优质的笑的种子,它能够通过平凡的偶然性事件,揭示出带有普遍意义的生活内涵,透过现实的表象,挖掘生活的本质。播下的,是通俗的笑的种子;给出的,是深刻的笑的果实。只有精选优质的包袱,才能充分发挥笑在评价生活、陶冶性灵方面的作用。我们既不要片面地强调相声的所谓思想性而把相声写成正确却没有笑声的政治对话;但也不要以为,笑仅仅是为了满足一下人们松弛筋肉的生理要求,而别无其他。优秀的相声,从来不把它的思想性和艺术性、笑的内容和笑的形式割裂开来。传统相声如《化蜡千》、《连升三级》、《小神仙》、《日遭三险》、《贼说话》、《改行》、《关公战秦琼》、《扒马褂》等作品之所以会有那么强的艺术生命力,与包袱的深刻性不无关系。因为,笑既然是对生活的一种评价,那么,笑的内涵就会有高下之分。无论是会心的微笑,还是畅怀的大笑,也无论是机智的幽默,还是讽喻性的调侃,都应该从各种不同的角度引人思考,耐人回味,或是让人忆起什么,或是提醒人们别忘记了什么……只有这样,相声方能成为生活的良师益友,人们才会认可相声的存在价值。为笑而笑是傻笑,聪明人是不喜欢傻笑的。

2."外插花"

"外插花"包袱,多借助语言趣味和修辞手段构成,诸如谐音打岔、胡搅蛮缠、出尔反尔、自相矛盾、错觉误会、答非所问、正话反说、反话正说、明褒暗贬、东拉西扯、强词夺理、不懂装懂、歪打正着等等。传统相声中积累了不少可贵的经验,用这些艺术手段结构包袱,虽然表面看来有时与内容关联不紧,但若用得巧妙,同样能使相声妙趣横生,兴味益然。在《歪批三国》中,甲说他考证出周瑜姥姥家姓季,诸葛亮姥姥家姓何,张飞姥姥家姓吴,还说赵云卖过年糕。问有什么证据呢? 回答说,周瑜临死前高呼"既(季)生喻,何生亮!"成语有"无(吴)事(氏)生非(飞)",京剧《天水关》中姜维有一段唱:"这一班五虎将俱已丧了,只剩下赵子龙老迈(卖)年高(糕)"。于是,就成了"季氏老太太生周瑜,何氏老太太生的诸葛亮,吴氏老太太生的张飞,赵云老来卖过年糕"。这是用谐音打岔、同音异义造成的误会曲解,听来颇觉俏皮、逗趣。相声《下棋》讽刺那个不讲棋德的棋迷,让他一边哼着日本电影《追捕》中的音乐,扰乱对方心绪,一边不伦不类地胡诌着影片中的台词:人家要走"车",他说:"走哇,一直朝前走,不要朝两边看……",对方气得放下"车"要跳"马",他又说:"跳哇,周仓不是跳下去了吗？唐塔也跳下去了，现在，就请你也跳下去吧。"对手已被搅得晕头转向，他又"梆"地一下，偷偷地吃炮"将"军。在这里，惟妙惟肖的语言模仿，被巧妙地安插在风马牛不相及的另一场合，构成一种绝妙的讽刺，不讲棋德的棋迷成了人们嘲笑的滑稽小丑！又如《闹而优则仕》中，说到"四人帮"的爪牙"闹资产阶级派性、闹无政府主义、闹分裂、闹山头、闹对立"，接下去还"上头闹下头闹，明着闹，暗着闹，胡闹、乱闹、瞎闹、无理取闹、又哭又闹、不让闹偏闹、爱怎么闹就怎么闹"。这里用"嵌字"的手法，嵌入"闹"字，反复出现，也别有一番趣味。其他如用"纳底子"讽喻打针水平不高，用"起钉子"嘲笑拔牙技术的恶劣，用"安拉锁"来批评手术的马虎，都是一种夸张的比喻用法，都能掀起笑的波澜。

其他如夸张、排比、逻辑颠倒、异物相混，以及捧逗双方相互揭露矛盾、设问反问、进进出出、突然提起反诘抖响包袱等等，手法是很多的，运用起来相当灵活。

（三）"包袱"的结构形式

没有笑料也就没有相声。但是，作为相声艺术的笑，不是自然的生理现象，而是通过某种语言技巧而实现的艺术效果。在现实生活里，到处都有笑声。然而，把生活里的笑提炼、概括、加工成为艺术中的笑，是需要一定的技巧和手段的。这里，我们来研究一下常见的包袱结构形式。

1. 违逆常规

在现实生活中，一切事物都有它自身的规律性。说话、办事违逆常规就要出毛病、闹笑话。有意识地违逆常规，便成了结构包袱的一种手法。例如：

甲：跟您打听点儿事儿。
乙：什么事儿啊？
甲：您有妈吗？
乙：啊？谁没有妈呀！

是呀，不要说人，所有的胎生动物都有妈，这是谁都知道的。拿一些人所共知的，如不用回答甚至不能成立的问题去问别人（"你比你哥哥大几岁？""你嫂子是男的还是女的？"）造成笑料，在相声中颇为常见。

2. 谐音易意

在汉语里，有许多音相近、相同，而意相异、相反的词语，把这类词语巧妙地组合起来，便成了"谐音易意"的包袱。例如：

乙：您结婚了吗？
甲：结过了。

> 乙：生小孩儿了吗？
>
> 甲：生过了。
>
> 乙：几个孩子？
>
> 甲：九个。
>
> 乙：九个孩子！怎么那么多？
>
> 甲：我没告诉你我生"过"了嘛！

同是一个"过"片字，读音也一样，含义却不同，第一个"过"表示"完成"——结完了，第二"过"表示"过分"——生过头了。把这两个含义不同的"过"用同样的句型并列，最后再道破，就构成了包袱。

3. 歪批曲解

故意不按照本来意义去解释典故、词语，对众所周知的事物进行明显的歪曲。例如：

> "既生瑜，何生亮？""无事生非"——你看看，这不明明是说季氏老太太生的周瑜，何氏老太太生的诸葛亮，而张飞的姥姥家姓吴——吴氏生飞嘛！

4. 过分夸张

夸张本来是一种常用的修辞手法，但它必须恰如其分，过分的夸张就成了笑话。例如：

> 甲：要地址干嘛？谁不知道我呀？只要你在信封上写上"中国，×××收"，往那箱里一扔就得。
>
> 乙：啊，只要在信封上写上"中国"您就能收到？
>
> 甲：那当然！
>
> 乙：这么说给你写信不用往邮局的信箱里送，扔到门口儿的垃圾箱里就成……
>
> 甲：啊？
>
> 乙：那垃圾箱不也在中国嘛！

5. 出人意料

突然转弯，把一事物引到截然不同的另一事物上去，借以引人发笑。例如：

> 别人都是十月怀胎，可这位太太都14个月了还没生呢，仔细一打听才知道：原来她是肝腹水！

使用这种方法结构包袱，必须找准从此事物向彼事物过渡的"媒介"，因为患肝腹水的症状与怀胎显怀的样子相仿，用这个外部形态作媒介，将两个风马牛不相及的事物联系起来，可信而又可笑。如果说那位太太是"脑膜炎"，这个包袱就不成立了。

6. 意在言外

语言具有一定的范畴，又必须符合一定的逻辑。因而有些话从属于某种特定的人物关系，有些话能举一反三，引起人们的联想。巧妙地运用语言的这一特性，能构成不少包袱。例如：

> 甲：你结婚了吗？
>
> 乙：结婚了。
>
> 甲：你结婚了，我也就放心了！
>
> 乙：啊？我结不结婚关你什么事儿啊！

"你结婚了，我也就放心了！"是长辈对晚辈说的话，而站在观众面前的是两个年龄相仿的同辈（往往乙还要比甲大一些），口出此语必然会引起观众会心的笑。当然，举这个例子是为了说明这种结构方法，从内容上看，像这种贬对方、占便宜的包袱不宜多用。

7. 大实话

有些常用、常见、世人都懂的事物，拿出来硬说，也能构成包袱。例如：

> 我结婚了。不但我结婚了，连我爱人也结婚了，我和我爱人一天儿结的婚！

8. 抬杠

钻牛角尖儿，唱"对台戏"，用个别、特殊的现象来推翻事物一般、通常的结论。如果用上面的两句"大实话"来抬杠，就是这样的：

> 乙：废话！谁跟谁爱人不是一天儿结婚哪？有那样儿的吗？
>
> 甲：有哇，我有两个同学就是。
>
> 乙：没那事儿！
>
> 甲：你看，我连续参加两次婚礼嘛！——上星期日一次，这星期六一次。
>
> 乙：咦？
>
> 甲：他俩离婚了，又分别跟别人结婚！

9. 大喘气

有意识地把某句话从中断开,使含义发生变化,然后再兜回来。如:

> 甲:鬼……
>
> 乙:鬼? 在哪儿?
>
> 甲:鬼子打退了没有?
>
> 乙:好嘛,他大喘气呀!
>
> 甲:您父亲和您是父子关系。
>
> 乙:对。
>
> 甲:要说我和您也是父子关系……
>
> 乙:啊?
>
> 甲:……就不大合适了!

10. 诡辩

顾名思义,就是用偷换概念、强词夺理的方式结构包袱。如:

> 甲:自从我们孩子给老师取了外号儿之后她就没给我的孩子判过
> 及格!
>
> 乙:判分儿,老师想怎么判就怎么判哪?
>
> 甲:不是她判的还是我判的?!

乙说的是"怎么判"——老师是根据学生的成绩来判分儿的。而甲说的是"谁判的"——孩子的低分数是老师给的,不是我这家长给的,用偷换概念的办法掩盖孩子成绩差的根本原因,没理辩三分。

在《教训》这段相声中,这种类型的包袱很多。如"那么点儿孩子,俩小细胳膊,拿俩西瓜容易嘛!"先用一个"拿"字把"偷"的概念换掉,然后再从这种行为里去找"可取之处",这偷就变成"难能可贵"的啦!

常用的结构包袱的方法还有很多,像"打岔"、"反正话"、"俏皮话"、歇后语、语法错误和方言土语等,就不一一赘述了。

包袱种类不一、千变万化,却离不开两条要素:其一,或正确与谬误、或表相与内含、或声与形、或褒与贬——包袱必定产生于对比之中。其二,所有有一定内容的包袱,都必须"出乎意料之外,在于情理之中"。

(四)"包袱"的组织过程

就一个包袱而言,多数都是由"铺"、"垫"、"支"、"抖"四部分组成的。"铺"指提出矛盾,交代矛盾产生的原因或特征;"垫"指强化矛盾,把矛盾推向高潮;"支"是把观众的注意力引入歧路;"抖"是解决矛盾,把"谜底"一下子揭开,使观众在恍然大悟中爆发出笑声。观众笑了,就叫做"包袱响了"。请看下例:

甲：我现在就是战场上的勇士，我中弹了，眼看就不行了，你得喊我几声。（铺）

乙：喊什么呀？

甲：喊我最向往、最高兴、最能受鼓舞的，我一听好苏醒过来，把眼睛睁开。（垫）

乙：噢……我喊这事儿能让你起死回生，从地狱门口往回跑？（支）

甲：对啦，开始！

乙：小郝，你老婆不跟你离婚了！（抖）

如何组织包袱？相声艺人总结了许多宝贵经验。概括地说，一般都要经过"填包袱"、"系包袱"、"翻包袱"、"抖包袱"的过程。艺人形象地称之为"铺平垫稳，三翻四抖"。

所谓"铺平垫稳"，就是演员把从生活中提炼出来的笑料，当着观众的面一件一件地、巧妙地装进"包袱"，诱使观众根据生活常情，作出主观判断；然后，又在观众不知不觉、却又似知似觉之中悄悄地把包袱系上，然后一而再、再而三地引开观众的注意力，隐秘地拉开观众主观判断与谜底之间的距离，造成观众心理平衡的假象；经过二到三番的铺垫之后，待到时机成熟，突然将包袱抖落，使观众的主观判断猛然被打破，造成心理平衡的失调，从而引爆出开怀大笑。这是包袱的组织过程，也是相声能引起观众强烈快感的心理原因。铺垫中要求严丝合缝，滴水不漏。这样，包袱才能抖得响。在《夜行记》中，夜行者接二连三地出岔子：撞了老头，撞伤了自己，烧着了袖子，可还在继续玩命：

乙：没有灯，马路上不能骑。（再垫）

甲：我钻胡同。（一翻）

乙：哎，胡同里没灯更危险。（垫）

甲：不管那一套，钻进胡同我就骑上了。咦？对面儿又来了个警察。（二翻）乙：那你快下来吧。

甲：下来？我趁他没瞧见，抹回头来一拐弯儿，"滋溜"一下子！这回他再想找我都找不着了。（三翻）

乙：你到家啦？（支）

甲：我掉沟里啦！（四抖）

这个包袱铺垫得非常严密：夜行者不接受教训，也不听劝告，继续乱闯、钻胡同——此是"一翻"；人说更危险，他也不理，结果碰上警察——此是"二翻"；照常理，他该下来吧？他不，"抹回头来一拐弯，'滋溜'一下子！"再想找他都找不着了——此是"三翻"。观众这时已被支开了：这家伙总算到家了！结果突然一句:"我掉沟里啦!"确实出乎意外。这是自作自受,观众不由得要放声大笑。因为前面有一系列恶作剧作远铺垫,所以,夜行者在最后的结局虽来得意外,细想却在情理之中。

"铺平垫稳,三翻四抖",是相声组织包袱的传统程式,也是包袱运动的内在节奏。

它并不是某个相声大师主观规定的僵死模式,而是相声能唤起听众最佳心理效应的一种成功的经验总结。只有"铺得平"、"垫得稳"、"支得开",才能"抖得响",才能引起笑声。"铺得平",就可以充分稳定听众的注意力;"垫得稳",就能导致听众作出自以为是的判断,造成主观感觉平衡的假象;"支得开",则是对听众主观感觉的强化。在不知不觉、又似知似觉的过程中,拉开观众的主观判断与谜底之间的距离,拉开行将到来的心理变化的幅度。因为艺术快感的强度与心理变化的幅度是密切相关的。强烈的快感总是伴随着心理活动的大幅度变化:幅度拉得越大,愈在听众意料之外,包袱便抖得愈响。所以,从心理学的角度来看,包袱组织的优劣,实际上标志着相声演员把握听众心理节奏的能力。当包袱的运行节奏与听众的心理节奏恰相吻合的时候,包袱才能产生最佳效果。

相声中的"三翻四抖",并不是死的程式。有时是"一翻一抖",或"两翻一抖",优秀的相声演员还特别善于"现挂"——现场抓哏。这种见景生情的即兴包袱抓得好,能有效地调动观众情绪,增强喜剧效果。

四、相声的格调

从本质上说,笑是一种健康的、轻松的抒情。相声的包袱,能不能激出健康、轻松的笑声,与包袱的格调很有关系。

从演员讲,使用什么样的包袱,可以见出演员的思想深度、认识水平、人品气质、艺术修养;就观众而言,欣赏什么样的包袱,也可以反映出一个人情趣的高下。

相声中的笑应该是开朗的、健康的,因为它是人们理智的结晶。车尔尼雪夫斯基说得好:"丑在滑稽中我们是感到不快的,我们所感到愉快的是,我们能够这样洞察一切,从而理解,丑就是丑。既然嘲笑了丑,我们就超过它了。"当人们能够发现并嘲笑丑的时候,他已经站在高一级层次上,俯视着丑的表演,或是矫正着丑的谬误了。无论是演员还是观众,通过笑这种集体抒情的方式,得到的应该是一种摆脱了世俗观念束缚的、高尚的审美情趣。因此,相声包袱的制作,语言的运用,应力戒庸俗、低级。演员如果不肯在提炼素材、概括生活上狠下苦功,而仅靠要贫嘴,找便宜,在生理缺陷、人伦关系上找笑料,甚至用成语互相谩骂,以博观众一笑,那是非常浅薄的,实质上是一种艺术上低能的反映,是不尊重观众、也不尊重自己的表现。对于包袱的使用,还应注意留有余地,见好就收,适可而止。为了追求剧场效果,死咬住包袱不放,也会适得其反,流于油滑。

相声中的笑还应该是轻松的、自然的。它要像汩汩清泉,涌流而出,正所谓"我本无心说笑话,谁知笑话逼人来"。相声演员不能一惊一乍,也不应故作艰深,任何的虚情矫饰、忸怩卖弄,都会造成情感的隔膜,妨碍笑的交流。相声演员应把丰富的哲理性内涵,深蓄在风趣幽默的谈笑之中,用自己的聪明才智,去挖掘那笑的清泉,以提高相声的格调。

范例:
[相声小段]

发明家新传

王国臣

乙:唉,最近老没见你,忙什么呢?

甲:(故作难为情状)我呀,进区啦。

乙:(听着像"进去了"),你说什么?

甲:我进区啦。

乙:进去啦?! 我就知道你早晚有这么一天儿。犯的什么事儿?

甲:犯的……咦? 谁犯事儿? 你才犯事儿了呢!

乙:没犯事儿你怎么进"局子"了? ——你问问在座的谁不明白——"进去"不就是进局子、进监狱嘛!

甲:我说的是"进区"——高新技术产业开发区——进区就是到开发区去办企业,大学生自主创业,也就是……算啦,跟你说你也不懂!

乙:谁不懂啊? 本人就是高开区的工作人员! 忘啦? ——半年前我在咨询处接待过你嘛。

甲:噢——是的、是的,哎? 你这个搞咨询接待的应该知道我"进区"呀……

乙:我调换岗位了。哎,你进区以后搞的是什么项目啊?

甲:激光透析红外扫描高精度还原电脑复印机。

乙:唉,听着还怪复杂的。这种设备是复印什么用的?

甲:复印钞票。

乙:嗯——? 复印什么?

甲：美元英镑卢布马克法郎比索人民币……

乙：走！让你进局子一点都不冤枉。开发区里哪有搞这个的？

甲：跟您开个玩笑。我这个企业眼下主营保健食品，兼搞泡沫水床，将来还想涉足高效节能设备。

乙：这还差不多。刚才你一说复印钞票，我还以为你至今仍然是那种想入非非坑人蒙事的"发明家"呢！

甲：你……你这人，怎么哪壶不开提哪壶哇？

乙：（径自对观众说）半年前呐，我在开发区业务咨询处搞接待，他跑来找我，您猜怎么着……

甲：（捂乙嘴）别说啦，我求你别说行不？你当着这么多人寒碜我，让我怎么过年呐？

乙：别不好意思，把你过去的事儿抖落抖落准能逗大家哈哈一乐——过节嘛，能让大家开心也算你的一大贡献。乐完了朋友们还能受点启发，这又是你的一大贡献。

甲：怎么着？把我那现眼事儿折腾出来能为大家做贡献？

乙：对呀。

甲：那好，我帮你说——咱俩一块儿表演表演，怎么样？

乙：好哇！说来就来。

甲：——各位朋友，大过年的我豁出脸皮来做贡献还不给点掌声啊？

乙：（对观众）时间是半年之前，这里就是高科技开发区的业务咨询处，我这儿正忙着呢，他来了——

甲：同志啊，跟前儿这一大片各式各样的高楼是干啥的？

乙：这里是高新技术开发区，在这儿办企业享受开发区优惠政策。你是不是想"进区"呀？

甲：是呀，可不知道我研究的项目行不行？

乙：你研究的是什么产品？

甲：帮人吃饭的"自动咀嚼器"。

乙：帮人吃饭？怎么个帮法儿？

甲：是这样——我这个自动咀嚼器呀，有一排很大很大的铁嘴，铁嘴里边有许多许多的钢牙，把食物往里头一放，电钮这么一按，嘎吱嘎吱嘎吱嘎吱……很快就嚼好啦，再张开铁嘴把食物吐给你——

乙：我不要！我说你这叫什么呀？咀嚼是人类补充食物必不可少的过程，不能代替。你知道人长牙是干什么用的吗？嗯?！再说了，全家人围着餐桌，每人面对一套"铁嘴钢牙"，——吓人不吓人呐？

甲：您别生气，我呀……想进开发区，可又不懂高科技……

乙：搞不了科研你还不能搞生产吗？搞不了生产你还不能搞服务吗？搞不了服务你还不能搞破坏吗？

甲：啊？

乙：啊……我的意思是让你从事对新产品的破坏性检验，看质量是否过关嘛。

甲：这么一说我明白了——各种人才在开发区都有用武之地！

乙：对啦，你可以跟科技人员合作，在开发区办企业。如果你的产品尚未研制成熟，一时不能投放市场，还可以把你放进"孵化器"。

甲：哎？说得好好儿的，你怎么骂人呐？

乙：骂人？我怎么骂你啦？

甲：你说把我放进孵化器！谁不知道孵化器是抱小鸡的机器呀？把我放进去，你也不怕孵出"座山雕"来？！

乙：你误会啦，我说这"孵化器"呀，是国外高科技开发区的一个专有名词，指的是一种机构。这种机构咱们的开发区里也有，专门为刚刚起步的高新技术企业提供必要的场地、技术、人才、资金，促使这些企业尽快成熟。

甲：有这等好事？

乙：当然啦。

甲：那我一定要到开发区去干一番事业！可我……干什么好呢？哎，已经进区的企业都搞些什么？

乙：项目太多了，挑你能听懂的给你介绍几种——你听着：散装物料自动码垛机；聚晶金钢石刀具；天王耐磨添加剂；数控火焰切割机……

甲：等等，你等等……这种火焰切割机能切不锈钢吗？

乙：能切呀。

甲：能切铝合金吗？

乙：能切。

甲：能切预制板吗？

乙：能切。

甲：能切防盗门吗？

乙：能……不能切！

甲：帮我联系联系，我买这个项目的专利！

乙：你打什么主意？

甲：哼，卖防盗门的做广告："破门失盗，赔款五千！"回头我也做广告："切不开防盗门,赔款十万!"

乙:去你的吧!得了,得了,这儿这么多同志等着咨询业务呢,你别在这儿想入非非胡说八道瞎耽误工夫儿啦!(推甲)走吧,走吧……

甲:干什么呀?小看人呐?你怎么知道我瞎耽误工夫?嗯?!告诉你,别看我上学的时候没好好念书,本人有天才,先天成就的发明家!今儿初次闯"山门",带来了高精尖定型产品!

乙:什么产品?

甲:直角平面遥控自动刷牙机!

乙:刷牙机?什么样儿的?

甲:手指头这么粗,一尺多长,后半部是个铁筒,前半部是个牙刷,铁筒里装有电池,牙刷上有毛儿……

乙:废话,没毛儿那是火钎子!

甲:我这个毛儿它跟别人的毛儿不一样,它是空的,是毛管儿,毛管儿里能自动喷水。你把牙刷部分放进嘴里,一开电门"哇……"也就半分钟,牙刷完了。怎么样?

乙:嗯,不错,不错,(连说带比划)把这铁家伙的前半部分往嘴里一放,一开电门"哇……",半分钟,刷得干净利索,完全彻底,"一劳永逸"……

甲:怎么讲?

乙:把牙全刷没了!

甲:你说得太对了!

乙:嗯——?

甲:我这是系列配套工程,先用刷牙机把人们的牙全刷没喽,然后再推销自动咀嚼器!

乙:啊?损不损呐?

[完]

第五章 评书艺术及其脚本创作

评书,是曲艺中比较古老的艺术形式,属"说类"的叙事性曲种。因流传地区及方言不同,其名称和特点亦各有差异:北方叫"评词",江浙一带称"评话",湖北、四川等地多叫"评书"。

一、评书的基本特点和要素

过去的传统评书大致分为四类:

"袍带":如《三国》、《列国》、《水浒》、《隋唐》、《岳飞传》等。

"短打":如《善恶图》、《绿牡丹》、《大宋八义》、《三侠五义》、《小五义》、《彭公案》等。

"演义":如《西游记》、《封神演义》、《聊斋》等。

"胭粉":如《杜十娘》之类的描写儿女情长的"三言"故事。

还有大书、小书之说。所谓"大书",就是长篇,上面前三类所举的例子都是大书。"小书"呢,指的是《珍珠塔》、《玉蜻蜓》、《白蛇传》、《双珠凤》等中篇故事。说起来时间不长,但很抓人儿,用术语讲叫"小扒棍儿"。

"小扒棍儿"是五六分粗,三尺来长,不伤皮肉,专伤筋骨的一种棍子。用这种棍子命名,形容小书很厉害,抓人儿,听着儿就别想走!

评书的曲折性,首先在于情节中包含着丰富的悬念。悬念在书中的表现是"扣子"。

"扣子"实际上是性格冲突、矛盾纠葛的焦点,常与人物的命运紧密相关。它的作用是在回目之间穿针引线,制造悬念,增加情节引人入胜的魅力。所以,它也是评书结构的手段之一。

评书有些什么要素?说书有些什么诀窍?这方面可以归纳为:开头要简莫繁;结构安排要严;章回切记悬念;说表随机应变。

所谓"开头要简莫繁",讲的是进戏要快,"包子皮儿"不能太厚。作家写小说，要求十来分钟之内就得把读者抓住。要不然看了许多页，几乎第一章都看完了，还吸引不住人，人家就不再看下去了。评书呢，不是十来分钟的问题，而是三五分钟或者更短时间就得把观（听）众抓住。这还是指长书。（短段要几句话进戏）几分钟之内就得把背景弄明白，把情节铺排开。

比如《水泊梁山》的开头"宋徽宗驾前有四个奸臣：蔡京、杨剑、高俅、佟冠，四奸臣结成一党，涂害黎民……"三言两语之后，梁山好汉就进城了，腾！矛盾就起来了。——这个开头就完了。

《三国》大多从"马跳潭西"开头，好比吃肉先从腰窝儿下口，先说马，这马怎么怎么不好，怎么怎么妨主人，可刘备还留着它，后来到底是这匹马把主人救了。接着是徐策走马见诸葛，三顾茅庐，完了就是赤壁之战，舌战群儒……让你越听越来劲儿！

《水浒》一般都从"刘唐下书"开头。《封神演义》有从"闹海"开头的，也有从"降香"开的。新书《烈火金刚》呢，一般都甩掉桥头镇大战，从"买药"开头："1932年，冀中大平原，'五一'反扫荡，桥头镇大战下来第三天……"史更新已经负伤了，小李庄隐藏着一批伤员，情况紧迫，组织上派肖飞出去买药。肖飞进城这一捅马蜂窝，矛盾马上就起来了。《红岩》从"江姐上船"开头。《野火春风斗古城》从"打兰毛"开头。……总之，长书都是在"引信"短，一拉就响，一点就着的地方开头。

"结构安排要严"，讲的是结构的重要性。开头儿开得好，中间不塌腰，步步推向高潮——全靠结构安排。比如《林海雪原》，人们都知道最精彩的片断是"智取威虎山"。要是把威虎山说完了，后边就没劲了。我就这么个说法——把后边谢文东的事儿全部挪前边儿来，丰富丰富，充实充实，总挂着威虎山说奶头山。说奶头山的时候铺垫威虎山，构成前后的有机结合。说书不会安排结构不行，特别是小说改编的新书，结构安排更吃功夫。至于搞评书创作，不懂结构就更不行了！

"章回切记悬念"，这个"悬念"就是扣子。江南艺人叫"关子"，湖北艺人叫"球子"，北方艺人叫"馈头"或"挽馈"。"看戏看轴儿，听书听扣儿"。过去看戏的观众有许多专门为看轴儿戏买票的。六点半开戏，他八点半才来，看最后这个"大轴儿"。某某"角儿"一露面儿，乒乓几下，来几段唱儿，完事儿了！看轴儿的观众也就心满意足地走了。所谓"听书听扣儿"呢，就是专门要听故事使人关心、担心、揪心的地方。得总让他不放心才行，如果让观众放了心，下边的书也没意思了。

"扣子"实际上是性格冲突、矛盾纠葛的焦点，常与人物的命运紧密相关。它的作用是在回目之间穿针引线，制造悬念，增加情节引人入胜的魅力。所以，它也是评书结构的手段之一。不论是长书还是短段儿，开头儿下到了功夫，中间经过了调度，但是"扣子"不紧，终将前功尽弃！有人把扣子比作"砒霜"，意思说它很毒、很厉害。"扣子"大体可以分为四种：

实扣：脑袋掉了就是掉了，不糊弄人。"咣！"一枪，人倒了。第二天接着说人真在那儿倒着呢。——实打实凿。

虚扣："喀嚓一声……明天再讲。"明儿上场再没法解释这"喀嚓"——可能是某人太激动把桌子腿儿拍折一个，也可能是外边儿打了一个炸雷。

明扣：用观众明明知道，但又关心、担心的事儿扣人。比如大明府劫法场，明知道玉麒麟卢俊义死不了，但那天听书的人比哪一天都多。

暗扣：用一条隐线，或者一个神秘的人物作扣子。比如袁阔成说《三打祝家庄》，其中有个"白袍小将"，既不是祝家庄的，也不是梁山的，但他每逢做事都有利于梁山，观众慢慢觉景儿了——"大概他还是梁山的人！"其实就是小李广花荣，他隐姓埋名，总当"扣儿"使。

评书里有句行话叫"砣子"。

什么是"砣子"？就是围绕着某个主要人物、某个重点情节而构成的大冲突、大波澜。比如许云峰、江姐、徐鹏飞、双枪老太婆这些人物就是《红岩》里的"砣子"，再比如"智取威虎山"是《林海雪原》的"砣子"。

"行话"是某个行业为了工作方便而规定的术语，它跟"黑话"根本不是一回事儿。船上烙饼，翻个儿不许说翻个儿，来句行话叫"滑——呛！"因为在船上说"翻"犯忌讳呀！台上正唱戏，后边儿的演员因为什么事儿、什么原因需要快上，快完事儿，好快点走，舞台监督就告诉台上的演员抓点紧，超点近儿，节奏快一点儿，可这么说多麻烦哪！来句行话："马前！"——马多快呀，让你在那快马的前边儿！如果需要拖后点儿呢，他就喊"马后！"了。行话、术语，并不是没事儿胡琢磨出来的，是工作需要，也很科学。比如驾驶轮船的术语"左满舵！"——"满舵左！"轮机手重复命令的第一个意义是表示"知道了！"第二个意义是重复出来验证一下"我听得对不对？"而在重复的时候又不原样儿的复颂，把动作和方向颠倒一下"左——满舵！"以示与命令的区别。

一部书里需要几个"砣子"，观众才有劲头，有奔头。所以，拿过一部书来，必须先把有分量的人物和事件挑出来，然后统筹安排，合理布局。没有"砣子"要塌腰，全是"砣子"也就不成其为"砣子"了！

写文章讲究"龙头、豹肚、凤尾"，咱们评书这个尾，光是"凤尾"还不行，还得是"蝎子尾"！每一段结尾处都得惊人、抓人、勾人。当然了，"出乎意料之外"，也得"在于情理之中"，前言不搭后语的胡说不行！

评书得"说理"，说正面人物光一个劲儿地说他如何好不行，必须说他做的那个事儿。为什么《铡美案》百看不厌？人们不仅是欣赏裴盛荣的艺术，更重要的是从心里往外热爱包公其人！

包公是个有血有肉的人。开始他拉住驸马的袖子，"开封府有人把你告，你先打官司后上朝！"那意思是"我开封府不是等闲之地，你想拿国法当儿戏？没门儿！"可是后来呢，在种种压力之下，他想出个息事宁人的办法来——给秦香莲三百两银子，告诉她回去好好过日子，供孩子念书，这事儿拉倒得了！等秦香莲一说"官官相护有牵连！"包公可受不了啦！火一起来，正义、良心占了上风，他不顾一切地喊出一个"开——铡——！"观众看了合情入理，痛快解气。希望这样的包公天天见，哪儿都有！

同样道理，说反面人物，光说他多坏也不行，也得说他做的事儿。《水泊梁山》，说到史文恭射死晁天王，这史文恭他怎么怎么坏！演员怎么说他坏，电台的编辑也不放过他："你再怎么说他坏，听众也听不出来！"没办法，演员绞尽脑汁用 10 分钟时间交代出一件最能说明他坏的事儿来——史文恭穷困潦倒，万般无奈，在店门前卖剑，碰上了他的老师。老师一看他不是个等闲之辈，问明了情况之后，替他付了所欠的饭钱、店钱。帮这么大忙能不问问尊姓大名吗？史文恭一问，正是自己要投奔的人，历尽千辛没找着，想不到落难在这儿碰上了！当时就磕头拜师。师父很喜欢他，不仅把自己的本事倾囊而授，而且打算把自己的女儿许他为妻。后来他父母双亡，消息传来，师父马上给他准备了金银衣物，让他回去探家，可他不走！"这人不怎么样啊！"师父一有想法，不想教他了，一点一点往回收。后来把枪谱也藏起来了。史文恭为了弄到枪谱，把师妹给刺死了！师父一看女儿被害，又气又恨又心疼，当场就昏过去了！史文恭一想：天下胜我者有两人，一个是卢俊义，一个是我师父，把他俩全干掉，我就天下第一了！这会儿不下手，以后再不可能有机会了。为了这"天下第一"，当场把师父也给杀了！……用这段书这么一勾勒，大伙儿一听，"这人坏，坏透了！"都盼着卢俊义赶快弄死他！新书中的人物也是这样，把几件事儿一摆，不用你下结论，观（听）众就认定了——这徐鹏飞阴险毒辣，吃人不吐骨头！

总之，不论好人坏人，得用事实说话，调动一切手段塑造个性，让人看着是"这个"。这也是评书的要素之一。

二、评书创作的情与理

评书创作，特别讲究书情、书理的通达、透彻，即艺人所说的"说透人情，论透书理"。评书创作与小说创作不一样。小说主要是供阅读的，评书主要是说书人在场上说的。旧时，说书艺人所说的大书，一般都无文字定本，主要靠口传心授，是活在口头的文学。现在，说书的与写书的时有分家，但真正优秀的评书演员也是自己创作、自己改编的。而且,即使是同一回书,这个人和那个人,这一次和上一次的说法也不尽相同。另外,小说虽也多用第三人称,但它主要靠艺术描写,让读者从人物自己的活动中去认识其典型意义,作家的倾向性,要渗透到情节场面中去,而且愈隐蔽愈好。评书则不然,它采用第三人称叙述式,是以听觉为主的视听艺术。评书演员身兼数任,"装文扮武我自己,一人就是一台戏"。他边说、边演,还要边评。借助模拟性的表演叙说故事,同时,在故事发展过程中,还要不断地对人物进行画龙点睛的评点,对是非善恶表明自己的态度。最重要的,是要时时向听众剖析此时此地、此情此景,此人何以只能这样说、这样做的道理,这便是艺人常说的"书情"、"书理"。

情、理之间,理是情的依据,情为一定的理所制约。书理,即故事情节本身应该具有的逻辑力量。说透人情,实质上就是说书人在说故事的同时,还必须以旁观者的身份,深刻地揭示出事物内在的理,揭示其内在运动的规律性。这是评书创作的审美原则。这一原则的形成,与评书艺术的审美特点直接相关。

从创作主体来说,旧时的说书,一方面是艺人谋生的手段,另一方面,也是他们精神生活的重要组成部分。说书艺人的社会地位十分低下,他们对社会上的三教九流、各行各业有极为细致的观察,对人情冷暖、世态炎凉的体验殊为深刻。这种丰富的生活经验,培养了他们洞达世情、评价生活的能力,训练了他们细致入微的想象力。

另外,从接受主体来看,听说书,不是一种静观的审美过程,而是由创作主体与接受主体合作默契,共同对对象客体进行审美评价的过程。听众一边在听说书人讲故事,听他在那里评点世态人情;一边也在根据自己的生活体验,琢磨事情的原委,品评着其中的分量,从而作出自己的判断。这种判断,只有在不断地得到确证的时候,听众才能兴味盎然地继续听下去,审美活动才能继续进行。此时,评书艺人的剖白评点便是听众进行分析判断的一个具象性的参照物。当听众觉得演员的剖白评点入情入理、恰中下怀的时候,创作主体、接受主体的心理结构与对象客体的外在物质结构恰相吻合,听众心里就会产生强烈的共鸣,他就能坐下来继续听你往下说。若书再高一等,说书人能做到:人所未能见者,彼独见之;人还未及悟者,彼先悟之;人所未能道者,彼先道之;人所未能解者,彼能解之。那么此时听众所获得的,就不仅是一种得遇知音的满足,更是一种性往情随的陶醉了。

优秀的传统评书,都非常注意书情书理的通达、透彻。任何一段情节的生发,乃至人物的启眼动眉,一颦一笑,都不是说书人任意便为,而是规定情境中的必然产物。

例如王少堂先生说的扬州评话《武松》中有一节《康文辩罪》。这回书,《水浒》原著中是没有的。但是,插入此节,不但不觉牵强,反而使原有情节更加合理,更加深刻。《康文辩罪》之所以脍炙人口,根本的原因,不在于康文的能言善辩,而在于贯穿辩罪始末的不可移易的至情至理,令人叹服。

首先,辩罪的缘起,便是各方力量互相较量的结果——张都监受了蒋忠贿赂,一心要以"涂面挂须、持刀劫杀"的罪名置武松于死地,而管驿衙内施恩则是拼着倾家荡产,也要告张都监"栽赃冤盗",为盟兄武松报仇。他许了康文两千两纹银,一千两谢仪,求康文周全。康文已知武松有冤,若再按"盗首"办,于理不通,施恩不会罢休,且得罪了财神;若按"栽赃冤"办,在张都监那里又会吃罪不起:三品大员的饭碗不是好砸的,弄不好狗急跳墙,康文落不到好处,还得担上大风险。万全之策只能是:既要让武松活命,还得让张都监有梯子下台。只有这样,才能既保住三千两银子,又无碍自家前程。"辩罪"一举,便是特定的人物在这种特定的情势之下所作的特定的选择,说得在情在理,让人折服。

再看康文辩罪,也并非强辞夺理,专靠口舌之功。辩罪的依据乃是案情本身"层层节节的破绽",要害有三条:武松乃朝廷罪民,张都监何至于还要请他进府,待为上宾,岂非"目无皇上"?此其一。张都监到任方才两年,居然有 20万两银子的积蓄让贼偷去,若非克扣军粮,钱从何来?此其二。其三,武职衙门报盗案,这三品武官还能再干下去吗?事事不离规定之情,句句不越既在之理。康文始终抓住案情中的"假",猛攻张都监心中的"虚",步步紧逼,驳得他哑口无言,最后于无可奈何之中反转来求康文设法。康文终于卡住了张都监,迫使他自己同意更改移文。辩罪至此成功。

在"辩罪"之中,说书人层层剥皮,剔肉见骨,官场的黑幕,人情的势利,金钱的淫威,谋划中的私欲,胆识上的狠毒,一路说来,循情顺势,让人心服口服。你听到的是紧扣心弦的故事,看到的却是社会深层万般千种的世态人情以及形形色色的社会相。"纸上得来终觉浅,说尽人情方是书",这是评书艺人宝贵的经验总结,也是大书审美价值的根本所在。

三、情节铺叙的曲与巧

评书艺术很注意故事情节的传奇性、曲折性与叙事的连贯性的统一。

评书多有曲折惊险的故事,情节一般都具有传奇性。这也是评书艺术富有吸引力的原因之一。这种艺术传统的形成,同样与讲听艺术的活动天地有关。

人对未知事物都具有一种探求心理,对于过去尚未熟悉的现象总会产生新奇感。这种探求心理和新奇感,正是调动审美兴趣的心理基础。大书情节的传奇性、曲折性,与人的这种心理机制的趋向性基本一致。它吸引着人的注意力,把人的思维活动一步步地推向高潮,使之进入最佳运动状态。

说书艺人善于根据书情书理的变化发展,安排不同类型的扣子。诸如连环扣、鸳鸯扣、阴阳扣、风火扣、子母扣、人情扣等,变化无穷而各显其妙。大扣子可以贯穿全书,小扣子俯拾即是。金戈铁马的史书也好,烟粉灵怪的记书也罢,发迹变泰、侠义公案,各类大书,莫不如此。故而民间有"看戏看轴,听书听扣"的说法,艺人亦有"能不能吃上饭,就看会不会做下回分解"的经验之谈。

传统大书,一说经年累月,听众始终不散,其奥妙也在这里。扬州评话《武松》洋洋 80 万言,说书人以武松的活动、行踪为线索,在这条主干上层层设扣,逢枝开花,遇路转弯,演出了无数惊险曲折的故事:"武松为寻胞兄,别了柴进、宋江,赶奔阳谷县,倒也寻常,偏途经景阳冈,酒醉遇虎,险遭不测。在阳谷县武松访着了哥哥,手足团聚本是幸事,不料嫂嫂不贤,又引出无限风波,始有"杀嫂祭兄"、"斗杀西门庆"等复仇之举。中经陈洪周旋,免了死罪。判配孟州途中,又生出个"十字坡打店"一节,就中交代了鲁智深、杨志双夺二龙山的隐线。到得孟州,结拜了施恩,于是又有"大闹快活林"、"醉打蒋门神"的好戏。蒋忠为寻报复,买嘱张都监设计栽陷武松。州衙堂上大刑满贯,险些要了武松性命。亏得施恩重金买得了康文辩罪,才又化险为夷,二次起解。武松堂堂英雄,岂肯善罢甘休?此已伏下火种;偏是蒋忠手毒,继续追杀武松,犹如火上浇油。这才又引出了"大闹飞云浦"、"血溅鸳鸯楼"、"亡命十字坡"以及斗杀飞蜈蚣、吊打白虎山、入宝珠寺、取二龙山、七雄聚义等无穷关目,波澜起伏、动人心魄。听众在层层相因的艺术悬念之中,急切地关注着武松命运的变化。随着一个悬念的解除,听众的注意力又被系向另一个悬念;直至究出个水落石出方得罢休。足见艺术悬念在大书创作中举足轻重的作用。

但是,强调大书情节的曲折性、传奇性,并不是说情节愈奇愈好,愈险愈吸引人。

艺术悬念的魅力,不在于悬念本身险怪奇绝到何种程度,而在于悬念中蕴涵着生活本身的内在逻辑。因为,悬念本身不一定能构成审美意象,新奇感也并不就是美感。只有当悬念成为显现客观事物内在规律的链环时,悬念才可能真正调动起人们的审美兴趣。而任何新奇的事物,也只有在逐步地显露了它合乎规律性的内涵以后,新奇感才会变成美感。评话《武松》满书尽是扣,果中有因,因中有果,事出意外,而又情在理中。它扣在情上,扣在理上,是实扣而不是虚扣,所以,才能产生那么强的艺术效果。

评书的情节铺叙是曲折的,而评书的叙述主线却一定是要连贯的。因为,听觉艺术要求"一次过"。过多的回叙、倒叙,都会给听众的思维造成阻滞、混乱和模糊。即使是并行的情节,也只能是"花开两朵,各表一枝",决不能交叉叙述,弄得书路不清。

那么,曲折性与连贯性又如何统一呢?这就涉及大书情节结构上的又一特点:巧合。

"无巧不成书。"巧合,是说书结构情节时常用的手法。它将无数交缠不清的线索加以梳理,择其关系最密者加以剪辑排列,从而,使情节既具尖锐性、丰富性,又具整一性、连贯性。巧合并不是无中生有,更不是牵强附会。它是必然中之偶然,是共性中的个性。

宋朝话本《错斩崔宁》(《十五贯》)的情节,几乎全部是用巧合方式构成的:刘贵得了岳父的十五贯铜钱,准备回家去做生意,这是必然的事;走到中途被朋友拉去喝酒,则属偶然。陈二姐听信丈夫"卖她换钱"的戏言,出门逃走是必然的;贩丝少年崔宁讨了账回家也是必然的,但二人不期而遇,同路同行,且崔宁也带有十五赏钱,却是巧合。刘贵被偷儿杀了,崔宁与陈二姐蒙冤被处死。刘贵的大娘子王氏随家仆回娘家,是必然的事;而半路遇静山大王掳去山寨成亲,乃是巧合。静山大王又正是杀害王氏前夫刘贵的元凶,就更是巧合。最后,王氏出首告发了真凶,冤案大白。巧的情节有时比一般的自然性情节更具吸引力,因为它排除了散漫与芜杂,大大加快了情节进展的自然节奏,从而使现象的各部分格外明晰,矛盾冲突愈形尖锐。而且,巧合所带来的"意外"之趣,更能增添书情的曲折,强化听众的兴味。就像不能没有扣子一样,评书也不能没有"巧合"。

四、人物性格的奇与真

评书艺术在塑造艺术形象时,注重人物性格奇与真的统一。

评书亦称为"传奇"。传奇,不仅指情节故事的险奇不凡,更是指人物性格的超群出众。大书中的人物,或是大奸大恶,或是至慈至善,或是智勇绝伦,或是忠义无双。秋风五丈原,诸葛丞相禳星求寿,带病巡营,鞠躬尽瘁,死而后已,这忠被写到了极处;关羽秉烛达旦,过五关,斩六将,千里寻兄,这义亦写到了极处;武松精拳毙虎,醉打蒋忠,夜奔都监府,一气斩杀 19 条人命,这勇、这狠都写到了极处;江州城劫法场,李逵赤条条从酒楼上跳下,抡起板斧排头砍去,直把晁盖等人引到了江边绝路上,这蛮憨莽撞亦写到了极处。大书塑造人物的这种方法,深刻地表现了说唱文学的特点。

要想使书中的人物给听众留下鲜明深刻的印象,必然要深入地挖掘出人物的至情至性,抓住最能显示其个性本质、精神特征的言与行,加以集中、强调,甚至夸饰,使人物之间的对比、反差十分突出。这样,听众虽然不能见其形,却能思其神。形象与性格的联系愈紧密,愈带传奇色彩,形象给听众的印象便会愈生动,愈久远。再者,大书多取材于民间口头传说,若非奇人异事,便不会众口流传,因此,形象的基因中便已先有了传奇的种子;同时加上历代艺人的加工提炼,甚至有的是经由作家再创作之后又回到民间的,故而愈传愈奇。

但是,这种奇,不是古怪荒唐之奇,而是形象个性表现的集中与升华。因而,它不但奇,而且真。真是奇的生命,奇是真的典型性表现。尽管说书艺人对书中的人物各有褒贬,情感寄托也自有侧重,但是,他们却并不随意摆弄书中角色;而且,正因为他们看人看得透,爱之既深,恨之既切,所以,他们能把人物外在的活动表现与内在的心理流程,毕露无遗地陈于书中,使听众能从各个不同的侧面去把握人物。还是以评话《武松》为例:

> 康文在都监府舌辩滔滔,全场紧逼,彻底戳穿了"栽赃冤盗"的骗局,使张都监由原告变成了被告。堂堂三品大员竟被小小站堂书办摆布得动弹不得,康文的辩才确实是奇!而这奇雄的辩才从何而来?天生的会说话么?哪有那么容易!原来康文得了三千两银子,说服了州官陈君谋,准备第二天同去都监府辩罪。晚上,康文躺在床上就想开了章程:如何开口,如何答对,如何应变,如何稳住对方,如何反守为攻,什么时候亮底……先想了个荒坯。然后,又对每一个细节加以仔细推敲斟酌,反复修削整理,直到所有的材料都烂熟于心。最后,再翻过来调过去硬是把全过程整整想了七遍,琢磨得一点疤痕瑕疵都没有了才放心。此时,太阳已经老高了。康文整整想了一夜!无怪乎康文自己都叹息不已:"起见银钱到手非容易,用尽方知来处难啊!旁人不晓得,见我康文嘴动动,三千两就到腰了;我这个钱,可真不容易到手啊,我是搜索枯肠,在被窝肚里想了一夜。自己想想这么大年纪,自己也有点舍不得自己了。

这是一段相当精彩的内心独白,又是一段十分巧妙的评点。经这一铺垫,那辩罪的激战场面才真正令人可信。所以,在评书人物塑造中,性格的"奇"与"真"是不可分离的。离开了"奇","真"会变得毫无生气而失去其真;离开了"真","奇"则会变得空洞无物而失去其美。

不过,评书中人物性格的"奇"与"真",并不是指个性在某一侧面的集中和强调。

人物性格尽管有多种表现,但它总归统一在一个形象实体中。评书艺术,从来不简单化地图解人物,而是按照现实生活的丰富性和真实性,赋予人物个性以多侧面的表现。康文出头为英雄武松辩罪,似属正义之举,但若不是三千两纹银到手,他也不会用才;而且为保万无一失,他居然偷拆公文,提前请赏,看来他亦是重钱之辈。不过,康文之重钱同康武之贪财又不一样。康文懂得适可而止,还守着场面上的规矩,所以,他总有进财之路;康武贪得无厌,不顾情理,一瓶米汤也要讹人五两银子,故而弄不到大财。康文做事老到、深谋远虑,为保起解安全,他亲自上下打点,熬更守夜,连夜行文,甚至连长解的公文包裹、川资、饭食和水火棍都一一点过,可谓精细之至。可他到底没防着蒋忠的暗算,更没料到武松会杀回孟州报仇。直至看到武松留言未累及自己,才长嘘一口气。康文到底是公门中人,不是英雄。更有趣的是,康文可以玩张都监于股掌之上,可回到家里,看到老婆连动都不敢动一下,奇极! 也真极! 这就是一个完整的康文,一个奇而又真的康文! 评书在人物塑造方面的这种功力,确实是不能等闲视之的。

五、语言风格的庄与谐

评书语言善于寓庄于谐。

评书演员只是一人,生、旦、净、末、丑,老虎、狮子、狗,就靠一张嘴来表现,要想稳住听众是很不容易的。当然,书情书理的通达,情节的曲折多变,人物的鲜明活跃,是大书吸引听众的主要前提与基础。但是,如果老是剑拔弩张,即令情节再曲折惊险,听众也是难得久坐的。所以,大书笔法一般都诙谐俏皮,妙趣横生,此即书中"务头"。

"务头"是说唱中的通用术语,这儿指的是书中精警动人之处,有点类似相声中的"包袱"。书中"务头",不只是富有谐趣的笑料,而是蕴涵深刻的警语。它给故事提供了最佳的表现环境,给听众带来了最惬意的审美气氛。评书没有"务头",就如龙之无睛,活不起来。所以,艺人常说"噱是书中宝"。试看我在现代评书《马老二送礼》中学用的两段"务头":

> 故事发生在春节之前,腊月二十七晚上。天刚一擦黑儿,山峰公社山腰大队山根生产队就把全体社员召集起来开大会,讨论如何上缴"人情税"。

> 什么叫"人情税"呀?

> 这个概念一般学问浅的解释不了,因为党政文件里不写,领导讲话里不说,古今中外的词典、辞源、辞海里也通通没有。能解释这个词儿的目前全中国就发现我这么一个! 请大家听清了,记住喽:这上缴"人情税"的意思,简单说就两个字——送礼。

> 不少同志都笑了。笑那意思我也明白——在座的差不多百分之三十收过礼,百分之七十送过礼,所以对送礼这事儿百分之百的清楚,用不着我把它说得那么复杂!

他笑什么？他笑的是这个"屯迷糊"不懂得送礼的规矩——一般给领导送礼的，大都是晚饭之后、睡觉以前，夹着小包儿、避开人眼，到领导家先把礼品放在外边，进屋侦察一番，没人快往外拿，有人不可强献，找话茬儿唠上个三言五语起身告辞，等领导的夫人出来送行的时候再把东西亮出来，悄悄叫一声好听的——注意：除了"妈"之外，什么好听叫什么——说明"这是我的一点儿小意思"……掉头就走！哎，这事儿啊得这么办。

评书艺术，是扎根在民族文化土壤中的传统艺术。广大民众根据自己的实际需要创造了这一艺术形式，而它的繁荣、传播又进一步影响着民众欣赏习惯的形成。中国民众习惯于通过"写意"与"模拟"的表现方式，达到"神似"的意境，并认为它更能利用有限的形式去表现丰富的内容。广大民众习惯于从人物的对话、行动中去体味人物的心理性格。而且，他们对传奇的爱好也似乎更甚于写实的作品，因为它能高强度地激活人们的审美快感。中国的民众也特别喜欢把严肃的内容通过谐趣的喜剧形式表现出来。几百年的评书传统，积累了民族艺术的许多宝贵经验，连同民族的审美趣味，都是值得我们认真探索的。

评书的"庄"与"谐"，很大程度上是由它独特的语言方式体现出来的。

评书语言简洁、夸张、生动、形象，描绘人物或景物常用"贯口"和"俏口"。例如：在《马老二送礼》中，有这样几段：

这位马二叔，腰不塌，背不驼，连毛胡子从嘴角儿一直长到耳朵根儿，两只眼睛总是那么半睁半闭半眯缝着，可一瞪起来溜圆锃亮！他光棍儿一条，赶大车出身。如今在生产队身兼两职：白天仓库当保管员，晚上喂马当饲养员。由于他为人公正人直爽，又爱说爱笑的，在群众中很有影响，大伙儿都信得过他。

第二天一大早儿，队长刘根柱来到生产队，只见马老二把马喂饱了，车也套好了。车上有大米、白面、粘豆包儿，猪肉全是四指膘儿，头蹄下水、牛羊肉，冻鱼、冻鸡、宽粉条儿、干豆腐、大豆腐，暖窖黄瓜、嫩蒜苗儿，豆角丝儿、角瓜条儿，还有两串彤红儿、精细儿、溜尖儿、一摸手冒火、一闻辣鼻尖儿的干辣椒！

县委收发室里，一个戴眼镜的值班员正端着一张报纸在那儿打瞌睡呢，忽听窗外一阵串铃声响，抬头一看，见一辆大车闯了进来。赶车的老板子双腿叉开，站在车上。只见他头戴狗皮棉帽帽耳迎风翻扬向后，身穿羊皮大氅敞开胸襟卷垂两旁，脚蹬牛皮靴头头前儿锃亮，手握七尺红缨鞭鞭鞭炸响，他是耀武扬威、威风凛凛、凛凛寒风压不住他的高声吆喝，喝住牲口将车停在大院当中！

评书语言历来追求"无所不用其极"，无论说谁好、说谁坏，说谁能耐说谁怪，全都写到无以复加的程度。上个世纪 80 年代初，上海《故事会》杂志面向全国征集传奇故事，我写了一篇现代评书《呼噜案》，拿了个二等奖。其中对主人公的描述是这样写的：

> 一般情况下，如果有人说站在院里能听见屋里的人打呼噜，肯定没人相信。可是在二道沟公社，有人说在院墙外头能听出一把手王书记在哪屋里睡觉，绝不会被视为咧玄，谁都得相信。为啥呢？这位王书记是个远近闻名的"呼噜王"。

> 他打呼噜的能耐，刘欣小时候就有所耳闻。

> 刘欣从部队转业回来那年秋天，带领基干民兵参加修筑国防公路的工程。野外宿营，时常有野兽来袭击他们的帐篷，闹得人心惶惶，戒备森严。

> 中秋节那天，王书记领一些家属代表进山来慰问。刘欣汇报完情况，已是深夜了。他安顿王书记他们躺下之后，自己去查哨。出了帐篷一看，放哨的小伙子怀里抱着枪，靠着大树睡着了。刘欣走过去，刚要叫他，忽听身后有动静，回头一看，哎呀！——一头大黑瞎子已经摸到了帐篷跟前。他急忙从岗哨怀里拽过来半自动步枪，推上子弹，可端起枪来他又犯寻思了——黑乎乎的，它侧面朝着我，想一枪把它撂倒是不可能的。枪一响，它往回跑好了；可要是一头撞进帐篷里去怎么办？……他正在犹豫，帐篷里头王书记的呼噜响起来了。头一声儿就把黑瞎子吓得一激灵！嘿，王书记人高马大，嗓音洪亮，共鸣良好，打出那呼噜来，赛过春天的雷，压住开山的炮，而且节奏紧凑，出气儿进气儿全响，声音特别有穿透力！只吓得那大黑瞎子往后一缩，就地打了俩滚儿，爬起来掉头就跑……要不是亲眼得见，"呼噜王吓退黑瞎子"的故事，刘欣无论如何也不会相信的！事后他一回味，自己在部队的实战演习之中，每回都是紧跟着坦克冲锋，那坦克的动静，真没有王书记的呼噜吓人！

下这么大工夫描述王书记的呼噜意欲何为？故事背景是上个世纪 70 年代末，主人公"呼噜王"又是一位廉洁自律、一身正气的好干部，可偏偏公社卫生所有一位年轻的女医生，某天深夜，女医生独居的宿舍里突然传出无人不晓的呼噜声，而且肆无忌惮地持续好多天……王书记丧偶，女医生是个"老姑娘"，孤男寡女，烈火干柴，谁都猜个八九不离十。在那个年代，"花案"是大事！可私下里调查此案的人员刚刚在女医生的窗外听完王书记的呼噜，一转身又在别的地方见到了王书记！这，又是怎么回事呢？

——至此，"包袱"、"扣子"、"巧合"、"务头"，如此等等，全部都系在"呼噜"上了！那个时代，录音机对于中国普通老百姓说来，是个很新奇、很神秘的物件。我用这个道具创造了"传奇"。

范例：

[评书小段]

特别证明

王国臣

桥头派出所民警梁江到火车站去送在外地进修的爱人，回到家跟前儿已经半夜了。他骑着自行车刚一拐进胡同，前轱辘铁条"咔"地一响，车把猛一歪，"叭叽"就摔倒了。没等梁江反应过来，角落里传来一阵瘆人的怪笑："嘿嘿嘿……"紧接着一个黑影飘飘悠悠晃晃荡荡来到近前，冲他伸出一只枯瘦的黑手："把钱包儿掏出来——！"

趴在地上的梁江不由得一激灵，借着远处微弱的灯光定睛一看，面前站着这家伙黑鞋黑袜黑裤黑褂儿，黑面罩遮脸，嘴里伸出一条白花花的舌头足有七八寸长！怎么着？遇见鬼啦？不对呀，这鬼怎么一张嘴就要钱包儿哇？肯定是拦路抢劫的歹徒！——管他是人是鬼，先把他撂倒喽再说——说时迟，那时快，梁江侧身出腿，一个"乌龙绞柱"把那家伙剪倒在地，就势腾起猛扑过去一把扯下他头上的面罩，揪着脖领子拎起来一看，"啊？——褙子？！"

嘿，这截道的他认识，这小子就是他管那片儿的居民！

六年前，梁江脱下军装换上警服，被分配到桥头派出所当管片儿的户籍警的时候，他那片儿里就有远近闻名的"四大混子"——锤子、砟子、秃子、褙子，都是欢蹦乱跳的大小伙子。他们四个游手好闲、招猫逗狗、起哄架秧子，搅得鸡犬不宁、四邻不安，成了梁江这个"片警"的主要工作对象。梁江在他们四个身上真是工夫没少下，心血没少花。终于，锤子考上球队进京了，砟子学好当兵了，秃子斗殴杀人枪崩了，就剩下这个褙子没多大出息可也好久没扯"哩哏咙"了……今儿梁江一见这小子竟然干起拦路抢劫的勾当来了，气得不知说什么才好，"啪——！"抡圆了给他一个大"耳刮子"。

"哎哟哟……"那褙子被煽得就地转俩磨磨，捂着腮帮子狡辩，"梁哥！梁哥你别误会呀，我……我这是跟你闹着玩儿呢……"

"闹着玩儿？唬谁呀——你戴着这么专业的面罩装神弄鬼……"

"啥'专业'呀？梁哥你看看，这面罩是我小儿子的尿布铰了俩窟窿，这舌头是一只破海绵鞋垫儿，不信你闻闻……"

"去，拿一边儿去！你老实说——干几回了？"

"头一回……头一回。'开张'就撞上你了。"

"是实话吗？"

"撒谎我是你儿子。"

"你少咒我，我要有你这样的儿子早就气死了——走！"

"哎、哎……"

"你往哪儿走呢？"

"不是……上派出所吗？"

"不，上我家！"梁江把褶子领到自己家，先热了点饭菜让他填饱肚子，然后问他："说，你为啥要这么干！"

褶子瞪着两只小眼睛直勾勾地看了梁江一会儿，叹了口气，垂下头去……

褶子生在动乱年代，自幼父母双亡，没收没管，逃学打架，满大街乱逛荡。长大以后，有了钱胡吃海塞喝大酒，没了辙到饭店去拣剩饭、蹭烟头儿，小体格打造得十七八岁就一脑门子"核桃皮"，要么怎么能叫"褶子"呢——这外号就是这么来的。梁江调到这儿来管片儿，跟街道委、组那些老太太一起到处跑，给他找了一份工作，又帮他从郊区娶了一个挺贤惠的媳妇。乐得这小子守在居民大院门口，逮谁给谁鞠躬。可好了不到两年半，他又旧病复发，今天醉酒旷工，明天输钱撒野，他们单位把他除了名，说啥也不要他了。得，媳妇没工作，孩子正吃奶，他又把饭碗砸了，这日子可怎么过？老实巴交的媳妇啥也没说，把孩子交给他，自己去拣破烂儿、糊纸盒儿，维持生计。褶子这小子有俩钱儿就喝，一喝就醉。动不动跟媳妇耍酒疯，连踢带打。偶尔喝美喽，愣拿白酒灌他们那吃奶的孩子，呛得孩子直翻白眼儿，他还说呢："我儿子真他妈的能装！"

有一次，梁江在派出所值夜班。半夜里褶子媳妇跑来了，进门叫了一声"梁大哥……""嗤啦"一声扯开了衣襟亮出前胸，只见她那两乳之间、心口窝一带，皮开肉裂，鲜血直流。梁江刚要问她发生了什么事儿，褶子跌跌撞撞地进来了："败家娘们儿，跑这儿干啥来了？你给我……回家！"

"褶子，你媳妇这心口窝儿是咋回事儿？"

"是我……我挠的。"

"因为什么?"

"我闹心! 闹心不挠心口儿,挠哪儿啊?"

"你闹心,干嘛挠人家心口儿哇?"

"我们两口儿一条心,挠谁的都一样儿……"

梁江这个气呀! 不由得骂道:"你……你他妈的混蛋!"

"呀?"褶子反倒来劲了,"你骂我? 你当民警的骂人犯纪律! 嘿嘿,犯纪律……"

"褶子! 你堂堂五尺男子汉,靠媳妇养活着还要装大爷、耍酒疯,动不动就把媳妇打得跑回娘家去,光我就往回给你接三回了……你,你还算个人吗? 你他妈还活得有滋有味儿的,撒泡尿沁死得! 我今天豁出去丢了党票儿,豁出去脱掉这身警服——我要揍你!"说到这儿,怒不可遏的梁江拳脚齐上,打得那褶子跌倒爬起、翻地乱滚、哭爹叫娘……

怎么那么巧,这事让派出所检查治安巡逻哨的刘所长给撞上了:"嗯? 梁江! 你……你怎么随便打人呢?"

褶子从地上爬起来,抹抹嘴丫子上的血,呲牙一笑:"刘所长您别误会,我梁哥是人民警察,又是党员,哪能随便打人呢——街道上搞会演,我们在这儿练小品呢!"

从那以后,褶子再犯毛病,只要梁江说一句:"怎么着,是不又得练练'小品'啦?"那褶子立马就醒酒了!

今天褶子没喝酒,头脑清醒得很。可他坐在梁江对面抬不起头来,说不出话来……

"说话呀! 你为啥要去劫道?"

"梁哥呀……"褶子终于开口了,"我媳妇又抱着孩子回娘家了,说是要离婚。我挠着自个儿的心口儿想了三天三夜,再混不出个人样儿来实在是没脸进老丈家门,没法往回接媳妇了! 可我……我卖力没力气,做买卖没本钱……"

"那你就去劫道,去犯罪? ——没钱找别人去借嘛!"

褶子满面羞惭而又无可奈何地喊了一句:"谁有钱借给我呀?"

这倒是一句实话。梁江情不自禁地起身,在屋里转起磨来……他在想,人品不能遗传,世界上没有先天的好人,也没有天生的坏蛋。褶子如今站在人生的岔路口上,拉一拉能变成自食其力的劳动者,推一推会成为危害社会安定的罪犯,作为人民警察,我不能眼看着不管! 可是……梁江伸进内衣口袋的手停住了——他活下去,走正路需要钱,我自己呢? ——两口子月收入不足二百,当小学教师的妻子在外地进修,3岁的孩子雇人照看,自己这日子过得紧紧巴巴的,哪有钱援助他呀!

梁江踌躇了一会儿,扭头问褶子:"你……你小子能保证今后不再干这种犯罪勾当了吗?"

"梁哥,实话对你说了吧——我真要劫道哪儿劫不了,为啥偏偏跑到你家门儿来劫你这个警察呀?我实在没法再求你帮忙,张不开嘴,只好跟你'玩轮子',演这么一把'小品'!"

"啊?你,你小子……"梁江被他气乐了,"你小子真是个无赖!"说着,他摸出内衣兜里唯一的一张50元大票,用笔写了一行字,又盖上了自己的名章,递了过去:"这是我自己这个月的生活费,借给你啦!"

褶子战战兢兢地接过那张钱,仔仔细细地看看钱上那行字,嘴唇哆嗦了半天没说出话来,"扑通"一声跪倒在梁江面前……

第二天一大早儿,褶子站在大院儿门口见了熟人就伸手——

"张哥,借咱30块钱呗?"

"30块钱?30能够吗?一炮就16块,30还不够你点两回炮的呢!你还是找那趁钱的主儿多借点儿吧……回见。"

"哎,哎……我早就不打麻将了……李叔,你这开小铺儿的有钱,借我30,咋样?"

"别说30,300对我说来也是小菜一碟,可我连三分也不能借给你——我既不能支持你去赌博,又不能让你喝醉酒打老婆!"

"别用老眼光看人嘛……哎赵大妈,您能不能借给我……20块。"

"20我可没有,这两块钱送给你吧——花一块七毛六买瓶玉泉白,剩两毛四买二两花生豆儿,省着点儿,够你对付两顿儿的……"

"噢——!"跟前围观的人一阵哄笑。

"别笑啦!你们看看这个——"褶子掏出梁江借给他那张50元大票,举到人们面前,"你们信不着我,还信不着他吗?"

有人接过那张钱来,见上面有字,念道:"我证明褶子还可以信任,我相信爱心能够挽救人——梁江。"

褶子红着脸对大家说:"我想凑点钱买辆三轮车到火车站去拉脚,别冲我这滩狗屎,冲着梁江大家拉我一把吧!"

人们沉默了一会儿,纷纷往外掏钱。"我也借给你50元!""我借30!""大娘这点钱你都拿着。""李叔赞助你100!……"

一年之后,也是这一天,褶子两口子满面春风地把当初援助他们的邻居全都请到家,像办喜事儿似的点烟敬茶。褶子把人们借给他和送给他的钱一一奉还,然后拉开立柜,只见在安放他父母骨灰盒的地方摆着一个小相框,相框里夹的不是照片而是梁江那张 50 元大票。褚子眼含热泪对梁江说:"梁哥,这张钱我没舍得花,也不想还给你了——这是一张特别证明,我要让我的父母天天看着它,我要把它留给我儿子,让孩子长大学你,别学我!"

第六章　小品脚本创作

　　"小品",原指戏剧的小片段,最初是专业戏剧演员用来训练表演技能的手段或素材。随着电视文艺的发展,特别是电视综艺晚会的发展,它迅速地从戏剧中分离出来,形成了独立的艺术品种。

　　在综艺晚会中起着支撑作用的大多是喜剧小品。喜剧小品有两种优势:首先,它有相声艺术的幽默感,引人发笑,属于艺术性语言的荟萃,在形式上它又具有戏剧化、人物化,突破了相声的单调。其次,它具有戏剧的表演性,有一定的故事情节,同时又突破了戏剧的冗长和固定程式,形成了自己独特的以表演为主,以台词取胜,幽默诙谐的固定风格。所以,本节重点对深受大众喜爱的喜剧小品加以分析,研究其脚本创作规律。

第一节　小品的基本特征与教化功能

一、小品的基本特征

　　通观小品,特别是喜剧小品,可以总结出它的几个特点:

　　(一)社会批判性

　　它表现现实生活中的喜怒哀乐,具有尖锐的思想锋芒,让人们在笑声中产生广泛的联想。像《打扑克》、《超生游击队》、《产房门前》、《送礼》等等,都具有批判的锋芒,讽刺的是社会上大量存在的不正之风和落后愚昧,可以说是艺术化的"焦点访谈"。这种不回避现实矛盾,勇于揭露各种社会弊病的创作态度,自然会赢得观众的认同。它契合了社会的焦点问题,某种程度上成为大众宣泄生活烦恼、缓解矛盾的正当渠道。

（二）主题单纯性

小品贵在小，短小精悍。人物设置，情节安排必须容纳在小的框架之中，因此必须经过精心的设计和巧妙的安排才能达到目的。因而它的主题只能不枝不蔓，只表达一个见解，讽刺一种现象，这几乎成了喜剧小品的通例。像《产房门前》讽刺的是重男轻女的旧观念；《拜年》说的是社会的不正之风；《丢钱包》是说三个代表性城市的风俗反差；《男保姆》讽刺的是暴发户的虚荣。单纯的一剧一题的主题表达方式和精妙的喜剧情节，让人们在笑声中达到了认识的升华，也把被讽刺、被鞭挞的对象牢牢地记在心里。

（三）表演灵活性

它能够不拘一格地从各姐妹艺术中截取表演精华，并以演员最擅长的形式表现出来，形成强强组合的局面。如话剧演员出身的陈佩斯、朱时茂、宋丹丹擅长表演话剧小品，几句话、几个动作就能勾勒出人物的基本性格。侯耀文、黄宏表演的《打扑克》是相声风格的小品。如果去掉道具、名片扑克和列车车厢的背景，就是一段相声节目。赵本山和潘长江是东北的二人转演员，擅长歌舞、逗趣，他俩的表演便按照二人转的方式进行，尤其是潘长江，小品中载歌载舞，有时就直接把二人转的小段改头换面地搬进来，形成自己独特的风格。赵本山则逐渐由二人转小品向话剧小品过渡。赵丽蓉是著名的戏剧演员，她把戏剧彩旦的幽默诙谐和话剧的表演形式相结合，辅之以歌舞的形式，成为小品表演中各种风格兼具、跨行当而独树一帜的大家。

（四）语言艺术性

喜剧小品的语言贴近社会生活，不避方言俚语，不讲究字正腔圆，使演员有更多的发挥优势，也显示了多种方言的艺术魅力。众所周知，在其他的艺术形式中，对语言都有规范性的要求。吐字行腔，各有规矩。使用方言是个别和特殊的情况，如影响极大的革命领袖，或者是演唱民歌的个别曲目。小品是喜剧，以风趣逗乐的形式出现，没有人过分计较它的语言影响，因而小品从一开始，就以五花八门的方言优势出现，让听惯普通话的人们充分领略了北方方言区各地发音、语调、词汇的特有魅力。无论是魏积安胶东方言的"伙计"，还是孙涛山东腔的"毛病"，以及赵本山为首的东北腔，赵丽蓉的唐山味，都足以夸张地表现各种地方词汇的喜剧色彩，给小品带来了五彩纷呈的语言艺术。

通观一个艺术品种，有了大批的著名剧目，有了成熟的表演艺术家和相对固定的艺术形式，就说明该艺术品种已经独立发展成熟。喜剧小品不仅具有了这些条件，又契合了大众文艺最受欢迎的喜剧模式，只要人们需要轻松，需要笑声，喜剧小品就有它的市场，有它的观众，因此喜剧小品的发展前途是不可限量的。

二、小品的教化功能

戏剧理论界曾对小品多有微词,甚至有人认为小品只能插科打诨,嬉笑凑趣,无法表现深刻的内容,无法触及人的心灵世界,更无法表现悲剧内容或悲喜交集的复杂感情。事实上,许多已经成功的小品驳倒了这种论调。这样的小品情节略微复杂一些,它主要是喜剧,但融进了现实的悲剧因素,在表面的热闹之中,表现了生活中的小人物的悲酸无奈,表现了亲人之间真诚的关怀和希冀。郭达和蔡明演出的小品《父亲》便是生动的一例:受演艺界崇尚浮华、崇拜港台风气的影响,当了歌星的女儿,在经纪人的策划下,隐瞒了自己农村出身的背景和实际年龄,而专以暴露演员的个人隐私为目标的娱乐记者却不依不饶地挖掘其中的破绽。恰在此时,憨厚朴实、实话实说的老父亲带着老伴的心愿来探望女儿,于是,假话与实话、虚荣与真情开始了他们的冲突过程。当娱乐记者带着满意的表情要离开时,憨厚的父亲明白了女儿在这势利的环境中奋斗的艰辛,他含泪否认了与自己亲生女儿的父女关系,而因身世败露正显得气急败坏的女儿,在父亲亲情的感召下,终于勇敢地拿起话筒,满含热泪和激情唱起了"我生在一个小山村,那里有我的父老乡亲"。可以预见,这位歌星从此将会以自己的实力和脚踏实地的奋斗开创自己的事业。而观众看到这里既被父亲的真情所感动,又对女儿的转变而欣慰,产生悲喜交集的欣赏情感。从形式上看,小品圆满的结局和父亲女儿的尖锐对立的矛盾表现过程,既产生了强大的讽刺力、批判力,又保证了喜剧小品的统一和完整,同时也实现了悲喜剧以情感人的目的。同样,表现炊事班战士过年想家,用长途电话拜年的小品《拜年》,也是融悲剧因素与喜剧形式之中,把战士们想念亲人又坚守岗位,面对突然开通的长途电话不知所措,甚至语无伦次的情景表现得淋漓尽致。最后,炊事班的全体战士面对电话,充满激情地一句"妈妈,过年好!"一语双关,既表达了年轻战士问候亲人的真情,又表现了忠诚的祖国儿女问候祖国母亲的满腔挚爱,实现了悲喜剧的感人力量。

在我做综艺晚会导演期间,曾经多次尝试使用诗剧小品形式进行"煽情",效果很是不错。哈尔滨市东莱派出所是全国公安战线的一面旗帜,我根据那里的干警跟管内群众鱼水亲情的真实故事创作了诗剧小品《除夕的祁盼》,说的是派出所所长连续几年都在除夕之夜去给一位孤老太太拜年,结果使老人形成了习惯——每到除夕,她都早早地将自己缝制的棉垫子摆在屋地中央,等着所长来。她把那一刻看得很神圣、很幸福,但她同时也很矛盾,因为她知道所长的母亲跟自己同样年迈体弱,又每日每夜地为当警察的儿子悬着心,过年了,当娘的能不盼着儿子回去团圆、守在身边么?她祁盼所长来,又劝告自己应该让所长回家去尽孝,就在她翻来覆去焦躁不宁战战兢兢的时候,门响了,人来了……在公安部春节晚会现场,扮演所长的濮存昕当堂一跪,高喊一声:"妈! 儿子给您拜年来啦!"扮演老太太的林茹顷刻间周身颤抖,热泪纵横,现场观众无不潸然泪下。我还曾用诗剧小品的形式表现过公安干警为人民群众流血牺牲的题材,请看下面诗剧小品《相约平安夜》的脚本:

人物:

男——30 来岁,着装警察;

女——20 多岁,警察女友。

[音乐中升光,现出雕像般凝立的"男";"女"上,脚步滞缓地四下张望……

女　你在吗? 你在这儿吗? 你亲口对我说过:"还是平安夜,还是公园大门前,咱们不见不散。"我来了,我早就来了! 可你在哪儿,我为什么看不见?

男　别喊,你千万别喊,平安夜别搅了人们的平安。其实我也早来了呵,不,我一直在这等你,等了整整一年……

女　我就知道,我就知道嘛! 你当时太累了,需要睡眠。一觉醒来你肯定会赴约的,错怪了你,我向你道歉!

男　别这么说,应该我向你道歉。相处几年我欠你的太多太多,定好的事情我常常突然变卦说了不算,难怪你抱怨:"跟警察恋爱实在太难!"

女　那是我一时的气话,你千万别当真。正因为你是当警察的才让我格外的挂牵,几天不见,抓心挠肝……

男　其实我更想你,恨不能天天见面,恨不能让你一步不离地守在我身边!

女　是呀,警察也是肉体凡胎,也有寂寞忧烦,需要有一份爱抚慰心灵、放松神经、解除疲倦。

男　那是我久久渴盼的一天! 那天晚上我不值勤、不加班,满怀甜蜜和庄严主动约你见面,要同你进行"历史性的会谈"。

女　那次约会的分量我有预感,我做好了足够的心理准备,带上你那只锁住两颗心灵的戒指,从此在生活的大海上驾驶同一条小船。

男　经常失约、迟到的我,那天早到了 10 分钟。偏偏就在这 10 分钟里我撞上了不该发生的场面——

女　三个歹徒正在调戏一个女青年,六只罪恶的手要在平安夜里撕碎一个人一生的平安!

男　没穿警服没带武器我也是人民警察,我岂能不管?

女　两只手对付三把尖刀,你终于救出了姑娘,制服了罪犯。

男　可是,我们的约会?

女　我们的约会也因此改在了医院急救间……

男　我真没用,竟然没能把心里的话对你说完。

女　我真后悔:见面第一句话就该告诉你我要嫁给你,爱你的这颗心天上人间永不变!

男　明知道很难实现,可我还是说了下次约会的时间。

女　明知道就要永别,可我还是相信你我一定能团圆。

男　休息了,不忙啦,我有足够的时间天天想你!

女　白天盼夜晚,夜晚盼做梦,盼望梦里与你相见……

男　你看那眼前的飞雪,那是我为你写了又撕、撕了又写的信笺……

女　你听那耳边的风声,那是我对你无尽无休的倾诉、痛彻心脾的呢喃……

男　前几天我救的那位姑娘来看我,说是她今天做新娘。

女　是的,我应邀代表你参加了她的婚宴。婚宴上的酒好辣好辣,婚宴上的糖好甜好甜……

男　我知道,你自己早该做新娘了,都怪我,我带给你的爱情苦多于甜……

女　不!认识你是我人生中最大的收获,爱上你令我今生无悔无怨。告诉你亲爱的,我已经通过了录用考试,从明天起我也将是一名人民警官!

男　真的? 做不成夫妻作战友——?

女　对。相随相守,携手并肩。

男　让一切善良的人夜夜平安。

女　让一切相爱的人天天相伴。

男　(伸出手来)永远?

女　(与其握手)永远!

合　(相互依偎)永远……

　　[音乐激扬;人物造型;终]

　　从小品的脚本创作而言,一方面是需求量大,创作难度要求高;另一方面是小品作家的地位和报酬相对低于其他品种。这样,在两方面的夹击、诱惑下,小品的质量危机是显而易见的。然而如果综艺晚会中没有小品,那老百姓是不答应的。观众在呼唤小品创作尽快地出新人、新作。

第二节　喜剧小品素材选取与运用

一、喜剧小品素材的选取

从现实生活中选取可以创作喜剧小品的素材,应该有一个最起码的特征,那就是"可乐"。具体说来,大体可以分为"词儿可乐"、"事儿可乐"、"理儿可乐"三种,分述——

（一）词儿可乐

所谓可乐之"词儿",自然是指机智幽默（或愚蠢透顶）的语言。

英国剧作家萧伯纳具有"骨子里的幽默",因为上演他的作品（五幕剧《回到玛妥撒拉》,于1922年2月在百老汇上演）,投资者亏损2万元。萧伯纳反贺其赚了1万。他说:"我估计你要亏3万,现仅亏2万,等于赚了1万。"言词巧妙,博人一笑。

有人按照这个模式翻出了个笑话:说某青年找到身家数亿的独生女的父亲,对他说:"你听我一句话,可以赚到500万。"那位父亲引起了兴趣。青年说:"你不是宣布要给女儿陪嫁1000万吗？如果你肯把她嫁给我,我只收你500万。"

近代大画家齐白石于抗战期间因不满投降日本军阀做伪官的汉奸卖国求荣,曾画了一幅《不倒翁》,影射汉奸,并提诗讽之:"圆领乌纱俨然官,细看原来泥半团;有朝将它来打破,浑身何处有心肝?"读之者必夸"损得妙"。

像这样的名人趣闻都可以举一反三,成为可引之"典"、可校之"模"。

有这样一则关于打油诗的趣谈:一对新婚夫妇,按风习三天回门。女方家长设宴款待女婿。不想这位新婚在酒宴上第一次见到小姨子,觉得漂亮得出奇,心生邪念,心潮澎湃,喝多了。小姨子吃完饭,礼貌地到房中探望酒醉的姐夫。姐夫存心不良,故意把枕头丢在地上,等小姨过来为他拾回枕头时,便倚酒三分醉,拉住小姨子,企图非礼。小姨挣脱后,内心颇难平复,乃提笔于墙上写了一首诗发泄:

"好意拾你枕,有心脱我衣;一母生两女,岂做一人妻。"

新婚一觉醒来,发现墙上有字,担心事态扩大,很不体面,于是也在墙上题了一首诗,为自己的劣行辩护:

"酒醉如土泥,梦中当我妻;睁开昏花眼,那知是小姨。"

身为新娘子的妻也于饭罢入房看夫,而先见到的却是墙上的两首诗,不免

心头酸酸,在墙上也涂了一首诗:

"白纸糊纱窗,里外亮堂堂;二人皆心动,不必赖光光。"

第四首诗是小舅子题的:

"人有两只手,只能抱一个;姊妹本一样,大的是你的。"

第五首诗是老岳父写的:

"不该拾他枕,不该脱她衣;两下都不好,下回不可提。"

老岳母在看了五首诗后,以轻松的笔调,写了一首若无其事的诗句,令人莞尔:

"年轻不知事,墙上乱涂字;都是一家人,哪有这回事。"

这虽是六首短短的谐趣诗,不拘于平仄对偶,但其内容均符合各个角色的身份立场,表露各自不同的性格,同时掌握到适当的笑趣,可谓拿捏得宜。这种类似"文字游戏"之类的趣谈,常被相声、评书选用,当然也可以成为戏剧小品(或小品台词)的原料。还有一种变型的缩脚诗,不是完整的四句,而是三句半。

清末年代,一名善吟缩脚诗的少年走在街上,见到一名未裹小脚的天足妇人,他一时诗兴大发,吟诗讽之:"前面一婆娘,金莲三寸长;请君仔细看,横量。"

在"大跃进"和"文革"后期,"三句半"竟然发展成了一种独立的曲艺形式。

在发掘和结构幽默语言过程中,"自贬"几乎是必不可少的。戏曲小丑、相声演员、综艺节目主持人,都会自嘲自贬取悦观众。社会生活中更是屡见不鲜。

据说卓别林的年轻时代,素来庄严肃穆的英国上层社会与贫寒的下层社会流行嬉笑轻狂的面貌截然有别。例如当时伦敦街头小贩,就用谐趣的语言自贬自侮来争取顾客。曾有这样一则广告词:"请别相信我!我是世界上罕见的大骗子!我从小就是个骗人的家伙,只要忘记撒谎,我妈就会给我一巴掌;我爸就给我一弹腿。所以你们不要听我的话,老实告诉你们,我的货都是赊欠来的,而且我欠债是不会还的,因此我的东西是最便宜的。我的话全都是假的,只有这一句'最便宜'是真的。"——卓别林的幽默感就是在这种环境下熏陶而成的吧?

所有喜剧作品都离不开"讥讽","讽刺"是一种制笑的"必杀技",所以它是喜剧小品的宠儿。看下例:

一位文学青年埋头捉笔,苦苦写了三天,完成了一篇散文,诵读了三遍,自我陶醉,打算拿出去发表,又怕编辑不采用。他想先找一位知名老作家替他在文稿上批示一些意见,机会较大。老作家看完文稿,在文末写了四个字:"已通六窍"。

文学青年千恩万谢,拜辞老作家,得意洋洋地回到家中。正待把文稿寄往某杂志,恰有好友前来串门,文学青年向他炫耀大作,好友看了,连连摇头。

文学青年不服说:"老作家的评语你都不信?"

"信,我很信,我太信了。"好友说:"人有七窍,你通了六窍,还有几窍未通?"

"一窍哇。"

"对呀! 他就是说你一窍不通啊!"

——一语道破之际,你岂有不笑之理?

"重复"也是一种结构笑料的重要技巧。例如:

老王炒股连连亏损,急需"转运"。他在宠物店见到一只名叫"好运"的狗,就把它买回家饲养,宠爱有加。两个月下来,手气更差,并未转成好运。他想不通原由,闷在心里苦恼。一天回家时在门口遇见邻居,大吐苦水。并懊恼地说:"不知为啥'好运'来了俩多月了,仍无好运?"

邻居说:"怪你自己! 我看见你每天早晨去上班,总是在门口对你的狗说:'好运再见',所以你的好运就和你再见了。"

还有一种绕弯的语义重复。例如:

"昨天你带来的那个女孩子,不像你以前那个嘛。"

"以前那个,在我当兵的时候被别人钓走了。"

"那现在这个呢?"

"她原来的男朋友去当兵啦。"

曲解与狡辩,都是常见的搞笑方式。例如:

一家外企老板在别墅庭园中邀请员工,一小伙子就坐,见桌前正在烤乳猪,他十分兴奋地说:"我居然坐在猪的旁边。"

说完这话,他才发现他的身边坐着一个胖姐,正很不友善地瞪着他。

小伙子自知说话伤害到她,立即改口对她说:"喔,不是不是……我说的不是你,是正在烤的那一只。"赵本山、宋丹丹在小品《昨天、今天、明天》中糟践崔永元,就是这种语言方式。

偷换概念巧言狡辩,也是笑料的重要渊源。例如:

男友指责女友:"当着我的面,为什么你要跟那个广东人接吻?"

女友辩白说:"是他主动拉住我接吻的。"

男友生气地说:"那你为什么不拒绝他呢?"

"我又不会说广东话,怎么拒绝他呀?"

"不会说广东话"这个理由,足以把人气乐啰! 再如:

年终,老板召集员工开会,第一句就用颇为亲切的态度说:"各位同仁,我们都是忘年之交,你们谁能懂得忘年之交这句话的意义?"

"我知道。"一位职员回答:"老板年长和我们年轻人结交,就叫忘年之交。"

"不对。"老板郑重地说:"忘年之交,就是忘记年终奖金的交情。"

这则笑话,属荒唐型,因为它已越出了一般人说话的常规,用作喜剧小品的台词"包袱"还是可以的,用在写实剧中,就不太合适了。

(二)事儿可乐

一般情况下,可乐的"词儿"只能原样或翻版用于台词、"包袱",而可乐的"事儿"却可以延伸成喜剧情节。先看一个"撞枪口"的例子:

转业兵住院,爱上了护士佩佩。护士说我倒是不讨厌你,可你这种人不可能有你样的工作,我妈坚决不同意,你追我也徒劳。出院后转业兵不死心,一直想约佩佩见面,趁下班后跑到医院护理室去找她。她不在,想往别处找,被护士长叫住。

"你找谁啊?"护士长问。

"我找佩佩。"

"你是她什么人?"

转业兵见护士长满脸严正,一丝不苟,吓得不敢直言:"我……我是她哥哥。"

"那就巧了,我是她妈妈。"护士长说:"你不要走,我叫她来问问,我从来没生过男孩子,她从哪搞来这个哥哥?"

转业兵拔脚逃走。

这个情节的关节点——护士长就是"妈妈",谜底揭开,喜剧效果火爆炸响!

下面来点"温柔"的,先看"温柔的要挟"——

某鞋厂工人要求加薪,老板不允,且因上次加薪时,工人们曾跟老板签约,五年内不再以罢工抗争手段要求加薪。于是工人们想到另一个和平方式,不出俩月,老板就乖乖地加薪了。什么原因?因为工人们一致只制左脚的鞋,使老板无法出货。全厂堆了几万只左脚鞋!

再看"温柔的欺骗":

麻面人老张,一直想找一个不嫌弃他的对象结婚,却是比登天还难。四十来岁了还是光棍一条。一天,老张又到"相亲角"去尝试。不久,果有一女子走来,冲着他笑,他立即以笑响应。那女子十分温和地对他说:"你有空吗?到我家去坐坐可以吗?"

老张喜出望外,哪有不允的道理,立刻跟她走了。到达她家,她请老张在客厅稍待,自己进入后屋。少时,牵着一个5岁的小男孩出来。她指着老张的麻脸,对小男孩说:"你看这位叔叔好不好看?"

"不好看。"小男孩说。

"以后我带你去种牛痘,你可要乖乖地种喔,要不就会像他一样,变成满脸麻子没人要喔!"

小男孩胆怯地说:"好,我要种牛痘,我不要像他一样,难看死了!"

以为找对象有戏,结果被人家当了"活教材"! 够倒霉的吧? 当然,情节还可以继续编下去——那个女子是个寡妇,为教育孩子总找他"当教材"或者替代父亲的工作,久而久之,摩擦生电,真就有戏了!

顾左右而言它,绕弯损人,也是常用的搞笑方式。看下例:

某企业白领,高职高薪高红利,生活富裕,但他一心向往文艺写作,自认是天才,即欲辞职。有同事劝他:"靠卖文章谋生,日子会很苦的。"

他不听,终于改行当作家了。

过了两年后,老同事碰到他,问:"怎么样? 你卖了些什么没有哇?"

"有哇。"他苦笑着回答:"我的汽车、房子、电视机……都卖出去了。"

把基本生活原料都卖,说明他的创作一无所获!

(三)理儿可乐

在现实生活中,事理可乐之处需要"品",越琢磨越可乐或者令人啼笑皆非的事,大多都富含人生哲理,可以成为一个小品的主题意向或者结构框架。例如:

一中年男子与一青年男子交友。中年人谈到一个人性问题,发表言论说:"幸福如果为你附带来不幸,人往往宁愿以所得的幸福,抵消附来的不幸,二者皆零。"

青年人却不以为然,他认为:"我会留下幸福,排除不幸;纵然无法排除不幸,也不要二者皆零。"

二人各持己见,辩论不休,互不相让。

过不久,青年接到中年人的遗书,叫他到律师楼去洽受为数甚巨的遗产。青年惊喜之余,问律师"中年人授予巨额遗产的原由"。

"这是他怀着赎罪的心情,求得补偿而已。"

"赎什么罪? 他跟我之间,有什么罪要赎?"青年紧迫地逼问。

律师吞吞吐吐,欲言又止地说:"因为他与你的……老婆……有一夜之缘……不过那都已经过去了,反正他人已经死了,你还计较什么……"

青年不等他说完,便满腔愤慨地大声叫道:"怎么会这样呢? 我情愿不要遗产,也不愿受到这种侮辱!"

中年人蓦地由门内走出接词："对,言论正确,现在你的幸福与不幸已经抵消了,二者皆零。"

在现实生活中不会有人这样来验证理论观点,但在喜剧小品之中运用这样的情节,却是很有冲击力和震撼力的,也能给人以启迪。

17世纪英国哲学家霍布斯曾说过："笑是在见到旁人的弱点,想到自身的优越所引起的'突然荣耀'。"——这已成为了举世名言。

《笑林广记》中有这样一则笑话:某富翁吝啬成性,舍不得吃,营养不良。医生说他是脉气虚弱,要用人参进补。富翁嫌人参太贵,医生便叫他改用地黄,富翁仍嫌贵;医生故意羞他,说可改用干狗屎调黑砂糖。富翁欣然抓住医生的手问："光吃狗屎行不行啊?"

柯一正的电影剧本《蓝月》中,有这样的情节:身为女性的蔡经理与老板有染,二人在总经理室亲密幽会,很意外,老板娘突然光临,径自直趋总经理室。

公司的职员们怀着幸灾乐祸的心情,拥在门外偷听。倏然传出猛烈的打耳光声,众职员然互视。

阿伦："我猜这可能是老板娘打了蔡经理一个耳光。'你敢勾搭我老公!'"

阿芳："我认为不是,是老板娘打了老板一个耳光。'我哪一点赶不上这烂女人!'"

职员甲："我说不是,是蔡经理打了老板一个耳光。'你不是说你老婆不会到公司来找你的吗?'"

职员乙："我倒是觉得是老板打了老板娘一个耳光才对。'你要来,也该先打个电话来通知一声啊!'"

职员丙："不对不对,你们猜得都不对,应该是蔡经理打了老板娘一个耳光。'你是他的家属?家属为什么不老老实实守在家里!'"

这是一种颇具想象力的构思,五个发言的演员都得模仿室内纠纷人的语气,说一句反驳词,戏谑成趣。观众会对答案揭晓充满期待。

再看这则:一对60岁的夫妇,庆祝结婚35周年,贺客中突然出现一名仙女,允许老夫妇各人达成一个愿望。

妻的愿望是周游世界,仙女一挥棒,机票和费用已握在手中。

夫的愿望是要一个比他自己小30岁的妻。仙女笑一笑,棒一挥,立即使60岁的丈夫变成了90岁的老翁。

人不可有过分的妄想,这位老夫不自量力,立即让自己衰老了30年,喜剧小品用起来轻而易举,现场变,立可见,其尴尬与懊悔,使你想不笑都很难。

二、喜剧小品素材的运用

仔细斟酌,你会发现喜剧元素是有规律、有模式的。在选择和加工改造素材的时候,看注意以下几种模式——

(一)对比

18世纪德国哲学家康德认为:笑,常常是由不伦不类的配合所引起的。例如:

两个爱好寻花问柳的男士结为好友,相约到咖啡厅交换心得。隔着落地玻璃窗看到对街有两位美貌少妇并肩同行。甲男引以为傲地向乙男自诩:"那两个美艳的女人,一个是我老婆,一个是我情妇。"

乙男惊讶地回答:"怎么会那么巧,我和你一样,这两个美女,一个是我情妇,一个是我老婆。"

两人都不禁张大了眼睛,愕然相对。

——不言而喻,这对狐朋狗友的老婆都是对方的情妇,两人当面道破,个中滋味,他俩自知,也肯定让不相干的人笑破了肚皮! 再看这个"以牙还牙"的例子——

一对穿着阔绰的阔太太进入一家格调不高的小餐馆,在一位二十左右的女服务员为她们点菜时,阔太太问服务员:"你这种年纪,是应该上大学的。"

"是啊,我正在读大学。"女服务员说。

阔太太看了她好一会儿,面带傲气地说:"我当年就读哈佛大学时,绝不会到这种餐厅来打工。"

"我读的不是哈佛。"女服务员用怪异的腔调回答:"不过我毕业以后绝不会到这种餐厅来吃饭。"

同理,再看"师生斗嘴"——

师:"我像你这么大的时候,已经能说两国的语言了;你还在小学四年级留级再留级,你不觉得惭愧吗?"

生:"林肯像你这么大的时候,已经当上美国总统了,你才做了一个小学教员,你不觉得惭愧吗?"

(二)迂回

还有一种"不伦不类",实质上也是偷换概念——

出租车司机牙痛,找牙医治疗。牙医检视后,告诉他病牙有蛀虫,必须要拔除。

"要多少时间?"

"大约3分钟。"牙医回答。

"医疗费要收我多少?"

"4000 元。"

"啊?"出租车司机非常不平地叫起来:"短短 3 分钟你就要收 4000 元?"

医生轻松地一笑说:"如果你觉得时间太短,我可以给你延长,多拔一会儿!"

一个问题两个侧面,看似一体,实则截然,陡然一翻,大出意外——

老顾共有 5 个儿子,只有老大长得不像他,他怀疑老大不是他的种。有一天他老婆发生车祸,伤重不治,老顾赶在她断气之前,追问她:"老大究竟是谁的儿子?"

"老大确实是你的儿子。"老婆撑着最后一口气,愧疚地告诉他:"不过很对不起,也只有他是,其余的 4 个孩子都不是你的。"

再看一个另辟蹊径、规避危机的例子:

某大饭店召募男服务员,口试问答,题为:"白天,你无意间推开客房的门,见一名女士光着全身,你如何处理?"

应征者甲回答说:"我说'对不起,小姐',迅速把门带上。"

"我抱歉地说,'对不起,小姐,我什么也没看见'!把门关上。"应征者乙回答。

"我快速地一边关门,一面抢说,'真对不起,先生'。"应征者丙的回答。

丙被录取了。——为什么? 丙这个答案很有学问。其一,白天女士因何会脱光? 最大可能是正在"云雨",若此,更为恼羞的是男人;其二,若女士正要洗澡或者刚从浴室出来,丙的说法表示男女莫辨,当然更是"我什么也没看见!"

还有一种"对比"是以对方的逻辑破对方的难题——

小伙子拿一张旧照片到照相馆,要求重新翻印。照片上是人挤牛奶,人被牛遮住,只能见到挤奶人的两条腿。

"这挤牛奶的人,是我的曾祖父,这是他唯一遗留下来的照片,我很想见到他。请你翻印时,把那头牛移开,让我曾祖父露面好吗?"小伙子说。

"没问题! 不过,你先得做一件事……"照相馆老板说,"你请你曾祖父拍一下牛屁股,让牛走开。"

"我不忍心劳烦他老人家。"

"那就让他永远藏在牛后面休息吧。"

这两人的一问一答——要求、婉拒,都是明来明往、同一范畴。

(三)巧合

搞喜剧小品创作必须注重剧场效果、尊重观众的娱乐需求,放手搞笑。下面例子的可笑事理,完全是由埋藏很深的"巧合"造成的——

刘老板与友人去打高尔夫球,忽然想起曾约了技师到家里来修计算机。于是打电话回家,接电话的是尚未上小学的女儿。

"去叫妈妈来听电话。"

"妈妈和姜叔叔在楼上房间里睡觉,叫我不要去吵他们。"小女儿回答。

"姜叔叔是谁?"刘老板的情绪立即紧绷起来。

"我也不知道,妈妈叫他小姜。"

"你马上去告诉妈妈……"刘老板的声音有些颤抖:"说我的车已经回到家门口了!"

小女儿的电话没有挂断,刘老板心乱如麻地等候着她的回报。

回报终于来了,小女儿说:"我照着你的话说了。"

"怎么样? 妈妈有什么反应?"刘老板迫不及待地问。

"妈妈好像疯了一样,没有穿衣服就从窗子爬出来,不小心掉下花园摔死了!"

"啊? 怎么会这样?"刘老板惊讶地问:"那……那个小姜呢?"

"小姜从阳台跳下游泳池。"

"逃走了?"刘老板颇为不平。

"因为游泳池里没有水,他也摔死了。"

刘老板愣住片刻,关掉手机,猝然回过神来,低声自语:"游泳池? 我家根本没有游泳池呀!"——得,打错个电话,搞得人家家破人亡!

(四)嫁接

"上轿新娘哭是笑,落第才子笑是哭"指的是表象与实质的对比。请看下例:

说有个魁梧健壮的农汉抱着三只鸡、牵着一头牛、扛着一把叉、叉上吊着一只箩筐,走在山路上,正巧与由岔道拐过来的一个小寡妇相遇,二人走上同一条路。

那小寡妇总是有些怕怕的样子,与他保持着距离。农汉问她:"你怕什么?"

"在这荒山野岭,我怕你……对我'那样'!"小寡妇说。

"那怎么可能?"农汉说:"我拿着这么多东西,想'那样'也腾不出手来呀!"

"那还不简单……"小寡妇不以为然地说:"你只要用箩筐罩住三只鸡,把叉插在地上,然后把牛拴在叉柄上,你人不就空出来了吗?"

农汉喜出望外:"谢谢你的指点!"

这个例子,是以"躲避"的方式来"启发",将表象与实质嫁接起来。下面的例子是把截然不同的事物,用类似的表象嫁接起来——

"爸,给我二十块钱好不好?"8 岁的孩子说。

"你要钱做什么用?"爸问。

"有个伯伯,在马路边上叫啊叫啊叫得好痛苦噢!"

"你要钱是给他的吗?"

"是啊。"

"你这孩子不错,有怜悯心。"于是爸给了他 20 元,又追问他一句:"那个伯伯在叫什么?"

孩子学着叫卖的声音说:"冰——棍儿……奶油冰——棍儿……"

再看一个"强词夺理"的例子:

说孔夫子欧洲讲学,在餐席上,夫子说个不停。事后,颜回问老师:"您不是要求我们寝不言、食不语吗?"

夫子笑答:"你这么聪颖,怎么想不明白呢? 中餐是共食,不宜说话,否则菜会被抢光;西餐是分食,不怕抢嘛!"

如果把常见的生活现象稍作加工,就可以嫁接出这样的笑材:

母女俩开车旅游,途中车出故障,停靠路边修理,弄得母女汗流浃背,尚找不出毛病出在哪里。幸有一名热心青年驾车路过,自动帮忙,三下五除二,就把车修好了。

女儿感激之余,就问那青年说:"我们该怎么谢你?"

"亲一下,行吗?"青年涎皮赖脸地说。

"可以。"女儿大方地回答:"反正我们家付账的总是我妈。"

这个笑话,如果设计点人物前史——丧夫之后,母亲性生活短缺,心情忧郁,女儿特意抽出时间陪母出游。同时设定这名青年有恋母情结,有爱恋风韵犹存的中年妇人倾向。

那么,"付账的总是我妈"这句话,便成了女儿随机有心的安排。

第三节　小品脚本创作的基本技巧

一、喜剧小品要有"喜剧线"

创作喜剧小品脚本,最重要的技巧是设计"喜剧线",是制造一个能不断衍生笑料的喜剧内核。例如《卖拐》,它的核心情节是全凭"能把死人忽悠活喽,能把好人忽悠瘸喽"的一张嘴,硬是要把残疾人使用的拐杖卖给两条腿根本没毛病的健全人！可乐不可乐？这事件本身可乐，所以由头至尾"包袱"叠出，笑声不断。最终赵本山"忽悠"成功、范伟眼泪吧碴的"谢谢"的时候，观众在大笑之余受到了启迪。再如《超生游击队》，顽固坚持超生的愚昧，因为超生造成的窘迫，逃避管理教育到处"游击"的狼狈，构成了一条完整的喜剧线。用这条线穿起来的"铃铛"，摇哪个哪个响，让观众在一而再、再而三的笑声中，得到教育。另如《辩论会》，这是一个没有故事、没有情节、没有事件的小品，它套用大学生辩论会的形式，提出一个另类的命题："笑比哭好还是哭比笑好"。"笑比哭好"人们都认同，可"哭比笑好"却是一种超常思维的"奇谈怪论"，在为这种"奇谈怪论"找理由、找借口、找论据的过程中，喜剧线便形成了。所以，你想写喜剧小品吗？首先去寻找和设计喜剧线！

二、喜剧小品须用相声笔法结构"包袱"

说得直白一点，喜剧小品实际上就是：特定戏剧人物，使用相声语言表演的，一个相对完整的喜剧片断。以《昨天、今天、明天》为例：

女　我叫白云。
男　我叫黑土。
女　我七十三。
男　我七十五。
女　他是我老公——
男　她是我老母！

宋丹丹说的"老公"，是现代人对丈夫的称谓；而赵本山接茬对偶所说的"老母"，则是母亲的意思——这纯粹是相声语言，采用"谐音易意"笔法结构的"包袱"。这种笔法在这部小品中多次使用，如"'秋波'就是秋天的菠菜"；"还有一样家用电器呢——手电筒么！"再如"倪萍写本书叫《日子》，赶明儿我也写本书就叫《月子》"；"你要做个'拉皮儿'我就拍个黄瓜！"……在这部脍炙人口的小品中，还使用了许多相声结构"包袱"的其他笔法，如"抬杠"："赵忠祥是你心中偶像，那倪萍就是我梦中情人，爱咋咋的！"如"明褒暗贬"："小崔，我们村儿的人可爱看你主持节目了，说你一笑像哭似的！"再如"意在言外"："一共50只羊，薅羊毛你别可着一只薅哇，那家伙薅得跟葛优似的！谁看不出来？"

《昨天、今天、明天》实在是喜剧小品中的精品，学习小品脚本创作应该逐句逐段地研究这个样板。

三、煽情小品须有"动情点"

结构悲剧或悲喜交加的小品，最重要的技巧是寻找"动情点"。

所谓动情点,就是小品中对人煽情的一种契机,令人关注的一种内容,使人感动的一种氛围,发人深思的一种理念,给人的思维和情感留下印痕的一块"烙铁"。

寻觅动情点的过程,影视圈里称之为"打点儿"。在我执导黑龙江电视台1996春节晚会《年年春天来这里》的时候,可以说为小品的"动情点"伤透了脑筋。长达3个小时的大型文艺晚会没有动情点简直是不可思议的。然而春节晚会要面对全社会所有的观众,必须"喜庆、热烈、轻松、祥和"。在这种晚会中,既不能"把美好的事物撕碎给人看",也不能染指"生离死别",要煽情只能煽"人之常情"——乡情、亲情、友情、爱情。据此,我在这场春节晚会中设计了这样四个小品——

其一,《乡音》。

春节前夕,南方某市,一个操"广味普通话"的男人在街头碰到一位唱着东北小调儿卖粘豆包的姑娘。他用买豆包刺激姑娘唱"二人转",紧追不舍。究其缘由,原来他"不是广东的,而是肇东的",为生计方便才学了一口广味儿。老乡见老乡,两眼泪汪汪,二人情不自禁地哼起故乡曲儿,忆起故乡事儿,遥祝故乡亲友节日康乐……

其二,《老板与厨师》。

一家狗肉馆,两个人经营。生意正红火的时候,厨师憨老朴却来找老板娘辞工。为了挽留老朴,老板娘横生枝节,百般刁难,硬是要把老朴半年的工钱全部扣光。冲突之间,既道出了老板娘这样一个被丈夫遗弃的中年妇女的种种艰辛,又表现了老朴这样一个穷光棍不挣昧心钱,处处为他人着想的品格。窥一斑见全豹——普通人的心腹事,老百姓的酸与甜,尽融其间。

其三,《买爹》。

除夕夜,一个腰缠万贯的"大管子"横着膀子闯进道口守卫室,甩出一叠又一叠的大票,要把守卫铁路道口的孤老头子买回家去给他当爹。老人不为所动,"贵贱不卖"。"大管子"声泪俱下地述说一番自己除了钱一无所有的孤寂与惶惑,渴望人间真情。当他决定把准备买爹的钱捐给一个因家遭不幸而面临失学的孩子时,老人收下了他这个儿子,失去双亲的孩子也认他为爹,祖孙三代人紧紧抱在一处……

其四,《花雨伞》。

夫妻二人打得不可开交,决定分手。办理离婚手续的前一天,相约吃顿"散伙饭"。情将断,人将散,二人都克制自我,相敬如宾,提及往事要么耐心解释,要么自我批评……说来说去,二人都意识到相互之间并没有什么"实质性问题",多年的感情依旧。妻子喊出一声"我要回家!"扑进丈夫的怀抱,二人相搀相挽,同打一把花雨伞,走进细密的春雨之中……

上述四个小品,不时地拨动一下观众的心弦,使节日期间团聚的、未团聚的,日子过得如意的、不如意的,面对市场经济带来的新的生活形态,能把握自己的、不能把握自己的各色人等都有所思、有所动,都不同程度地激起了面对未来的热情,有所裨益。

范例:

[情境小品]

笑　脸

王国臣　蒋　瞰

人物:甲——浙传男大学生

　　　乙——浙传女大学生

　　　丙——浙传女大学生

过客、游人

一对老夫妻

一个年轻气盛的"大款"

两个小学生(六七岁,一男一女)

一个可爱的胖子(男女不限,一定要胖,胖得可爱)

30 多岁的母亲和她四五岁的女儿

一对 20 多岁的情侣

三五个(不断变换装束的)路人

[甲胸前挂着照相机,手持喇叭上——

甲　　各位游客朋友,各位过往行人,美丽的西湖肯定给您带来了愉悦的心情,愉悦的心情会溢出灿烂的笑容,请允许我们把您的笑脸拍照下来,送给一个身患重病的儿童!(重复……)

[在甲喊完第一遍之后,乙、丙手拿相机跑上,四下做拍照动作……

[老夫妻相搀相挽地过场,甲上前拦住——

甲　　老爷爷、老奶奶,你们好! 我们是浙江传媒学院的大学生志愿者,有个孩子不幸得了白血病,刚懂事的孩子和他的父母都快崩溃了,我们想拍一千张笑脸送给他们,给他们点精神力量!

老夫妻　(异口同声地)好哇、好哇,这是好事儿,我们拍……我俩都拍……

[丙、丁过来,分别给两位老人拍照……

[送老人下场后,甲、乙、丙又开始分头行动——

  [三个声音交错:"你好,不好意思打扰您了,请留下你的笑脸,给身患重病
    的孩子送上生的希望……

  ["大款"上场……

丙   先生您好,能不能让我把您的笑脸拍下来?

大 款 (三十多岁,西装笔挺,面露惊讶):为什么?

丙   我们是大学生青年志愿者,今天主要是来收集一些笑脸,把这些照片
    送给儿保医院生重病的小朋友……

大 款 你们学校有多少人?

丙   (摸不清头脑)1万多

大 款 1万多人? 每个人交1块钱,就有1万多块钱了,你们把这1万多块
    钱送到医院去,很实际嘛! 不要搞什么拍笑脸了,没用的。(说罢,扬
    长而去。)

甲、乙:(都跑过来,询问)怎么回事啊?

丙   学长,我们为什么不募捐呢? 刚才那个人说了,只要我们每个人拿出
    1块钱,就有1万多呢。

甲   (拍了拍丙的肩膀)住在儿保医院的孩子患的是白血病,1万块对他
    们来说没几次化疗就用完了,根本就是微不足道。

乙   对啊,处在这个时候,他们更需要的是鼓励,是动力,更是爱心,每天
    有个好心情去过好接下来的未知的时间。

[胖子上场,三个志愿者围上去要给他(或她)拍照……

胖 子 (笑眯眯地推辞)不行的,不行的,我从来不照相的……

甲   为什么呀?

胖 子 你们看——我的身材……

甲   你的身材怎么啦? 不就是丰满一点吗?

乙   丰满说明你身体健康啊!

丙   丰满说明你心情开朗啊!

甲   这么健康、这么开朗的人,拍下一张笑脸来送给生病的孩子,那该是
    多大的鼓舞、多好的安慰呀!

胖 子 真的? (三人重重地点头)那……你们拍吧!

  [三人围着胖子一通拍照……

  [路过的人熙熙攘攘,两个小孩,一男一女,蹦蹦跳跳手拉手经过,被甲
    拦住——

甲   (把相机往肩后一拷,蹲下):小朋友,你们多大了呀?

小男孩 (活跃地)我7岁!

小女孩　（怯懦）我 6 岁……

甲　　　有个跟你们差不多大的小朋友得了很重很重的病,他需要很多很多
　　　　笑脸来支持他,哥哥可以给你照张相吗?

小男孩　可以、可以! 大哥哥,我不光会笑,你看我会做鬼脸呐(捏着自己的
　　　　脸)嘿嘿……喏,小兔子——(两只手作 V 字型放在头顶),小狗——
　　　　(大拇指按着太阳穴,双手晃动)……老师说我做得可好了!

甲　　　嗯,真不错! 小弟弟,哥哥刚才没准备好,再做一次好吗?

　　　〔小男孩又做,甲赶紧拍了下来……

甲　　　（站起身来,拍了拍小男孩的头)真可爱!

小女孩　（左手放在嘴前,眼睛看地上,说话声音很低)大哥哥,我也想拍一张。

甲　　　好。(重新蹲下)笑一下吧! 笑……

　　　〔小女孩大大方方地笑了一下,甲赶紧按下了快门。

小女孩　（依然怯懦)我照得可爱吗?

甲　　　（同样拍了拍她的头):非常可爱!

　　　〔小女孩笑了,跑过去找小男孩,跟他同下……

　　　〔甲似乎发现了新"目标",从相反方向跑下……

　　　〔乙站在原地,看着两个小孩远去的背影怔怔地出神……

丙　　　（走到乙身旁,拍了下她的肩膀)发什么呆呀!

乙　　　（转过头)看着这俩可爱的孩子,我想起了陈阿敏和毛丽君……

丙　　　你说的是咱们卖废旧书报救助的特困学生?

乙　　　哦,丽水云河的,我说的那两个,到咱们学校来过。

丙　　　记得,记得。有一个还住我寝室来的!

乙　　　（轻声叹气)唉……也不知道她们现在怎么样,还都好么?

　　　〔一对 20 多岁的年轻情侣勾肩搭背地缓缓过场,不断地低言浅笑……

　　　〔甲紧随其后跟上,端着相机,左右寻机抓拍……

　　　〔情侣中的男性发现了有人跟着照相,停步回头——

甲　　　（赶紧陪笑)你好,我们是……

男　　　干什么、干什么,偷拍隐私啊? 不怕我告你啊!

乙　　　（急忙过去圆场)先生,我们是大学生志愿者……

男　　　志愿者怎么了? 你谈恋爱需要志愿者跟着拍照啊?

女　　　（拉男一下)干嘛这么激动,至于吗! (转向志愿者)你们要做什么?

乙　　　我们是浙江传媒学院的大学生志愿者,想拍一些笑脸送给一个孩
　　　　子……

男　　　（没好气地抢话)我的笑脸,除了我女朋友谁也不给!

甲　　　（指女）那我们就拍她吧！

男　　　哼哼，你是想要她的笑脸呐？还要不要电话号码呀？

甲　　　您误会了……

男　　　误会？哼！（拉女）走！

女　　　（边被男人带着往前边嚷嚷）：你先听人家说完嘛……哎呀你干什么呀……

丙　　　（激动地喊）有个孩子得了白血病，很绝望，需要帮助！

　　　　〔停顿。女还是被男拉走了……

丙　　　（气愤地嘟哝）怎么会有这样不合作的人，可恶！

甲　　　没什么，经历多了就习惯了……有一次我们许多志愿者在大街上宣传交通安全，一个初中小女生守在人们习惯于斜穿的路口上，她拦住一个彪形大汉，提醒他："对不起，请走人行横道。"那人一瞪眼："你算干什么吃的？"一下推倒了小女孩儿。小女孩儿爬起来，给他敬个礼，微笑着说："对不起，请走人行横道。"那人再次推倒了她，她仍然一如既往："对不起，请走人行横道。"……终于，那人低下头来，很歉意地拍拍女孩身上的土，拐上了人行横道。

丙　　　（由衷地）那个小女孩儿真伟大！

乙　　　（眼睛看着别处）那个小女孩儿真幸福……

丙　　　你说什么？

乙　　　你看——（用手一指）

　　　　〔一对打扮时髦的母女过场，胖胖的小女孩两手满是好吃的，妈妈手拿一条硕大的巧克力，一边走，一边躬身往女儿嘴里填……

丙　　　（急忙迎上去）阿姨……

女孩妈　（戒备地）干什么？（看看丙手拿相机，似乎明白了什么，一扬自己的包）我自己带着相机呢，不用别人拍照！

丙　　　我们是大学生志愿者……

女孩妈　志愿者也不能随便给人家拍照嘛！

甲　　　阿姨，是这样——有个孩子病了，是白血病……

女孩妈　白血病？跟我们有什么关系？

乙　　　我们每个人都应该关爱他人是不是？那孩子跟您女儿差不多大，您女儿这么健康、这么漂亮……

甲　　　我们想拍一张您女儿的笑脸，送给那个孩子。

女孩妈　等等……你们想拍一张我女儿的照片，送给那个得白血病的孩子天天看？

三　人　对、对、对……

女孩妈　不对！那个病孩子天天看、天天看，看来看去，还不把我女儿看出白
　　　　　血病来？

三　人　啊?!

　　　［趁三人愣怔，女孩妈拉着女孩躲灾似的逃了……

甲　　这是哪跟哪啊？

乙　　莫名其妙。

丙　　这都什么时代了，怎么还有人这么想问题呀？

甲　　人跟人怎么会有这么大的差别呀？——她家的小女孩，手里拿着好
　　　吃的、嘴里嚼着好吃的，那个妈妈还在那儿填、还在那儿喂，上回从丽
　　　水云河来的那两个女孩，到了吃饭的时候根本就不动筷。

丙　　她们是怕生吧？

乙　　不。(停顿)她们是不敢吃，因为桌子上那些普通的食物她们从来没
　　　见过！

丙　　(受到震动，自语般地)同一片蓝天下……

甲　　(叹气，脸朝向另一边)

乙　　到了晚上睡觉的时候，她们怎么都不肯脱衣服，我以为她们害羞，再
　　　三催促，可她们告诉我说："姐姐，天冷了，我们好长时间没洗澡了，会
　　　有味道的……"

丙　　(哭了，急忙捂住嘴，转过身去)

甲　　好啦、好啦，不说了，不说了，眼看就凑够一千张笑脸了，咱们换个地
　　　方去拍吧！

　　　［三人欲下，刚才过去的那对情侣从相反方向跑上——

男　　(大叫)别走！

　　　［三人停步，诧异地看着他。

男　　(跑过来抓住甲的手)兄弟！你帮帮我吧，一定要帮帮我……

甲　　我很愿意，你要我帮你做什么？

男　　是这样……(偷眼看一下站在身后不远处的女友)我女朋友说我太冷
　　　漠，没有爱心，要跟我分手……你们给我拍几张笑脸吧！

甲　　好哇！(示意乙、丙)来，拍照。

　　　［甲摆布男，乙、丙拍照，女友在一边挑毛病："不行，笑得太假！""干吗，哭
　　　呐？""不行，再来！""再来……"

　　　［"大款"急上……将甲拉到一边——

大　款　小兄弟，你们拍了多少张笑脸了？

甲　　　　差不多……该有 1000 多了吧?

大　款　　你说——我出多少钱,可以买一套?

甲　　　　(差异地)出钱? 买照片?

　　　　　〔场上的人听到这句话,都围了过来……

甲　　　　(有些不悦地)你以为我们是在这做生意吗?

大　款　　不,别误会……是这样——我母亲有病,住院很久了,豪华病房、进口药,吃的、用的,全是最好的! 可她就是不开心、不见好,急得我没办法,刚才我学小时候的样子做鬼脸逗她,她笑了! 她有很长时间没笑了! 于是……我想起了你们这些搜集笑脸的大学生……

甲　　　　明白了。为了让您的母亲早日康复,我们把拍到的笑脸多洗印一套,送给她老人家!

大　款　　我出钱!

乙　　　　这位大哥,您怎么总忘不了钱呐? 您要是一出钱,我们这活动不就变味儿了嘛!

大　款　　钱还是需要的——胶卷、洗印、相册,不都得花钱吗? 你们是穷学生啊,我有钱,我来出,多出一点,多拍、多洗、多印,有病、有灾、有困难的,我们都送他一套,给他温暖,给他支持!

　　　　　〔在场的人情不自禁地鼓起掌来……

　　　　　〔掌声中,刚才出现过的所有人,都相继返回舞台……

男　友　　(兴奋地)我有个提议——眼下没事的人,都加入这支大学生志愿者的队伍,在西湖边上搜集笑脸!

　　　　　〔众人热烈地响应,(《志愿者之歌》响起……)人们纷纷拿出自己的相机,面向观众自动排成半圆形——

甲　　　　有人需要帮助——

众　　　　请您留下笑脸!

　　　　　〔歌声高扬……剧终〕

第七章 诵唱类节目脚本创作

鼓词、评弹、单弦、坠子、时调、山东快书、快板书、数来宝、天津快板等等脚本,都属于韵诵演唱类,简称"诵唱类"。其特点有三:一是合辙压韵,二是有特定的句式和语言要求,三是讲究鲜明的节奏和音韵美。本章我们侧重研究韵诵演唱类节目脚本的文本特征与创作技巧。

第一节 诵唱类节目脚本的文本特征

一、诵唱文本的句式要求

所谓"诵唱文本",包括"韵诵类"和"演唱类"的文本。"韵诵类"指的是合辙压韵、用简单打击乐器伴奏、按一定程式"朗诵"的曲艺节目,如山东快书、竹板书、数来宝等;"演唱类"包括各种大鼓、单弦、柳琴、评弹等。诵唱文本的句式,通常有三字头、四字联、五字垛、七字句、十字句、垛字句等几种,一般以七字句和十字句为主。下面举例说明:

(一)三字头

由三个字组成,多用于句、段的开头,俗称三字头。如:"这英雄"、"抬头看"、"突然间"、"五天后"。两个"三字头"连用,就构成了一个单独的句子,但只能用在上句。例如:

> 不怕唬,不怕蒙,
> 不怕拷打与围攻。

有时"三字头"也作为单独句子出现,垛在一起,构成一个段落。如:

> 但只见——

> 铁屑飞，
> 机床挪，
> 又自如，
> 又灵活……

（二）四字联

四字句一般不能单独使用，必须两个连起来构成一个句子，或者很多个四字句连起来（前后还须连上其他句式）使用，故称"四字联"。请看：

例一：

> "提高警惕，保卫祖国"，
> 响亮的口号震山河！

两个四字句连成的句子一般只能作上句。

例二：

> 暗祷告，"愿佛祖保佑弟子此去西天，逢凶化吉，遇难呈祥，安安稳稳保太平。"

一头一尾是两个三字句，中间全是"四字连"。

（三）五字垛

顾名思义——五个字的句子"垛"起来，就叫"五字垛"。

五字句一般不单独使用，要么两个以上的五字句垛起来，要么把一个五字句"垛"在其他句式的尾部。

例一：

> 一次没成功，
> 二次又淬火，
> 三次来试验，
> 四次又开车……

例二：

> 那滋味儿真是难吞难咽难描又难说，甭提多窝火！

（四）七字句

七个字组成的句子，是韵诵类脚本的主体，用得最多。例如：

> 一盏红灯照长天，
> 红旗漫卷八十年。
> 铁锤砸烂旧世界，

镰刀劈开万重关。
顶天立地擎神州，
为我中华开大船。

（五）十字句

十个字组成的句子，是诵唱类脚本的主体，用得最多。例如：

小奴家自幼儿落入柳巷，
水火中早准备来日从良。
吞酸泪私积蓄钱财银两，
多年来暗把珠宝箱中藏。
预备着集资赎身鱼出网，
待来日持家置业度时光。
临行前假托姐妹赠红囊，
携百宝一心随你回故乡。
第一层装的是瑶簪宝铠，
第二层金萧玉器放毫光。
哪一件不值银钱几千两？
会一处兑金换银成车装！
现如今这些财宝无用场，
一把把一件件扔进长江。

（六）贯口句

"贯口儿"几乎所有的曲艺形式里都有，所谓"贯口"，就是一口气唱下来。韵诵类节目的贯口有两种，一是以四字联为主体的长句子，二是内容和气氛需要一气贯到底的几句话甚至一段话。比如这样的句子：

从今后，不管是天上飞的、地上跑的、水里凫的、草棵儿里蹦的，全部由我给它们立规矩！

贯口的段落在李涌杰老先生的《孙悟空三打白骨精》里很多，请看：

孙悟空一棒一棒连一棒，
但只见棒起、棒落、棒扫、棒过、棒磕、棒错、棒戳、棒撤，
一棒一棒急如闪电快如风，
棒棒紧逼白骨精！
……
这时候大小妖怪嗷嗷叫，

"呼啦"一声往上涌。

孙悟空,不慌不忙把身躯晃,

但只见:正东、正西、正南、正北、东南、东北、西南、西北、前前后后、左左右右、上上下下,到处都是孙悟空。

像这样几句甚至十几句贯口,需要一气呵成(所谓"一气",是让观众感觉没换气,实际上还是得换气的——偷气)。

(七)垛字句

相同的词或同义不同字叠加在一个句子里,强化气势、情感或者趣味。例如:

你以为老实人任欺又任踩,

今日里让你认识小家小户没根没底不疯不傻不听邪的你这二姑奶奶!

随着鼓词表现内容的日趋生活化,它的句式也就逐渐丰富、灵活起来,长短交错,参差不齐,甚至有意破坏其四平八稳的均衡,使节目平添几分鲜活、情趣。例如——

(白)一年不正经生产,社员靠老底儿过日子,二年没多少收入,底子厚的也还能对付;这么折腾到第三年头儿上,村里大半人家可就"现了原形"喽!哎,说起来真是令人齿冷心寒哪——

(唱)男女老少忙一天,

一天日值两角三。

三餐喝粥没干饭,

饭后抽不上那一袋烟。

七八岁的孩子不能把书念,

十七八的姑娘没有裤子穿,

二十七八小伙儿打光棍儿,

三十七八壮劳力养家糊口难,

四十七八老得不像人样儿,

五十七八体弱多病治病没钱干熬,

硬挺硬挺干熬擎等上西天!

(节选自王国臣中篇说唱《水火姻缘》)

二、诵唱文本的音韵结构规则

说唱文学作品的音韵,实际上是作家根据作品思想内容的需要,将语音符号排列组合的技巧问题。不同的内容往往用不同的艺术形式去表现,对语音艺术的要求也不尽相同;文体不同,声音组合的规则也不一样,这就形成了丰富多彩的音韵艺术品。音韵结构规则主要有:

（一）韵律

韵律是指作品用韵的规则,即把韵母相同或相近的字安排在一定的位置上,使它们互相呼应,造成有规律的周期性重复,加强作品的乐音刺激,使作品在音响上连接成一个和谐的整体。

汉字读音是由声母、韵母拼成的,如:凰、簧、皇、黄、读音相同,当、向、广、抢,读音相近,韵母都是 ang,可以归入一道辙内。当作者准备用韵文编写作品时,怎样定韵也会是问题之一。什么叫定韵?唱词、快板书、山东快书等韵文开头第一句的最后一个字为定韵,用来押韵的字称为"韵字"。安排在句末的韵字称"韵脚",必须安排韵字的地方称"韵位"。说唱文学的韵律一般都是首句定韵,三、五、七（上句）不论,二、四、六、八（下句）分明。如:

似这般美婵娟绝无仅有,（定韵）

李公子每日里难舍难丢。（韵位）

离学监辞寓馆常宿春院,（不押韵,仄声）

与十娘朝欢暮乐耳鬓揉。（韵位）

效鸳鸯结鸾凤不分白昼,（不押韵,仄声）

立山盟铭海誓永世千秋。（韵位）

酒宴上细语款款沁心醉,（不押韵,仄声）

锦囊中白银哗哗往外流。（韵位）

数来宝是花辙,不需要一辙到底,它和一般唱词、快板书的要求有所差异。数来宝是由上、下勺纽成的,开头第一句选用什么辙不关紧要。

在数来宝的作品中,常常有小辙的上、下句。小辙,适于表现风趣幽默的人和事;选用小字眼儿一定要生活化、口语化,如、扎根儿、慌神儿、淘气儿、没门儿、捣鬼儿、莱心儿、离题儿、叫真儿、逗哏儿等等,这些语汇都是在现实生活中经常使用的。如果它违背生活用语,将会令人感到生硬、不自然。如果把百货公司、收音机、社会主义写成百货公司儿、收音机儿、社会主义儿,听起来会感到不顺耳,对这类的儿化韵应尽力避免。

从汉字来看,共可分为十三道大辙:也斜辙、发花辙、一七辙、摇条辙、中东辙、人辰辙、油求辙、怀来辙、言前辙、江阳辙、波梭辙、灰堆辙和姑苏辙。

除此之外还有两道小辙,即小"言前儿"和小"人辰儿"。

这些辙的名称并没有实际意义,不过是借取其音罢了。

为了便于记忆,我将这大小十五道辙编成一句话:"劳模江苏才新修水利大办农业有钱儿没门儿"——

劳(摇条)蒿毫好号

模(波梭)科咳可课

江(江阳)方房纺放

苏(姑苏)乌无武务

才(怀来)猜才踩菜

新(人辰)分坟粉奋

修(油求)抽愁丑臭

水(灰堆)飞肥匪肺

利(一七)妻奇起气

大(发花)妈麻马骂

办(言前)翻凡反饭

农(中东)轰鸿哄蕻

业(也斜)些邪写谢

有"钱儿"(小言前儿)

没"门儿"(小人辰儿)

为便于理解,现将十三道大辙和两道小辙分别举例说明。

(1)也斜辙

有一点,很特别,(也斜,第二声)

他的脚上穿草鞋。(也斜,第二声)

(2)发花辙

刚才怪我马大哈,(发侄哈,第一声)

十个鸡蛋破了仨。(发花,第一声)

(3)一七辙

不灰心,不泄气、(一七,第四声)

抓紧时间练臂力。(一七,第四声)

(4)摇条辙

大花猫,坐花轿,(摇条,第四声)

你说可笑不可笑。(摇条,第四声)

(5)中东辙

国民党,抓壮丁,(中东,第一声)

非让我家出个兵。(中东,第一声)

（6）人辰辙

共产党，解放军，（人辰，第一声）

救我雷锋翻了身。（人辰，第一声）

（7）怀来辙

南京路，在上海，（怀来，第三声）

繁荣热闹有色彩。（怀来，第三声）

（8）油求辙

抱着猫，牵着狗，（油求，第三声）

结果让狗咬了手。（油求，第三声）

（9）言前辙

连长解释好几遍，（言前，第四声）

大爷说啥也不干。（言前，第四声）

（10）江阳辙

国民党，蒋匪帮，（江阳，第一声）

他们到哪儿哪遭殃。（江阳，第一声）

（11）波梭辙

我家人口不算多，（波梭，第一声）

吃饭能坐十几桌。（波梭，第一声）

（12）灰堆辙

大苹果，味道美，（灰堆，第三声）

咬上一口流甜水。（灰堆，第三声）

（13）姑东辙

事情无巧不成书，（姑苏，第一声）

一开春就闹瘟猪。（姑苏，第一声）

（14）小言前儿

你别看我们小岛不大点儿，（小言前儿，第三声）

它是祖国大门坎儿。（小言前儿，第三声）

（15）小人辰儿

打针吃药真顶事儿，（小人辰儿，第四声）

总算没咽这口气儿。（小人辰儿，第四声）

　　有人曾把韵按韵腹的开口度的大小分成三级，即洪亮级、柔和级和细微级。洪亮级多表示豪放、欢快、热烈的情感；柔和级表现平静、安详、舒适的心境；细微级表现低沉、忧伤、缠绵的思绪。说唱文学分韵为十三辙，江阳、中东、言前、人辰、发花属响亮级；摇条、怀来、波梭、油求属柔和级；一七、灰堆、也斜、姑苏属细微级。从韵尾看,阴声韵、阳声韵中的穿鼻韵、抵腭韵多表现坦荡情绪,而入声韵、阳声韵中的闭口韵多表现压抑感情。

在十三道大辙里,有的字数多,词汇丰富,有的字数少,词汇不多,因此形成宽辙、窄辙之分。

(二)声律

声律指声调安排的规律,即利用不同声调有规律的配搭,构成语言的抑扬顿挫之美。声调是汉语语音的要素之一,有区别词义的作用。每个声调都具有自身发音的特点,唐代的《元和韵谱》说:"平声哀而安,上声厉而举,去声清而远,入声直而使。"

[清]江永《音学辨微》也说:"平声长空,如击钟鼓;上去入短实,如击木石。"这些描绘都够不上科学的精确性,但大致表述了各声调的显著音态。即:平声较长而少渡动,上去入三声较短而有升降曲折。所以声律是以调配平仄为主要内容的。

平仄的调配最初并无一定的规律,只是人们生理和心理的需要,一句话里,有高低起伏之变,说起来就顺口,听起来也悦耳。在先秦文献中,很少有一句话全是平声或全是仄声的,这并非有意避之,而是自发地适应了音韵美的要求。魏晋以后,音韵之学兴起,四声之分已明,加之沈约等人的提倡和研究,声律之道大行。唐诗、宋词、元曲,都得遵循声律。声律中最重要的一条就是平仄交替,这是从长期的文学创作实践中总结出来的。诗词的律句,如"平平仄仄平平仄"、"仄仄平平仄仄平"等,便是这种交替的典型句式。由于平仄在句子中交错出现,就形成了高低曲直的流动状态,再加上韵律和节奏等要素的配合,诗文就呈现了整体的音乐美,律诗就是这类作品的典范。

各种文体,对声律也有不同的要求,诗词曲最为严格,有时不只是论平仄,上声与去声也要区分。[清]万树《词律·发凡》云:"所谓上去亦然,盖上声舒徐和软,其腔低,去声激厉劲远,其腔高,相配用之方能抑扬有致,大抵两上两去在所当避。"应避免同一声调的字在同一句中过多,造成音词平直呆板。

"十三辙"同韵字平仄声示意表

辙名 声母 韵母	平仄 四声	平声		仄声	
		阳声 (一)	阴声 (/)	上声 (\/)	去声 (\)
也斜辙 Y ie		掖	爷	野	叶
发花辙 M a		妈	麻	马	骂
一七辙 T i		梯	提	体	替
摇条辙 P ao		抛	袍	跑	泡
中东辙 F eng		风	逢	讽	凤
人辰辙 W en		瘟	闻	吻	问
油求辙 Sh ou		收	熟	首	瘦
怀来辙 C ai		猜	财	踩	菜
言前辙 H an		酣	寒	喊	旱
江阳辙 Y ang		秧	羊	养	样
波梭辙 M o		摸	魔	抹	磨
灰堆辙 H ui		辉	回	悔	会
姑苏辙 F u		夫	服	斧	富

　　为了更形象、更具体地理解唱词的声律,体会"声"与"韵"的关系,琢磨唱词的音乐性与节奏感,我用自己的一段鼓词《新春酒令》做范例:

　　　　江河湖海万古流,
　　　　千支百脉有源头。
　　　　自从杜康酿神酒,
　　　　琼浆玉液人人求。
　　　　出了多少酒仙酒圣酒徒与酒鬼,
　　　　兴了多少酒坊酒店酒肆和酒楼,
　　　　造了多少酒缸酒桶酒杯共酒篓,
　　　　编了多少酒诗酒歌酒令酒嘌头,
　　　　我这个小段专说酒,
　　　　说些个酒典酒话酒的传说为您饮酒助兴头。
　　　　红白喜事喝喜酒,

喜上加喜喜气稠。
年节假日会朋友,
情谊全在酒里头。
取得成就庆功酒,
百尺竿头更上一层楼。
军人出征壮行酒,
义无反顾不惧流血与断头。
老人保健喝药酒,
红光满面腰不弯来背不勾。
工人用酒解疲惫,
三杯酒一大觉浑身上下有劲头。
商人卖货四处走,
所到之处烟是路条酒是润滑油。
诗人用酒泡灵感,
据说是酒一下肚妙语佳句源源不断自动往外流。
猎人进山背上一壶酒,
那枪打得格外有准头,
天上飞的地上跑的一个猎物也不丢。
男人喝酒胆儿变大,
大老爷们绝不承认气管发炎量过炕沿跪过床头。
女人喝酒可以不用菜,
品着人生嗑着闲白儿嚼着丈夫就着忧愁一口一口往下酎。
有情人越喝情越厚。
隔心人碰杯像碰头。
恋爱成功的都喝交杯酒。
恋爱失败的全借酒浇愁。
只可叹抽刀难断水,
酒往里进泪往外流越流越进越进越流,只喝得泪往里咽酒往
    外流,让别人看着都犯愁!
你说这个酒哇——
添喜添忧鼓劲丧志劝解挑拨健身损寿什么功能它都有,
就看你什么样的动机能不能够节制对酒是否有研究。
请各位干了杯中酒,
再听我谈酒唠酒品酒唱酒细说从头。

（自）那位说了：咱们黑龙江粮也多，果也多，又能造酒又能喝，省优部优能凑几车，你为啥一句也不说？这您可错怪我了。常言说得好——好饭不怕晚，好亲戚不怕远，好戏压大轴，好酒喝下去不怕舌头短。既然我这舌头不犯病，您听我一字一句一板一眼一锛子一斧子接着往下侃（砍）！

北大荒荒变良田田生五谷，

黑龙江江水不断烧锅酒就流。

六十多县县县都出地方名酒，

二十地市试制多少省优部优。

若不信，你哈齐牡佳鸡鹤双鸭肇东兰西甘南萝北走一走，

宁安你停一停富裕留一留，

纵报出九万九千九百九十九种酒，

说不尽酒乡酒美酒浓酒赶酒浪头，

除夕夜酒库酒罐酒桶酒杯盛满酒，

就着那酒辞酒令酒嗑酒话把酒楂。

酒香飘溢八方喜气七彩灯闪六合歌起五岳同庆四化顺利三口两杯喝一宿，

迎来那富裕新春第一个红日头！

（三）节律

节律是指句子音节的多少和音节构成的节奏状态。

句子中音节所构成的节奏是不一样的。节奏表示音流进行的步伐和速度，或称"音步"、节拍。节奏的缓急、音流的行止、音节的间隔和连缀，都与作品的思想感情密切相关。

所谓"节奏"是各种艺术的一个普遍的要素，形体的长短大小相错杂，颜色的深浅浓淡相调和，都是节奏。音乐的节奏就是长短高低宏纤急缓相继承的关系，这些关系时时变化，听者所费的心力和所用的心的活动也随之变化。听一曲高而缓的调子，心力也随之作一种高而缓的活动；听一曲低而急的调子，心力也随之作一种低而急的活动。这种高而缓或低而急的心力活动常蔓延浸润，便全部心境和它同调共鸣。高而缓的节奏容易引起欢欣鼓舞的心情，低而急的节奏容易引起抑郁凄恻的心情。

唱词的节奏与音乐的节奏很相似，它是靠音节的高低长短洪细行止相互配合而形成的动态的音流。例如：

①五字句

消灭——座山雕

人民——得解放

X X | X X　X

节奏划分为"二三式"。

叫声二黑哥，

实话对你说

X X　X X | X ○

节奏划分为"二二一"式

②七字句

江河湖海万古流，

千支百脉有源头。

自从杜康酿醇酒，

琼浆玉液人人求。

X X · X X | X X　X

节奏划为"二二三"式

男女老少忙一天，

一天日值两角三。

X X | X X | X X　X

节奏划分为"四三"式

③十字句

穿林海——跨雪原——气冲霄汉，

抒豪情——寄壮志——面对群山

X X　X | X X　X | X X　X X |

节奏划分为"三三四"式

论身材月宫嫦娥显得丑。

看容貌羞得貂蝉难抬头。

品仪态恰似贵妃刚醉酒。

比娇姿气得西施直哏喽。

X X　X | X X　X X | X X　X |

节奏划分为"三四三"式。

划分"X X"式的节奏，实际上是把句子分成"句头"、"句腰"、"句尾"三个部分(有些短句子没有"句腰")，并将一段词(至少是上下句)的各个部分等同对位，因为节奏不谐调的句子，尽管总体字数相同也没法唱。打个比方：

杭州——风光——好

哈尔滨——迷人。

上下两句字数相同,但节奏不同,这势必造成装腔配曲和演唱的困难。

（四）章法

章法是指整个篇章的语音布局,包括篇幅长短,句与句、段与段、开头与结尾的声音关系等方面。一般诗文说唱,在音韵方面并无定法。明代袁宏道《答李元善》云:"文章新奇,无定格式。只要发人所不能发,句法、字法、调法,一一从自己胸中流出,此真新奇也。"但由民族文艺审美观的影响和长期创作经验的启示,篇章的总体布局则有一些法则。例如散文长句和短句配合的关系,整齐句与参差句的运用,句尾平仄声的变化,都应给读者以整体的美感。清代方东树《昭昧詹言》云:"所谓章法,大约亦不过虚实顺接、开合大小、宾主人我、情景,与古文之法相似。有一定之律,而无一定之死法,变化憋肆,奇警在人。如我们读优秀的散文作品,从首至尾,总觉其如行云流水,中无滞碍,此音韵布局之妙也。"

诵唱类文本节奏点上的平仄对立,句子长短的配合,匀称中有参差,构成了整体的音乐美。由以上几方面相互配合,各依其规则行事,综合发挥作用,就构成了诗文的音韵艺术,形成了千姿百态的音韵风格,给人以丰富的美感享受。例如我写的鼓词《杜十娘》的最后一段:

杜十娘,泪哭干,

声声凄厉问苍天:

"苍天哪！苍——天——

为什么昏昏霾霾不睁眼?

为什么难为贤善助邪奸?

为什么诚男挚女遭涂炭?

为什么恶鬼淫贼得狂欢?

为什么不义之人执礼义?

为什么有情之灵把罪担?

你心不正,

你理不端,

你真昏暗,

你好凶残,

你、你、你……你这杀了人的天!"

十娘气得眼睛磁,

大把抛金撒银钱。

"纹银哪！金——钱——！

你造下多少孽债与仇冤?！

有了钱随心纵欲玩人命，

没了钱是非曲直颠倒颠。

见了钱情义天良成虚幻，

为了钱献妻卖妾心坦然。

攒下钱难买人间情与暖，

值为钱逼我至死难鸣冤！

我肝肠断，

我回头难，

我悔似海，

我恨无边，

我、我、我……我这折帆漏底逆风船!"

杜十娘怀抱宝箱身一纵，

扑通通葬身万仞波涛间！

哗啦啦排天怒浪扑堤岸。

呜咽咽岸上闲人泪不干。

可怜那痴情重义多娇女，

生不逢时死得惨，

姣姣玉体被鱼餐，

无人作主无人怜，

空留下百种幽怨一曲悲歌世代传！

第二节　诵唱类脚本创作要点

一、选材注重"情"

拟用韵文体(韵诵的快书、快板，演唱的鼓词等)创作的作品，所选之题材一定要有抒情的余地，因为韵文体不适于过多的叙述，抒情题材才能为"唱"提供广阔的空间。

所选之题材抒什么情？可以概括为七个字：喜、怒、忧、思、悲、讽、惊。分述如下：

喜：欢庆；报捷。如："山也笑，水也笑……"

怒：仇恨；声讨。如："八一三，日寇在上海打了仗……"

忧：担心；忧虑。如"夜半三更起北风，你在边关冷不冷？"

思：思索；思念。如"王二姐，泪盈盈，手扶着楼门望南京。"

悲：悲痛；悲愤。如《宝玉哭灵》、《诸葛亮吊孝》。

讽：嘲讽；幽默。如《大方人》。

惊：恐惧；震惊。如："一见蓝衫我大吃了一惊……"

二、人物少而精

正因为韵文体短于叙事而长于抒情，设置人物一定不能过多，否则就会出现大量篇幅用于交代，抒情笔墨施展不开的局面。

纵观大量成功的韵文曲艺作品，单段短篇（或长篇作品的逐个段落）人物不过一、二、三。如：唱词《王二姐思夫》、《洪月娥做梦》、《黛玉葬花》，数来宝《学雷锋》，山东快书《武松传》等。体现这一要求，东北曲艺很有代表性：一人"单出头"、两人"二人转"、仨人"拉场戏"。

三、语言白且美

所谓的韵文体作品，都是演唱节目的脚本。是供人听而不是让人读的，所以必须明白如话，一听就懂，不能使用"书面语言"。但是，它同时还要求琅琅上口，优美精巧，富有文采和音韵美，这一点正是韵文创作的难度所在。试看下例：

> 芙蓉面胜似中秋当空月；
>
> 雪玉肌冬暖夏凉沁香幽；
>
> 杨柳腰好比一段勾魂柱；
>
> 樱桃口常饮狂蜂把蕊求。
>
> 一回眸眼中秋水能止渴；
>
> 一转身百种风韵解千愁；
>
> 一招手英雄落马难迈步；
>
> 一点头才子错把墨当粥。

这是鼓词《杜十娘》中为主人公"开相"，盛赞杜薇杜十娘绝色美貌的一段词，采用"比"、"兴"手法，大幅度夸张，"无所不用其极"，词汇白而意蕴美。

四、辙韵合又宽

前面讲了韵文体必须讲究韵律，并且根据韵腹发声的开口度，将韵字分为"洪亮"、"柔和"、"细微"三个级别，故此在动笔之前一定要精心选韵。选韵的要义有二：其一是"合"（所选的韵脚合乎你拟写作品的情感、情绪、情境）；其二是"宽"（在"合"的前提下，尽量选韵字多的辙）。

这里，还是用我过去的作品充当范例，说明一下"合韵"与"宽辙"意义。

范例：

（"发花辙"鼓词）《"李一把"搬家》

王国臣

房产科有个工人名叫李奎发，

本是那祖传的瓦匠"泥水世家"。

人送他外号叫做"李一把"，

县城里男女老幼全都知道他。

（白）为什么叫"李一把"呀？说起来这话可就长啦！

建国初全县瓦匠大比武，

为的是搞建设把能人选拔。

看图、拉线、码砖、抹灰、拿角、发檐速度质量比一遍，

全能冠军一把交椅就是李奎发。

李师傅夺了"状元"往回走，

见一个老太太在门前把眼泪擦。

一打听原来是灶坑呛烟不进火儿，

俩月之间已经三次把炕扒。

哪成想越整毛病越是大，

老太太天天呛得咳嗽不止眼泪巴嚓。

李师傅二话没说就把门坎儿跨，

抠块砖在烟筒根上掏一把，

转眼间灶起火儿，炕滚热，烟筒忽忽抽劲儿大，再也不用拉风匣！

从那时人们叫开了"李一把"，

只有那户口本、工资表上还写着李奎发。

"李一把"艺高人好名气大，

六十岁退休以后经常往房上爬。

想不到突然得了风湿症，

下肢瘫痪就在炕上趴。

这一天老伴儿正帮他活动腿，

猛听得院儿里一阵响哗啦。

李大娘急忙出屋仔细看，

见一帮小青年儿正把樟子扒。

在门前停着一辆大挂车，

几个人正把拆下来的木板往车上拿。

为首的大个儿高声大嗓正说话。

"别窝工，去两人拆棚子，

再进屋几个把家具往外拿！"

李大娘见此情景又气又急又害怕，

"干什么？你们光天化日来抄家！"

那些人光笑不说话，

该干啥的还干啥。

正这时开来一辆小吉普，

下来个胖老头儿嘻嘻哈哈。

"老嫂子，你不要着急别害怕，

这不是抄家是搬家！"

(白)"搬家？你们搞错了吧？"

(白)"错不了！

快领我进去看看老奎发。"

李大娘引进来不速之客，

"李一把""哎呀"一声往起挣扎。

(白)"哎呀老县长！您……"

"别动！我一来是探望你的病体，

二来是给你串房搬搬家。"

(白)"搬家？我也没要求串房啊？"

(白)"嗨，老李呀！

说起来那还是五一年初夏，

我来当副县长把市政建设抓。

房产科维修队招工贴红榜，

头一个报名的就是你李奎发。

从那时到如今整整三十载，

你手拿瓦刀、大铲走户串家。

有多少烟囱是你亲手垒，

有多少炉子是你亲手搭，

有多少火墙是你亲手打，

有多少火炕是你亲手扒。

你码过多少砖?

你上过多少瓦?

你抹过多少泥?

你用过多少沙?

洒热汗换来千家屋里暖,

倾心血浇开万人脸上花!

瓦工中数你德高望重贡献大,

可三十年来你没给自己建个新家。

昨夜晚开会时形成决议,

我是代表县政府来给你搬家!"

"李一把"抓住了老县长的手,

不由得两行热泪直滴嗒:

"组织上对我关怀我心领,

怎能够再给国家添重压。

再者说县直的房产我有底数,

串大房儿除非一户占两家……"

"老李呀,你串房不用占两户,

你搬走这里还能建俩新家。

我决定让贤离休回乡下,

从今天起,我的家就是你的家!"

(白)"啊? 这……这怎么行?"

"李一把"一时惊呆说不出话;

老县长猛然起身就把命令发——

"把人往小车里边抬,

家具往大车上边搭。

小张小李抬鸡架,.

老嫂子你自己抱那两盆花……"

大家伙七手八脚动作快,

老瓦工转眼住进了县长家。

半年后老县长登门来探望,

带来了亲手种的茄子、豆角儿和黄瓜,

俩老人手拉手说不完知心话。

我编成这段大鼓歌唱这新人新事出在咱们新国家!

第八章　歌词创作

第一节　歌词的种类

从题材、内容上划分，歌词主要有七类：

（一）风物抒情歌曲

例如《谁不说俺家乡好》、《太湖美》、《塞北的雪》、《山路十八弯》、《小白杨》、《北大荒，北大仓》等等。

（二）政治抒情歌曲

例如《我的中国心》、《大中国》、《我们走在大路上》、《春天的故事》、《没有共产党就没有新中国》等等。

（三）爱情歌曲

例如《敖包相会》、《在那遥远的地方》、《九九艳阳天》、《爱你一万年》、《心雨》等等。

（四）亲情歌曲

例如《两地书，母子情》、《想家的时候》、《十五的月亮》、《祝你平安》、《同桌的你》、《朋友》等等。

（五）幽默歌曲

例如《迟到》、《对面的女孩看过来》等，此类歌曲有影响的作品不是很多，这里举一个具体的例子（王国臣《打赌谣》）：

　　　　你手心　我手背儿

　　　　你采花儿我摘刺儿

　　　　你要高山我要平地儿

　　　　你抱西瓜我拣豆粒儿

太阳月亮不能全归你

输赢成败轮番都有份儿

摔个跟头就地打个滚儿

爬起来我还是这股劲儿……

（六）宣传广告歌曲

承载或蕴涵企业广告、行业宣传的歌曲，某些特定节庆晚会的主题歌等。
例如——黑龙江电视台建台 40 周年庆典主题歌《相约到永远》：

出门告诉你冷暖

旅途祝福你平安

居家便知海外事

片刻浏览几千年

外面的世界捧给你

日子越过越新鲜

致富送给你经验

休闲指给你港湾

平时交谈家常事

节日歌舞添笑颜

内心的世界打开窗

阳光抚慰苦也甜

（副歌）　从黑白天下　到七彩空间

你我相守几十年

伴祖国脚步　跨万里关山

你我相约到永远

（七）人物赞颂歌曲

例如《东方红》、《浏阳河》、《学习雷锋好榜样》等，这里也举个具体的例子：
（王国臣《最可爱的人》）

幼小的时候我认识了你

课本上的英雄顶天立地

为了朋友的祖国你告别了祖国

为了他人的妻女你抛舍了妻女·

打尽了枪弹拼弯了刺刀扔光了石头

最后的杀敌武器是自己的身体
炮火硝烟隔断你对家乡的眺望
一声娘亲没喊完你轰然倒地
松骨峰多想扶你站起
清川江呜咽为你哭泣

很小的院里我见到了你
庄稼院的老汉平淡无奇
因为战友的生命换回了你生命
你说他们的奉献全应该你接续
累弯了腰背撸直了锄钩磨秃了镐头
最后的开荒工具是自己的儿女
喜庆鞭炮勾起你对他乡的眺望
一声战友没喊完你热泪如雨
兴安岭伸臂挽你前行
黑龙江高歌你的业绩

[副歌]哦可爱的人　最可爱的人
　　　　我为啥不是你
　　　　哦可爱的人　最可爱的人
　　　　让我成为你　成为你

第二节　歌词的结构形式

歌词的结构是有一定规范的(像李春波的《一封家书》实在是极为少见的"另类"),常见、常用的形式,有如下四种——

第一种是"A1,B;A2,B"式。前面研究"种类"时例举的几首词,基本都属于这种样式。

这里的"A"代表"主歌",一般都是四句、六句、八句;"A1"是第一段,"A2"是第二段,这两段辙韵相同、字句相等,只是内容有所变化(一般都是内涵的"递进"或者"对比");"B"代表"副歌",通常是四句,最多六句,分别缀于"A1"、"A2"之后,副歌的字数、句式、韵脚、内容一般不变,不管用两遍还是三遍,往往都是一字不易地重复。在文本表现形式上,没有变化的副歌都是写在整首歌词的最后,并在段首标上"副歌",曲作者一看便知道,每段主歌之后都要重复一遍这副歌。所有的"A"和所有的"B",谱出曲来都是同样的旋律和节奏,只是最后一段的最后一句,往往拖慢节奏"放高音儿"或者一遍遍地重复,以示收束。

第二种是"A;B1;B2"式。采用这种结构形式的多为叙事性歌曲。"A"是"引歌","B1"、"B2"是两段句式,韵律相同,内容有变化的"主歌"。请看下例(王国臣《扁担谣》):

> 派出所里有一根扁担
> 扁担的故事跟随扁担传了一百年
> 故事里有血有泪有热汗
> 故事里有恨有爱有苦也有甜
>
> 解放前呐灰蒙蒙的天
> 老百姓给警察送水送了几十年
> 这根扁担打得咱皮开肉绽
> 这根扁担压得咱腰折背弯
> 扁担直　扁担弯
> 直直弯弯路艰难
> 扁担是一本无字的书
> 章章节节百姓仇和冤
>
> 新中国呀晴朗朗的天
> 好民警给百姓送水送了几十年
> 这根扁担挑来了多少温暖
> 这根扁担撑起了稳定江山
> 扁担长　扁担宽
> 长长宽宽入云端
> 扁担是一座心上的桥
> 桥上桥下警民鱼水缘

第三种是"A1、B1、C1;A2、B2、C2"式。说得明一点,这种样式实际上就是上、下两大段,两段之中各有三个字数、句式、韵律相同的小段落。两大段中间的"B"往往是有节奏的"数板",请看下例——我为黑龙江电视台《北方直播室》栏目创作的主题歌《酸甜苦辣都是歌》。

天上太阳就一颗

地上生灵何其多

各有各的活法各有各的辙

跌倒爬起奔上坡

（数）　摆小摊的摆小摊的喉咙喊破/哄小孩的哄小孩的

整天乐呵/抱小狗的抱小狗的孤独寂寞/坐小车

的坐小车的操心事多

一天难免三不顺

心里有话你尽管说

爱心能打开眉头锁

理解把争吵变对歌

你唱我来和　大家都快活

红黄蓝白汇银河

酸甜苦辣都是歌

各有各的烦恼各有各的乐

敬酒罚酒都得喝

（数）喝大酒的喝大酒的梦里变阔/赚大钱的赚大钱的

日夜奔波/侃大山的侃大山的自己找乐/吹大牛

的吹大牛的怕见老婆

一根筷子难夹菜

双桨划船咱过大河

友谊能垫平坎坷路

支援像寒冬一篷火

你暖我也热　人间幸福多

　　第四种是"A1、A2、A3……"式。三段或三段以上，都是一样的字、句、韵，内涵层层递进，多为列队合唱歌曲，或"花儿"、"对歌"等带有描述性的民歌。请看下例：《嫁个丈夫是警察》

姑娘长到十七八

走到街上看呀嘛看警察

巡逻的站岗的都那么帅

一身警服好潇洒

没事找事说句话

脸红心热羞答答

　　姑娘长到二十八

　　嫁个丈夫是呀嘛是警察

　　节日里假日里都忙在外

　　一天到晚不着家

　　夜半听门好牵挂

　　梦里惊醒泪滴答

　　警嫂见面叽喳喳

　　各个丈夫是呀嘛是警察

　　立功的受奖的都那么棒

　　背后有我支持他

　　盼望女儿快长大

　　女婿还要找警察

第三节　歌词的创作要点

　　一般说来,歌词到了具体写作阶段,主要的环节有四个:选辙韵;找"词眼";展"比兴";磨动词。分述如下——

一、选辙韵

　　日常生活中,人们形容一筹莫展的时候,常说:"咳,我算没辙啦!"看见某人凝神沉思或者抓耳挠腮,难免要问问,其回答也往往是"我?想辙呐!"可见,在社会生活中遇到难题,首当其冲都是找"辙"(想办法),何况写歌词?辙韵是歌词的"通道",选错方向你会劳而无功,若是找不着道儿,你岂不是寸步难行?

　　选辙韵应从这样几个方面去考虑:第一是歌词的主题和情感意向,这首词要抒发的是深情、柔情、还是豪情?弄清这个问题,你便可以决定到"洪亮级"、"柔和级"或者"细微级"里面去找你的辙;第二是考虑主题词和讴歌对象,根据这两者中不可回避或者需要多次出现的词汇去定辙;三是顾及你这首词最终要谱写成美声、民族、还是通俗歌曲?是男声还是女声,什么类型的歌手演唱?这些因素,选辙韵的时候都不可忽略。

　　举个具体的例子。我曾经应邀为黑龙江电视台的一个专题栏目写一首至少连续播出两年的主题歌,这个栏目叫《走进千万家》,内容主要是生活服务、家长里短、百姓忧乐。主题歌要通俗、诙谐、轻松,打算请一男一女两位歌手对唱……这之间,一个不可回避的概念是"家",必须面对的内容是"油盐酱醋茶"。于是,我选定了"发花"辙,写成了这样一首《你的家,我的家》:

> 妈妈生娃娃
> 儿子当爸爸
> 喜怒哀乐愁
> 油盐酱醋茶
> 要多小有多小仨人两间屋
> 说多大就多大包容全天下
> 这就是你的家就是我的家
> 银屏打开窗口联通千万家
>
> 家是一粒沙
> 撑起摩天厦
> 家是一滴水
> 映照日月华
> 要多暖有多暖四季总是春
> 说多美就多美天天开新花
> 这就是你的家就是我的家
> 银屏带着清风走进千万家

二、找"词眼"

"词眼"是主题的凝练、内容的精华、词句的核心。有经验的词作者,在选定了辙韵之后,不是由头至尾的动笔先写第一段、第一句,而是先找词眼,找到词眼之后再向前后延展,布局谋篇。例如前面例举的《你的家,我的家》,"喜怒哀乐愁,油盐酱醋茶"是每个家庭都有的内容,"家是一滴水,映照日月华"是每个家庭都具备的特点,这便是我动笔之前首先找到的词眼。再如前面举例用的《扁担谣》,这首词主要是通过扁担来表现新旧社会老百姓跟警察的关系,那么它的词眼就是这两组句子:"扁担是一本无字的书,章章节节百姓仇和冤";"扁担是一座心上的桥,桥上桥下警民鱼水缘"。人物赞颂类例词《最可爱的人》,其主人公原型是魏巍散文《谁是最可爱的人》中提到姓名的朝鲜松谷峰战役烈士中的一位,不料他侥幸活了过来,回国后隐姓埋名,在黑龙江绥化的一家粮库当了几十年工人。许多年后他这位老劳模的孩子要参军,部队才发现了这位"活烈士"。活烈士曾经有过"两次生命",第一次献给了抗美援朝,"打尽了枪弹拼弯了刺刀扔光了石头,最后的杀敌武器是自己的身体";第二次献给了北大荒开发建设,"累弯了腰背撸直了锄钩磨秃了镐头,最后的开荒工具是自己的儿女"。对于活烈士毕生奉献的高浓度总结,便是这首歌词的词眼。

三、展"比兴"

"比兴"是重要的文学修辞手法,更是歌词创作的主要手段。歌词不能讲故事、不能说过程,必须用"文字蒙太奇"把一个个相关的情境、画面连缀起来,借此来传递意向、抒发情感。因此,离开了比兴,歌词创作几乎无从谈起。前几年,黑龙江电视台与山东电视台合办综艺晚会,让我写一首表现两地人民历史渊源和现实关系的歌词。黑龙江人的上一代,很多都是从山东"闯关东"迁徙过来的,几经思谋,我抓住"乡音"做纽带,大量采用比兴手法,写成了下面这首《一句乡音无限情》:

> 玉皇大帝借给我地大的一盘秤
> 称不出东岳泰山有多重
> 王母娘娘借给我天大的一面镜
> 照不透黑龙江水有多清
> 泰山重哪有我的心思重
> 日思夜想关东秧歌雪打灯
> 江水清哪有我的梦境清
> 梦里常吃山东煎饼卷大葱
> 从山东　到关东
> 几百年脚印排出路千层
> 从关东　到山东
> 几代人目光穿透云万重
>
> 孟姜大姐托给我当年的一个梦
> 万喜良穿过长城下关东
> 嫦娥小妹告诉我心头的一块病
> 思乡人最怕独居广寒宫
> 泰山石架起桥梁铺大道
> 关里关外新家老家路路通
> 龙江水化开乡愁酿美酒
> 大鱼大肉推杯换盏贺重逢
> 山也亲　水也亲

山水间高粱黄豆同根生

人也亲　土也亲

土到家一句乡音无限情

四、磨动词

如果把词语比做歌词的构建材料,那么这"材料"包含名词、动词、形容词,还有一些象声词。初学者往往有一种误解,以为在歌词创作中最重要的是会用形容词,因为歌词需要诗情画意嘛,不形容岂能精美? 其实不然。当你有了一些实践之后,就会发现:歌词写作的具体过程中,最重要的是动词的运用。这里,不妨拿一首我自己的作品《北方的雪》来解剖一下:

北风张开无边的翅膀

扇来纷纷扬扬闹闹嚷嚷大雪一场

转眼一片白茫茫

白山白岭白原野(哦北方的雪)

白街白路白楼房(哦北方的雪)

红红绿绿雪上点(哦北方的雪)

花花草草雪下藏(哦北方的雪)

白雪的世界冰雕的画

装点了北国好地方

北方敞开宽阔的胸膛

迎接闹闹嚷嚷纷纷扬扬大雪一场

天地之间闪银光

白衣白帽兴安岭(哦北方的雪)

白盔白甲黑龙江(哦北方的雪)

村村镇镇雪下睡(哦北方的雪)

男男女女雪上忙(哦北方的雪)

故乡的白雪纯洁的爱

养育了北国好儿郎

北风"张开"翅膀,"扇来"大雪;北方"敞开"胸膛,"迎接"大雪,两段的开端,先用四个动词创造动势和博大的宏观景象。接下来是两段间相对应的四个句子里用了十个"白"字,形容具体的物象。最为关键的是那四幅画面——"红红绿绿雪上点,花花草草雪下藏";"村村镇镇雪下睡,男男女女雪上忙"。

北方大雪中透露出来的红红绿绿，应该是建筑、装饰的颜色，用动词"点"来表现人的主动性与创造性；动词"藏"呢，既可以表现花花草草的灵性，又可以表现人们对植物的珍重、怜爱之意；一个"睡"字，表现了大雪覆盖的村村镇镇的安宁与惬意；而动词"忙"，则把北方人民不惧冰雪严寒，昂扬快乐艰苦奋斗的精神状态概括亦尽。

因为歌是有声音的画、带律动的诗，它与诗画最大的区别就在于"动"——动态，动势，动感；涌动，跃动，震动。这一系列"动"是形容不出来的。例如"千年的梦想化做一声雷，喊出一条大河叫黑龙江"。一个"喊"字把开天辟地、横空出世的气概表现得淋漓尽致，这气概你堆砌多少形容词也是无法企及的。"端起来三江泼七彩，浇出一幅大画叫黑龙江"。"端"三江，"泼"七彩，"浇"大画——一串动词，把几代黑龙江人开发建设北大荒的雄心壮志、一往无前、艰苦奋斗、坚韧乐观浓缩在两个句子里，如果说这两句歌词里包含了"英雄主义"、体现着"浪漫主义"，也未尝不可吧？再看"想亲人，望亲人，每逢佳节倍思亲，月亮睁开千里含泪眼，心声咚咚撞家门"。月亮"睁"眼，心声"撞"门，离乡游子想念亲人之苦、之痛、之烈、之切，尽在其间！

所以，在歌词写作的具体过程中，一定要认真选择、反复推敲语句中的动词，这是成功和超越的关键。

范例一：
［人辰辙亲情歌曲］

每逢佳节倍思亲

王国臣

长不过他乡无眠夜
短不过相聚好光荫
沉不过离家的脚步
难不过回头望亲人

想亲人　望亲人
每逢佳节倍思亲
月亮睁开千里含泪眼
心声咚咚撞家门

甜不过他乡团圆梦

美不过故土传佳音
快不过归心离弦箭
苦不过亲人想亲人

想亲人　望亲人
每逢佳节倍思亲
太阳撒开万条含情线
为我亲人绣福门

范例二：

[发花辙幽默歌曲]

新编大实话

王国臣

满桌佳肴你得有口牙
腰缠万贯你得有命花
赏一路风光你得能走
捡一座金山你得能拿
垄沟里刨食的是好汉
病床上数钱的是傻瓜

千里纵横你得有个家
万众首领你得有个妈
委屈烦恼你得有人听
出色得意你得有人夸
酷毙帅呆你得有人爱
悬崖失足你得有人拉

（副歌）结怨不如结缘
　　　　栽刺不如栽花
　　　　富贵不如富态
　　　　高薪不如高寿整天乐哈哈

第九章 朗诵诗创作

第一节 朗诵诗的特征

尽管古体诗词有时也被制作成广播节目或者在电视节目中被吟诵,但作为一种由文学范畴转入艺术范畴的文体,"朗诵诗"主要应该是新体诗。

那么,什么是新体诗?

何其芳在《关于写诗和读诗》中的回答是较为准确的:"诗是一种最集中地反映社会生活的文学样式,它饱和着丰富的想象和感情,常常以直接抒情的方式来表现,而且在精炼与和谐的程度上,特别是节奏的鲜明上,它的语言有别于散文的语言。"这是诗歌总的特征,也是新体诗的具体特征。下面从三个方面说说这些特征。

一、好懂易记有视像

鲁迅于 1934 年 10 月批评"五四"以来新诗存在的问题时说:"没有节调,没有韵,它唱不来;唱不来,就记不住;记不住,就不能在人们的脑子里将旧诗挤出,占了它的地位。"还说:"我以为内容且不说,新诗先要有节调,押大致相近的韵,给大家容易记,又顺口,唱得出来。"

他在 1935 年 9 月,(在《致蔡斐君》中)再次指出:"诗须有形式,要易记、易懂、易唱动听,但格式不要太严。要有韵,但不必依旧诗韵,只要顺口就好。"

鲁迅提出的顺口、易记、易懂、易唱的主张,显然是对我国古典诗歌和民歌优良传统的继承,又是在总结了"五四"以来新诗成败得失基础上指出新诗发展的方向。这个主张为大多数诗人所接受,并逐渐形成了新诗的一个重要特征。也是后人所说的"朗诵诗"的基本特征。

诗歌要达到顺口、易记、易懂、易唱,须讲求多方面艺术手法和修辞方法,其中尤其要讲求诗的节奏、音调和韵律。

节奏,是指声音强弱、长短;音调,包括韵辙、叠字叠句、双声叠韵等。

节奏和音调,合称"节调"。讲求"节调"是为了造成强烈的音乐美,使之读来抑扬顿挫、琅琅上口,唱来悦耳动听。

韵律,指押韵的规律。讲求韵律,是为了读来富有旋律、节拍,声音和谐、顺口,能唱易记,同样造成诗的音乐美。但新诗押韵不讲求严格,押大致相同的韵即可。读读下面这首诗:

乡　愁

（台湾）余光中

小时候

乡愁是一枚小小的邮票

我在这头

母亲在那头

长大后

乡愁是一张窄窄的船票

我在这头

新娘在那头

后来啊

乡愁是一方矮矮的坟墓

我在外头

母亲在里头

而现在

乡愁是一弯浅浅的海峡

我在这头

大陆在那头

《乡愁》以"邮票"、"船票"、"坟墓"、"海峡"作为诗的基本形象,写诗人一生四处奔波,与家人聚散离合之中,将对故乡、亲人的离情别绪淋漓尽致地表现出来。全诗句式整齐,节奏鲜明,排比、反复、重叠等修辞手法并用,而且押韵,读来抑扬顿挫,顺口、易记、易懂、易唱而生动。

二、反映现实社会生活

集中概括地反映社会生活,是所有文学作品的共同特点。但诗歌概括、浓缩的程度,远比其他样式的文学要高。它不可能像其他文学样式那样,就是长篇叙事诗也不可能做到泼墨细腻地描述人物的活动、事件的发展变化过程,以及伴随人物活动和事件发展变化过程的环境。它必须抓住生活中最能突出地透视事物本质的典型,用高度概括、浓缩的文字去表露作者的思想与情感,揭示社会生活深广的含蕴。

我们来看臧克家写于 1932 年 4 月的《老马》:

> 总得叫大车装个够,
> 它横竖不说一句话,
> 背上的压力往肉里扣,
> 它把头沉重地低下。
> 这刻不知道下刻的命,
> 它有泪只往心里咽,
> 眼里飘来一道鞭影,
> 它抬起头望望前面。

这短短的八行诗,诗人自己说:"写的是一匹负重受压、苦痛无比,在鞭子的抽打下,不得不向前挣扎的老马。"然而,这老马是个象征意味的典型形象。象征是一种通过某个特定而具体的形象以寄托某种思想感情的艺术手法。在这里诗人把深广的含蕴和自己深挚的情感赋予老马的具体形象之中,从而高度集中概括地反映了超越时间、空间的社会生活——这首诗写于"九·一八"之后,这时中国人民正处于国难深重、水深火热的生活之中,读者通过联想与想象,能够领悟得到诗中展示的中国劳动人民苦难深重的命运,以及诗人对劳动人民的同情和对旧制度的无比愤慨。诗歌语言的凝炼,对生活的高度概括与浓缩,并不表明它反映生活容量少、内涵浅。恰恰相反,它高度概括、浓缩的是生活的海洋、百年老树的树根。

三、以情动人富于联想

任何体裁的文学都是以情动人的。但是,从以感情撩拨读者的共鸣来说,诗歌较之其他体裁的文学,来得更为鲜明和强烈。

鲁迅说:"诗歌是本以抒发自己的热情的。"郭沫若说:"诗的本职专在抒情。"没有感情就没有诗。写诗尤其要把握这一特征。艾青在《诗与感情》中说:

> 写诗要在情绪饱满的时候才能动手,无论是快乐或痛苦,都要在这种或那种情绪浸透你的心胸的时候,人并不是对任何事情或任何时候都充

满情绪的,而每个人都有这样的经验:忽然被某种事物所感动,而这种感动并不会延续得很久。只有我们于这种感动产生了一种非把它保持下来不可的时候,才是诗的创作的开始。

艾青说:"想象与联想是情绪的推移,由这一事物到那一事物的飞翔。"所以,英国诗人雪莱说:"诗可以解作'想象'的表现。"

胡昭在《真情与想象》中对诗情融于联想与想象中,即诗情与联想、想象的关系作了很好的说明:"抒情是主体,想象是双翅,没有强烈的真情翅膀怎能飞得起来? 而若无有力的翅膀真情能凌空而上?"

下面是诗人曾卓写于 1970 年的名篇《悬崖边的树》

> 不知道是什么奇异的风
> 将一棵树吹到了那边——
> 平原的尽头
> 临近深谷的悬崖上
> 它倾听远处森林的喧哗
> 　和深谷中小溪的歌唱
> 它孤独地站在那里
> 显得寂寞而又倔强
> 它的弯曲了的身体
> 留下了风的形状
> 它似乎即将倾跌进深谷里
> 却又像是要展翅飞翔……

诗中写的是一棵被狂热的"奇异的风"抛到平原尽头、在悬崖边缘上欲跌欲翔、倾斜弯曲、孤独寂寞的树。这是自然现象。在这里,像臧克家在《老马》中写老马那样,诗人巧妙地运用了风和树这两个象征体,将读者引入广阔的时空中浮想联翩:解放以来,从批判胡风、反右派斗争,直到"文化大革命",在全国范围内刮起的一场接一场政治运动的"奇异的风"中,多少"树"——干部、知识分子、人民群众被抛到"临近深谷的悬崖上"啊! 然而,在恶劣的环境中,他们苍劲挺立,倔强地想着"展翅飞翔"——这是张志新,这是彭德怀,这是……这是无数在极"左"思潮逼迫下的倔强灵魂! 他们身临绝境却不绝望,受尽沉重苦痛却满怀希望与信念,他们是不屈不挠的忍辱负重的强者!

第二节　朗诵诗的种类

　　诗歌有不同的种类。要作诗或评论诗,除了在总体上对诗歌的特征有所了解之外,还须认识和了解各种类型的诗歌的特点。就"五四"以来出现的不依照旧体诗格律写成的白话诗,即新诗(也叫自由诗)来说,主要有叙事诗、抒情诗、散文诗等。

一、叙事诗

　　何其芳在《谈写诗》中说:"叙事诗不是在讲一个故事,而是在歌唱一个故事。"所谓"歌唱一个故事",故事自然是有较完整的情节和人物的;它是在"歌唱"生活,带有强烈的抒情气味。当然,它的故事情节比较概括而非繁复、曲折,它所刻画的人物性格只能简笔点化,而不能用多种手法作多侧面去表现,它描绘环境力求简练,而不能写得十分细腻。由此,可以给叙事诗作这样的界定:它是一种用韵文的形式、凝炼的语言、强烈的感情来讲述故事,描绘人物形象的诗作。且看顾工的叙事诗《油印报》:

　　　　炮弹掠过了涂满油墨的印刷机,
　　　　纷飞的弹片几乎削断了钢笔,
　　　　但是他——一位油印报的编辑,
　　　　仍然在紧张工作,没有一秒钟的空隙。

　　　　十分钟前,在战壕里发生的事情,
　　　　现在已经变成了醒目的标题;
　　　　五分钟前,一位重伤员说过的话语,
　　　　现在已经变成了鼓舞人心的诗剧……

　　　　等到战士们打退了敌人的反击,
　　　　油印报就要在握枪的手里传递;
　　　　现在蜡纸上还有一块小小的空白,
　　　　应该再刻上一条在烽火中燃烧的消息。

　　　　年轻的编辑扔下手中的钢笔,
　　　　他头也不回,奔向火光闪闪的高地,

起初还可以看到那染着油墨的军衣，
渐渐硝烟就淹没了他那英武的身躯……

傍晚，有一位记者从火线归来，
面部的表情是那样的阴郁，
他手里拿着编辑常用的手册，
手册上涂染着鲜红的血迹……

记者一声不响地摊开了蜡纸，
在空白的地方刻上了悲壮的消息：
本报编辑、共产党员——在采访中，
和机枪手们，一起扑倒在前沿阵地……

油印报从这条战壕传到那条战壕，
油印报从这个胜利传到那个胜利；
油印报上的字迹永远是这样的鲜明，
直到今天还揣在许多老兵的怀里。

该诗通过一些生动的细节描写，为我们塑造了一个忠于职守、英勇献身的新闻工作者的光辉形象。

叙事诗，以叙事为主。事件要典型，构思要巧妙，再用诗的语言恰如其分地表现出来，才能不失为一首好叙事诗。该诗所叙述的事件十分典型——一位新闻工作者，在火线上不畏艰险，为革命而献身的动人事迹。构思十分巧妙，特别是诗中"空白"这一细节，可谓颇具匠心。这也是诗的主体。很可能由于这个细节引起了的创作灵感，又经过前后铺垫构思成这首诗的。正是由于有了这个细节而引发出事件的反复曲折，使这首诗变得情节生动，波澜起伏，感人肺腑，催人泪下。由此可见，叙事诗的写作，典型事件的选择十分重要，而精心构思也是不可缺少的。

二、抒情诗

它是诗人着重抒发对客观事物的思想感情来反映社会生活的一种诗作。它不像叙事那样有较完整的故事情节和人物形象，即使是描写某些片断的景物，也是为了托物言志，借景抒情，而不是叙述故事。

诗人在诗中抒发思想感情的方式，既可以在对外界客观事物描写的过程中，让思想感情流露其间，这叫寓情于景，寓情于物，如前面提到的《老马》、《悬崖边的树》。此外,也可以在对客观事物描写过程中的恰当处,诗人直接站出来抒发自己的思想感情,即直抒胸臆。贺敬之的《桂林山水歌》就是一首令人拍案叫绝的直抒胸臆的抒情诗:

> 云中的神啊,雾中的仙,
> 神姿仙态桂林的山!
> 情一样深啊,梦一样美,
> 如情似梦漓江的水!
> 水几重啊,山几重?
> 水绕山环桂林城。
> 是山城啊,是水城?
> 都在青山绿水中。
> 啊,此山此水入胸怀,
> 此时此身何处来?
> 黄河的浪涛塞外的风,
> 此来关山千万重。
> 马鞍上梦见沙盘上画。
> "桂林山水甲天下"。
> 啊! 是梦境啊,是仙境?
> 此时身在独秀峰!
> 心是醉啊,还是醒?
> 水迎山接入画屏!
> ……

　　这首诗不仅以奔放、昂奋的节奏、音调的和谐构成强烈的音乐美,而且以丰富的联想和想象力烘托出桂林山水鲜明的形象。它赢得读者的奥妙,还特别突出地表现在诗人把对桂林山水独特风韵的澎湃感情集中在笔尖上,直接抒发自己对桂林山水自然美的独特体验、认识和评价。这一首脍炙人口的《桂林山水歌》,用的是信天游一唱三叹的艺术形式,以一个革命者的眼光和情怀,先用短短的四节八句,把桂林山水的风采和神韵高度集中概括地描绘了一番,然后笔锋一转,从独秀峰、画屏山、老人山唱到屏风山、还珠洞、穿山与七星岩,唱到传说中的歌仙刘三姐,唱出了桂林山水从"大地的愁容春雨洗"的历史变化。

三、散文诗

在我国,散文诗差不多与"五四"前后出现的新诗同时诞生。它是散文与诗歌互相渗透、糅合、交融、浑然一体的产物,属于"边缘"文学。它有散文的"基因",也有诗歌的"血缘",兼有散文和诗歌的特点,但它又是有着自身固有特征的独立了门户的文学样式。柯蓝在《散文诗漫话》中对它的特征作了这样的概括:"散文诗,介乎于散文与新诗之间,是二者的结合,但更靠近和接近诗,不同的是更自由,更突破限制,不受任何格律的约束,这是散文诗区别于新诗的地方。至于与散文的区别,唯一的标志是浓郁的诗境和短小。"

要认识散文诗,并在创作上把握它的写作要领,很有必要认识它最重要的特点是篇篇有景物,象征寓深情。先看看下面的两则散文诗:

给大雁

孔 林

又是十月秋风高,

又是严霜打野草。

长空万里,万里长空,声雁叫,大雁南去了,去追求温暖的所在。

望长空,送雁阵,让我怎不思乡……

大雁啊大雁,说你胆小,你却翱翔在万里高空。

大雁啊大雁,说你怯弱,你却去追逐天涯海角。

当我在秋夜的月光下听到嬉蝉的歌声,我不得不为大雁南去而感叹,一个强者在秋风里发出哀鸣,一个弱者唱出生命的强音。

北大荒人告诉你

王国臣

朋友!我年轻的朋友,你可知道——"北大荒"是什么?"北大荒"是一部书,一部四十多万平方公里的大书,书中诉说着无数令人永生难忘的故事,创造故事的北大荒人。

多少年啦,作为第一批下乡的"老知青",我一直在追寻——追寻当年的号角,当年的足音;当年的战友;当年那位我不知姓名的亲人……

那是在三江平原的腹地,我们发起了第一次开垦。烈日当头,暴雨倾盆,蚊虫叮咬,野狼挠门,所有这一切都不可怕,可怕的是我们被沼泽围困,完完全全与世隔绝,得不到亲人的信息,听不到外面的声音!

别人期盼春光永驻,我们却巴望寒冬降临,当霜冻把沼泽变成通途,几十条汉子全像急于找娘的娃娃,朝着大本营一路狂奔。

就在那条回归路上,就在那个风雪黄昏,急匆匆的我被什么绊了一下,我一声惊叫喝住了所有的人——那是一个人冻僵的手臂,从地下拼命往上伸,手中死死地攥着一个书包,书包里装的是一迭报纸和我们这些人的……家信。

天呐,他是一个多好的人!为了安慰我们焦渴的心灵,他不等沼泽地冻实就来给我们送报送信,在生命的最后一刻沉下去的是自己的身体,留在地面上的是我们的书信,

还有举着信的那只手,撑着手的那颗心。

战友哇,你是谁?你叫什么名字,原籍哪里人?你的手臂告诉我们你是那样年轻。

快过年啦,爹娘是否等你回家团聚?未婚妻是否等你回去……成亲?

打雷呀,打个炸雷!别让沉重的悲痛挤碎我们的心。

下雨吧,下场暴雨!无声的饮泣会憋死我们这些风雕雪塑的男人。

无论我们怎样呼喊,他还是去了,跟他钟爱的土地紧紧相拥,永不离分。如果我们是地上的树,他就是地下的根!从那天以后,我形成了一个习惯,每当从树下经过都要摸一摸它的须根——以为那须根是一只手臂,抓住它,就能跟战友握手谈心……

散文诗通常都是选取自然界或社会生活中的一花、一木、一人、一物作为题材。上面这两则散文诗,就分别落墨于秋风里南飞的"大雁"和"一个人冻僵的手臂"。由此可见,散文诗几乎篇篇都有具体的景物。

散文诗写这种种景物不是目的,而是以其象征体,以作为诗人抒发感情的依托。上述两则散文诗,寄寓诗人什么样的诗情呢?《给大雁》作者感叹:"一个强者在秋风里发出哀鸣,一个弱者唱出生命的强音"。这里隐含着生活中至深的哲理:尽管人是"万物之灵",但是面对着大千世界,他是强者又是弱者,他应该扬自己的所"强",避自己的所"弱",去适应这个世界,才能求得生存与发展。《北大荒人告诉你》则是通过一个为了安抚他人心灵而献出自己生命的情节,通过留在冰冻泥潭上的一只手臂,来"告诉"世人:"如果我们是地上的树,他就是地下的根!……有人问我对这片土地的感情何以如此深厚?我就会有几分恼怒地回答:因为,不光地上有我的血汗,地下还有我的亲人!"

另外,它写景物用笔高度简约的同时,还要求用墨凝炼、富于含蓄,重在暗示,重响弦之音,取"言有尽而意无穷"的艺术境界。这是它的篇幅极为短小又一个原因。散文诗一般短的只两三百字,长的也大都千字左右。

四、专门为表演创作的朗诵诗

专门为表演创作的朗诵诗,实质上是以诗作为载体的语言节目,通常还要配上音乐、伴舞、大屏幕画面,谓之"音舞诗画"。如此这般,势必要淡化诗性、强化形式感。例如:

[情境音舞诗]

星　空

王国臣

人物:毕业生两位——简称:甲、乙

在校生四位——简称:A、B、C、D

老师两位——简称:男、女

40~60人舞蹈队

手持道具:(1)如思绪、如河流,又如星云的绵长的白纱;(2)星状"风筝"(可用氢气球带动,用舞蹈演员手中牵的线控制)。

　　[音乐起……"星云涌动"、"思绪飘飞"……

　　[二位老师上——

男　时常会有同学聚会。

女　每每参与故友重逢。

男　经商的总要介绍他怎样成了盈利大户;

女　为官的难免透露他今后的锦绣前程;

男　只有我们这些教书的没什么可说——

女　除了头发啥都没少,除了皱纹啥都没多。

男　这时候广播响了,广播里传来熟悉的声音;

女　这时候电视亮了,电视上闪现熟悉的面容;

男　这时候我们会从冷落的寂寞中挺身而出,

女　这时候我们会命令那些春风得意者"安静"!

男　你听——这是我的学生,

女　你看——这是我的学生,

男　——这是我的学生,

女　——这是我的学生……

男　这时候的感觉——我们是这世界上最大的富翁!

女　因为——在这电波纵横的星空,到处都有我们的学生!

　　[音乐扬起——"群星升腾",甲、乙、丙、丁四人各执一束鲜花出场——

甲　我们在星空中奋力盘旋,
乙　你心中始终牵着那条线。
甲　顺着那条线追寻从前——
乙　回到母校,回到了老师身边。
合　哦老师,哦母校!
甲　我的努力绽放过你的欢笑;
乙　我的欢笑湮没过你的艰难;
甲　我的脚印写下过你的希望;
乙　我的肩膀扛回过你的甘甜。
合　哦老师,哦母校!
　　我微小的成绩织成你的骄傲;
　　我坚定的志向来自你的心愿。

　　[两位老师迎上来,与四人握手,四人将各自的鲜花献上……

男　从万市、勾庄、舟山东路,
女　到下沙高教园区新的校园。
男　从广校、高专,到传媒学院,
女　师生情谊的纽带越来越宽。

　　[甲、乙奔向两位老师,"争先恐后"地——

甲　你的辛劳筑就了我的奉献;
乙　你的鼓励甜透了我的心田;
甲　你的酒杯盛满了我的祝愿;
乙　你的健康验证了好人平安!
合　老师啊,母校——
这里是我们的发射平台。
这里是我们的精神家园!

[以下转入"师生聊天"——

男　你们看着电视节目长大，
甲　我们伴随电视广播成熟。
女　报道过江南水乡的丰收；
乙　见证过文化大省的起步。
男　传播过新农村新奇的故事；
甲　朗读过五千年经典的诗书。
女　雪灾袭来，追随抗灾军民的身影；
乙　地震过后，传输重建家园的蓝图；
男　反腐倡廉发出对社会蛀虫的愤怒；
甲　每逢佳节表达对父老乡亲的祝福；
女　寒来暑往，不记得休过节日假日；
乙　岁月更迭，小字辈之间改了称呼；
男　当过各种劳模标兵没当过好妻子；
甲　得过各种奖励荣誉没混上好丈夫；
女　孩子家长会，赶上台里需要录像；
乙　老人得重病，直播节目正在播出；
男女　面对亲人的目光心里流淌着愧疚；
甲乙　听到观众的赞许胸中充盈着满足……
男女　是的，今生今世教过你们我十分骄傲！
甲乙　是的，今生今世做个传媒人我万分满足！

[师生相挽下场，与此同时在校生四人上——

A　小时候做过一个梦，
　　梦见自己钻进了爷爷的"小广播"。
B　拆开电视机到里边找朋友，
　　是我五岁那年惹的祸。
C　上课不能低头看小说，
　　戴个耳塞偷偷欣赏流行音乐。
D　午夜的大学生宿舍，
　　常常是广播为我们解析感情的困惑。

A 不知不觉之间,我们爱上了广播电视;

B 我们成长时期,广电传媒特别的红火;

C 浙江传媒学院为我们架起了圆梦的桥梁,

D 有一天学业有成,我们也到电台、电视台去工作!

〔男女引领甲乙与四位在校生在舞台中央相遇,互致问候……

男 志向可嘉,追求难得,不过你们可得想好喽——

女 广电行业,都是好辛苦好辛苦好好辛苦的工作!

甲 天天值班,夜夜直播;

A 没事儿。

乙 现场采访,四处奔波;

B 可以。

男 不能生病,不敢咳嗽;

C ……争取。

女 只许出活,不许出错;

D 保证!

甲 亲人想你想得直劲发火,

乙 咫尺天涯难相见,只能在家看电视、听广播……

A 没问题!因为这是我们的追求;

B 这是我们的事业;

C 这是检验我们价值的平台;

D 这就是我们的一切!

男女 好!

甲 记住,今天你们背后有我们。

乙 我们会把自己走过的路指给你们。

甲 忐忑的时候给你们壮一壮胆,

乙 焦灼的时候向你心头伸出一片绿荫。

A 是呀,明天你们身后是我们。

B 你拉着我,我拉着他,排成雄壮的方阵。

C 奋周身力,捧一颗心,鞠躬尽瘁;

D 哨百卷书,乘万里云,向学海进军!

男 想一想老爸老妈的叮咛;

女 看一看各路精英的身影;

A、B、C、D 我们必须勤奋。

甲、乙 我们只能前进。

甲 我们应该是学院和老师的骄傲!

A 我们要做这个时代——

全体合 最杰出的传媒人!

〔音乐激昂,场上全体排成横列,向前迈进……

〔舞蹈队一列列地跟随,手中的"星星"骤然放飞……**剧终**〕

第三节 朗诵诗的音韵

按音义结合的观点,从小到大,从个别到整体,可将诗歌作品分为词、句、段和篇四个层面。这种分法,与我国传统文章学的说法基本上是一致的。王充《论衡·正说》云:"文字有意以立句,句有数以连章,章有体以成篇,篇则章句之大者也。"

古人所说文或字,相当于词;古人所说的章,相当于段、字、句、篇四个不同的层面,体现了诗文部分与整体的关系。

一、音节与词语

词是语言中能独立自由运用的最小单位,用一个音节表示的词称单音词,用两个音节表示的词称双音节词,用三个以上音节表示的词称多音节词。古代汉语以单音词为主,现代汉语以双音节词为主。汉语的形、音、义正好构成一种矛盾的统一体,一个字表示着一个音节,具有着某一种意义,这类字也就是词或词素。

文艺作品用词,既要择义,又要选音,即对音节的选择。古人讲究炼字法,要求所用的词音义俱美。清·李调元《赋话》云:"诗家以炼字为主,惟赋亦然。句中有眼,则字字轩豁呈露矣。"

选用单音节词,可从声、韵、调三方面考查。声有清浊之分,齿音细腻,喉音响亮。韵在音节中地位突出,韵头的洪细、韵腹的大小、韵尾的开闭,直接影响到音节的色调。调有平仄、曲直之分,各具声情。按意择调,平声悠长,入声急促。用功精细的作者,对音节的这些要素是很讲究的。

选用双音节或多音节词语,应注意这些字的声音关系。较重要的现象有双声、叠韵和叠音。双声叠韵和叠音在文学作品中得到了广泛的应用。前人对双声叠韵和叠音的运用做过了一些有益的探索。王国维《人间词话删稿》说:"余谓苟于词之荡漾处多用叠韵,促节处多用双声,则其链铺可诵,必有过于前人者。借世之专讲声律者,尚未悟此也。"双声叠韵之类,是汉语语音审美功能的表现,恰当地运用将给文章增加音乐之美。

双声叠韵和叠音,要与节奏配合,不要跨节奏使用,造成音感杂沓。但也不要连续用过多的双声字或叠韵字,那样会显得单调呆板。清·刘熙载《艺概·词曲概》曰:"词句中用双声叠韵字,自两字之外,不可多用……且不惟双声也,凡喉舌齿牙唇五音,俱忌单从一音连下多字。"古人所作双声诗、叠韵诗和叠音诗之类,有的只不过是一种文字游戏罢了。如:

> 莺莺燕燕春春,花花柳柳其其。
> 事事风风韵韵,娇娇嫩嫩,停停当当人人。

元·乔吉《天净沙》

汉语的同音词多,《汉语拼音词汇》(初稿)所收 20133 个词,同音词有 2100 多个,约占 10%,运用时要注意选择,特别是口语上要避免混淆,如公事、攻势、工事、公式。

象声词在汉语中较为丰富,使用它可给人以具体的音感。

轻声和儿化,在汉语中有区别词义、词性或表示词的情感的作用,口语上尤为明显。

词组或称短语,一般由多个音节构成,成语多为四字格,其音节与音节配合的关系,须注意声调和节奏。如:走马/观花、安步/当车、赴汤/蹈火、狐假/虎威、动辄/得咎、乐极/生悲、病入/膏肓,以上成语每两字为一节奏,节奏点上的字,一般平仄相异。

二、语调和句子

句子由词和词组构成,它是表达思想感情的最基本的运用单位。从语音上讲,它由一连串的音节排成纤形,说话时依次而行,其高低、快慢和轻重的变化,就形成了句子的语调。语调与声调不同,声调是音节本身具有的高低曲直之变,而语调是指整个句子音态的变化,它是依附于句子的。

不同句子的语调模式也是社会约定俗成的结果。一句话的词语意义加上它的语调才能完整地表达出这话的确切含义,所谓"听话听声,锣鼓听音"就是这意思。研究英语的学者对语调是很重视的,形成了专门的"语调学"。他们认为"重要的不仅是你说的什么,而是你怎样说",因为听话的人很注意的是

"一句话你是用带微笑的口气,还是用带冷笑的口气说的。"

语调可分为两类:意义语调和感情语调。

意义语调表示句子的表层意思,有比较固定的模式,为使用这种语言的人所共识。根据句子的表达内容一般分为四种类型:

平缓型:语调始终保持平直,多用于陈述或说明事物等,如:"听课的人都到了。"

高升型:语调由平升高,多用于疑问、反问、惊诧、召唤等,如:"人都到了?"

下降型:语调先平后降,多用于肯定、请求、感叹等,如:"我一定要去。"

曲折型:语调有波浪起伏般的变化,多用于怀疑、讽刺、委婉等,如:"我真不知道这样做对不对。"

感情语调表示这句话所具有的感情色彩,它是在意义语调的基础上加上说话人的主观感情。这种语调情况比较复杂,往往靠抑扬、轻重、快慢等多种因素起作用,它传达句子的深层含义,是艺术语言动态的表现形式,充分显示出语言的音乐性特征。同样一句话,用意义语调念和用感情语调念,其感觉是大不一样的。

要使句子声情并茂,就得对句子进行锤炼,称为"炼句"。杜甫《江上值水如海势聊短述》云:"为人性僻耽佳句,语不惊人死不休。"其中包括了音和义两方面。从音方面看,炼句时,要注重以下几项:

第一,节奏要自然优美。无论什么句子,都是由一连串有意义的音节所组成,

音节组合后既要明确地表达意义,又要念起来顺口,优美动听。除独词句外,一个句子总有若干节拍;节拍的划分应与自然语言的词语一致。如:

> 我想/我的/前身
> 原本是/有用的/梁,
> 我/活埋在/地底/多年,
> 到今朝/才得/重见天光。

> 　　　　　　　　　　　　　　　郭沫若《炉中煤》

有些多个音节的音译外来语,其节奏与汉语习惯不符,但也往往被习惯汉化,如"英特/纳雄/耐尔/就一定/要实现!"

在节奏不顺畅时,要调整字词,或增或删,使之琅琅上口。请看这个句子:

> 落霞与孤鹜齐飞,秋水共长天一色。

> 　　　　　　　　　　　　　　　王勃《滕王阁序》

第二,语调要抑扬顿挫。诗句在节奏点上,一般都是平仄交错安排;散文

和自由诗的句子,大体上也要注意声调的变化,同声调的字连续安排在一个句子里总是不悦耳的。如"春天鲜花开",全为阴平;"中华红旗扬",全为阳平;"我请你饮酒",全为上声;"快去看电视",全为去声。这些句子的语调不会有抑扬之感,因为组成句子的音节本身就无高低之别,语调的变化总是在字调的基础上进行的。现代京剧《智取威虎山》中杨子荣的唱腔有"急令飞雪化春水,迎来春天换人间"的句子,毛泽东将其中的"天"改为"色",不仅形象生动了,声调也由平变为去,使这句子的韵律优美多了。

三、音流和语段

从语言运用的角度看,只注意句子的音态还是不够的;即使都为佳句,但组合不当,也不算好诗。能完整地表达思想感情的不只是一两句话,而是由句子组成的语段,或称句群。

语段具有较为完整的语境,能独立地传情达意;与之相应的语音形式是一组组的声音序列,序列的运动,就像源源不断的流水,或起或落,或停或行,或直或曲,或快或慢,故称之为音流。诗的思想感情、气势韵味、辞采风度,都要通过音流才能充分体现出来。如:

> 秋,初秋,惆怅的秋;
> 雨,淫雨,凄迷的雨。
> 不打雷,许久不打雷了,
> 只有浓云层层淤积。
> 整个旷宇都死去了,
> 天地之间,甚至听不到一声叹息。
>
> 一堆枯萎的湿柴,
> 遮掩着一小块干涸的领地。
> 在沉沉的梦中
> 它一遍又一遍地问上帝:
> 燃烧起来,
> 用生命换取片刻辉煌?
> 还是沉寂下去
> 悄无声息地腐烂成泥?
>
> 风?
> 风!

风扑过来,掀翻湿柴的梦呓,

上帝猛吼出一声霹雳:

问谁呐? 没火性的东西,

我,就是你自己!

王国臣《上帝告诉你……》

语段是要将句子艺术地组合起来,要着重研究句与句的配合关系。其中包括:

(一)长句短句的配合

一般诗文总是长短杂用。有的段长句多,有的段短句多,有的段长短各半;但都要保持一种和谐的整体感。忽而全为长句,忽而全是短句,忽而短得一二字,突然又凑上数十字的长句,这类大起大落的异常变化,要慎重处置。诗歌常以匀称为佳,散文多靠参差见长。如:

红烛啊!

流罢! 你怎能不流呢?

请将休的脂膏,

不息地流向人间,

培出慰藉的花儿,

结成快乐的果子!

红烛啊!

你流一滴泪,灰一分心。

灰心流泪你的果,

创造光明你的因。

红烛啊!

"莫问收获,但问耕耘。"

闻一多《红烛》

不是年青的为年老的写纪念,而在达三十年中,却使我目睹许多青年的血,层层淤积起来,将我埋得不能呼吸,我只能用这样的笔墨,写几句文章,算是从泥土中挖一个小孔,自己延口残喘,这是怎样的世界呢。夜正长,路也正长,我不如忘却,不说的好罢。但我知道,即使不是我,将来总会有记起他们,再说他们的时候的。

鲁迅《为了忘却的记念》

前例为诗歌,以短句为主,句式匀称;后例为散文,以长句为主,句式参差。两例中,长短句配合自然,读来气韵顺畅。

（二）句尾四声的交错

语段中每句句尾是较长的停顿处，句尾的字尤须注意声调。如对偶句，奇句尾多用仄声，偶句尾多用平声。有韵之文，韵位多在句尾。一般诗作，句尾用字虽无定规，但原则上，还是以不同声调的字交错安排为妙。明朝王敦德《曲律》曰："平仄调停，阴阳谐和，上下引带，减一句不得，增一句不得。我本新语，而使人闻之，若是旧句，言机熟也；我本生曲，而使人歌之，容易上口，言音调也。一调之中，句句琢炼，毋令有败笔语，毋令有欺嗓音，积以成章，无遗恨矣！"这里说的是作戏曲文，但也适用于诗歌。如：

> 这是一沟绝望的死水，
> 清风吹不起半点涟漪。
> 不如多扔些破铜烂铁，
> 爽性泼你的剩菜残羹。
> 也许铜的要绿成翡翠，
> 铁罐上锈出几瓣桃花；
> 再让油腻织一层罗绮，
> 霉菌给他蒸出些云霞。
> ……

闻一多《死水》

第一段句尾字声调为上、阳、上、阳，第二段为去、阴、上、阴。其下各段句尾都是四声间用，显示了起伏跌宕之美。

（三）特殊的配合关系

有的诗作，对句子的配合作了特殊的要求。一般诗歌句尾的平仄安排，排比、对称、反复、叠句等修辞手段的运用，都构成了语段中句子关系的多种形式。如：

> 我敢说你不能不需要——
> 你是牡丹需要三片绿叶；
> 你是孔雀需要五彩羽毛；
> 你是将军需要一队战士；
> 你是老板需要有人跟包；
> 你是山大王需要喽啰兄弟；
> 你是阶下囚需要有人探监往返于大牢。
> 有一天你说活着太累，
> 两腿一蹬从这个世界上逃之夭夭。

那时候你还需要——

需要有人抬有人埋或者有人烧……

王国臣《需要》

六个排比句明白如话,上仄下平,双句押韵。构成了这一段流畅的声音形象。

四、音律和篇章

音律是指诗文在语音方面的总体规则。音律是对整个作品而言的,是各类、各部分规则的总合。写诗文要从整体着眼。一篇诗作的语音序列是全程性的,其虽可以划分成若干片断,但这些片断都只不过是表现某个方面的肢体,只有篇才是一个有机的和谐的整体,是内容和形式统一的艺术品,是文学语言音韵美的最高层面。

音律上有系统的、严密的格式和规则,从声律、韵律、节律、字句数到篇章结构,都有固定的形式。这些形式是多少年来的历史积淀而成的。

从闻一多等人提倡新诗要有"音乐的美"、"绘画的美"和"建筑的美"来讲,是格律的性质;从诗人根据内容制造格式来讲,是自由的表现。所以,新体诗既讲究格律又不固守格律,注重与我国诗歌音韵美的传统接轨,这是值得肯定的。

自由型即在音律上没有任何具体规则,作者根据表情达意的需要,可长可短,可用韵可不用韵,风行水上,自然成文。散文、杂记、论说、自由体新诗、小说等,都属此类。但没有格律要求不等于没有音韵美,只是这种音韵美的表现是随意性的,千变万化的,甚至只可意会而难以言传的。

新体诗就是作家苦用匠心,将表意的声音符号巧妙地组合起来,形成一个抑扬有致、徐疾有情、行止有节、轻重有度的艺术整体,宛如一个旋律优美的乐章。

第四节　朗诵诗的写作要领

一、培养捕捉诗歌意象的能力

诗歌意境的最小艺术结构单位是一个意象。诗歌的写作常常是从作者对生活中某个人、事、景、物、理产生了独特的诗美体验而获得的第一个意象开始的。

诗歌创作的灵感就是诗歌作者对情感能够具象化、主观情志能够文字化的一种突然顿悟和把握。无形的情绪突然有了有形的形象,抽象的观念突然有了具象,这使得诗歌作者的心理结构和语言结构有了豁然的改组更新。这种诗歌的写作灵感有短暂性、突变性和不可重复的特点。长期艰苦的文学修养和积极努力的艺术构思是诗歌写作灵感得以爆发的基础。

诗歌灵感出现后,应迅速准确地将灵感体验到的内容及时地意象化,灵感体验意象化后,应及时准确地将意象化为诗语和诗句。这就是诗歌写作"灵感——意象——语言"的三阶段。

相当多的人不能完成这三阶段的写诗过程。有的人虽有灵感体验,但未能及时地将体验化为诗歌意象;有的人在脑海里虽然形成了诗歌意象,但不能及时准确地将诗歌意象词语化、文字化,这样,一首诗仍然活跃在作者的脑海里而不能成形。因此,发现诗美、体验诗美、传达诗美是一个诗歌作者应该具备的心理结构和语言能力。

二、用新奇优美的语言传达意象

诗歌写作中用于传达诗歌意象的不是人们日常生活中熟悉的语言,而是一种新奇的精美的变形语言。初学诗歌写作最大的障碍就在于这种诗歌语言能力的贫弱。我们可以从下面几条途径来训练、提高诗歌语言的能力。

(一)精选动词

诗语在传达诗美意象时首先可做的工作是精心锤炼表现意象动态的动词。动态的意象较之静态的意象更能凝聚受众的审美注意。一个诗歌意象往往因一个优美、确切的动词而耀耀生辉。艾青的诗句:"雪落在中国的土地上,寒冷在封锁着中国呀。"阮章竞的诗句:"层层绿树重重雾,重重高山云断路。"一个"封锁",一个"断",使诗歌意象非常生动地立于纸上。

(二)嫁接词语

汉语和其他语言比较起来,它的语法最自由,词性最不固定。诗歌作者可以利用汉语的这个特点,改变某些诗句中词语的性质,使诗歌意象出现新奇、陌生的形态。台湾诗人洛夫的诗句:"左边的鞋印才下午,右边的鞋印已黄昏了。"下午、黄昏本来是表时间的名词,在这时嫁接为动词,整个意象便生动活泼起来。

(三)一词多义

小说、散文的语言一般为了避免歧义,往往只显示一种意义,而在诗歌语言里,为了制造意象的多义和内涵的丰富,却常有意创造一词多义的诗句。例如,"为人进出的门紧锁着,为狗爬出的洞敞开着",这里的"狗"明指家畜,暗指叛徒;"你又站得远远了,微笑着注视我的琴声,你会永远记住初练的琴声吗?"诗句表层讲"初练的琴声",但它的另一层含义是"初恋的情声",一个词明显地隐含着两层不同的意义,显得含蓄多情。

(四)跳跃省略

小说、散文的语言因为侧重再现意象,它的语言形态比较平实细密,讲究句与句之间清晰的纹路。诗歌语言要侧重于表现主观心灵,再加上篇幅限制,它必须借助跳跃和省略,跨跃一些过程性的叙述,省略一些小说、散文语言中必不可省的连接语和转折语,创造一种"语不接而意接"的诗歌语言,以此来引发诗歌读者丰富的自由联想。

(五)超常组合

精选动词和一词多义是尽可能发挥一个词的多重内容,跳跃省略是从增减某个词的角度来增加内涵。超常组合则是故意违反一般的语言常规,利用汉语词语多变的词性和组合关系,机智地把一些互不相关的词语嵌连成一个诗句。这种嵌连,可以是具象动词与抽象概念相接,可以是不同感官的感觉词语交错,以这种陌生的变形的诗句使诗歌意象传达出诗歌作者微妙的情感体验。臧克家《春鸟》里写的"歌声/像煞黑天上的星星/越听越灿烂"就是典型的例证。

(六)多变句法

这是在诗句的词序和句式上制造新奇陌生的手段。像徐志摩的"轻轻的我走了/正如我轻轻的来"的倒装语序,改变了正常语句形态,以陌生化的效果来表达诗歌作者的独特的内心感觉。

三、用丰富神奇的想象组合意象

诗歌作者在把意象词语化的同时,也要考虑借助想象把一个一个的意象组合为整体的诗歌意境,传达出特定的诗美体验。诗歌作者的组合意象方法因为神奇想象的介入,显得比其他文学文体的组合方法更自由、更大胆、更出其不意。许多一般人很难发现的意象之间的联系,在诗歌作者独特的主观心灵的体验下奇妙地联结组合为一个艺术结构,产生令人惊奇的诗歌意境。诗歌意象的组合方法虽然千变万化、形态各异,但作为诗歌艺术构思的基本规律和基本类型,下列几种主要的组合类型可供诗歌作者借鉴。

(一)并置式组合

邹荻帆一首题为《蕾》的诗歌这样写道:"一个年轻的笑/一股蕴藏的爱/一坛原封的酒/一个未完成的理想/一颗正待燃烧的心",诗人一口气并列排出五个意象来描绘花蕾的风姿。诗人把花蕾感觉为"笑"、"爱"、"酒"、"理想"、

"心",这是非常独特的诗美体验,当诗人将它们全部并列为一个意象系统时,具象的花蕾与一些抽象的情绪情感连接了,五种意象的并列,把一种对青春的礼赞作了突出的渲染。这种并置式组合是把表面上看来跳跃很大,一般人认为是互不相干的意象,由诗歌作者内在感情体验将它们联结起来。这种组合方式是从意象开始又结束于意象,读者几乎直接读不到诗人隐藏很深的情感,而需要透过这些并置的意象系统来细心咀嚼它的深意。这是现代朦胧诗、意象诗比较常用的组合方法。

(二)交错式组合

这种方法也要组合众多意象,但是诗歌作者有意把完全相反、互相矛盾的意象组合在一起,构成一正一反、一平一奇的意象系统,造成一种出人意料、发人深省的审美效果。这种意象组合方式在中国古诗中十分常见,"朱门酒肉臭,路有冻死骨"(杜甫),"战士军前半死生,美人帐下犹歌舞"(高适)都是典型诗例。在新诗写作中,这种组合方法也很常见。何宜陵的《变迁》这样写道:"田野上的花/被爱她的人/关进花瓶蓝色的围墙/急流中的船/被嬉戏的浪/搁置在金色的沙滩……",花长在田野与关进花瓶,船的前进与搁浅,这些矛盾的意象交错组合,给人的启迪比一般的陈述更为显豁与深刻。

(三)突反式组合

这种方法也要组合众多意象,诗歌写作者先从一个核心意象出发,围绕它组合一些层层推进的相似的意象,待诗歌意象的渲染做足后,最后推出一个相反的意象,形成先扬后抑、先虚后实的诗歌情境,而最后一个意象,才是这首诗的真正旨趣。台湾诗人郑愁予的《错误》,先放笔写了一个可爱少女在等"我"重温旧梦的三个意象,但最后一个意象,"我"只是打江南走过的"过客",这一意外把"美丽的错误"引起的哀怨情绪传染给了读者。这种组合意象的方法有其特殊的审美情趣。

四、用精美的艺术手法呈现意象

在诗歌的创作中,诗人为了把诗写得形象、生动、精炼、优美而富于艺术魅力,较之其他文学样式更重视和讲究运用修辞和艺术手法。常用的修辞和其他艺术手法,有赋、比、兴、象征、比拟、对比、排比、借代、对偶、反复、顶真、回环等。

下面,仅择修辞手法中的几种举例并加以解说。

(一)比喻和拟人

所谓比,朱熹说:"比者,以彼物比此物也。"即比喻,用一个事物来打比方,以具体、形象地说明另一个事物或道理,给读者留下深刻的印象和美感。擅用比喻,是诗人富有才华的标志。比喻主要有明喻、隐喻、借喻等。

明喻由本体(被比喻之物)、喻体(打比方之物)、比喻词(连接本体和喻体之词——"象"、"如"、"似"、"仿佛")等。它的结构方式是:甲像乙。

隐喻,又叫暗喻。这是只有本体、喻体,而没有比喻词的比喻;本体和喻体多用"是"连接。它的结构方式是:甲是乙。

借喻。这是主体和比喻词均不出现,只把喻体当做本体的比喻。它的结构方式是:借乙作甲。《悬崖边的树》中的"它似乎即将倾跌进深谷里,却又像是要展翅飞翔"是明喻。《乡愁》每节中的第二句:"乡愁是一枚小小的邮票"、"乡愁是一张窄窄的船票"、"乡愁是一方矮矮的坟墓"、"乡愁是一弯浅浅的海峡",均是隐喻。《老马》中的老马,借老马当做旧中国劳苦大众,是借喻。

拟人、拟物谓之"比拟"。这里仅说拟人。凭借想象力,将物当做有思想、有性格、有情态行动的人来写,使之形象鲜明、生动。这样的修辞手法是谓拟人。

《悬崖边的树》中的第二节:"它倾听远处森林的喧哗,和深谷中小溪的歌唱,它孤独地站在那里,显得寂寞而又倔强。"这是把树当人来写,属拟人的修辞手法。

(二)对比和对偶

对比,是将两种互相对立的事物,或者同一事物的不同侧面进行对照、比较,从而使对立的事物或同一事物的不同侧面的特点表现得鲜明、突出,给读者留下深刻的印象的艺术手法。如下例:

> 可能,我是一粒小小的种子,
> 谁敢说来日不能长成参天的松柏?
> 可能,我是一个小小的胚胎,
> 谁敢说来日不能长成巍峨的骆驼?

通过小小的"种子"、"胚胎"跟高大的"松柏"、"骆驼"这样的对比,就把诗人"这大千世界里,毕竟还有一个小小的我"的思想感情鲜明突出地表现出来了。

对偶,是把字数相等或大致相等、结构相同或大致相同的一对语句并列在一起,以表达相近、相对或相同的意思的一种修辞手法。运用这种手法,能使诗句的意思互相补充,互为映衬,读来悦耳、富于节奏感,且易记易诵。

《想敲门》中的"想她猜透,怕她猜透";《桂林山水歌》中的"画中画,漓江照我身千影,歌中歌山山应我响回声",均是对偶。

(三)排比和反复

排比,是把内容相关、结构相似、语气一致的三个或三个以上的语句排列起来,以表达诗人复杂、急切的情感,并增强语言的气势和风味的一种修辞手法。

反复则是一种把一个词语或句子重复使用,以达到突出思想,强调感情,增强音律节奏的修辞手法。反复的格式有两种:

间隔反复——同一词语句子反复出现,但中间隔着别的词句。

连续反复——同一词语或句子在诗中连续重复出现。

《乡愁》全诗共四节,每节的内容相关,每节四句的句子结构相似,而且语气一致,是排比;而每节的后两句分别为"我在这头,母亲在那头";"我在这头,新娘在那头";"我在外头,母亲在里头";"我在这头,大陆在那头";句子中间都隔着别的词句,是间隔反复。整首诗的艺术表现手法是排比兼反复再套比喻(隐喻),将"乡愁"表现得淋漓尽致。《想敲门》的第一节:"想敲门,心颤抖,想回去,脚不走,呆呆站在这门口,很久,很久……",其中的后两句"很久,很久"是连续反复。

(四)夸张和借代

夸张是借助想象、幻想,为了突出客观事物、现象,或诗人抒发的炽热感情,特意对其某方面的特征作夸大或缩小,使之鲜明、突出,给读者留下强烈印象的一种修辞方法。

借代则是一种借用与本体事物有密切关系的别的事物来代称本体事物,使本体事物具体、形象、生动的修辞方法。

在《桂林山水歌》中,"江山多娇人多情,使我白发永不生,对比江山人自豪,使我青春永不老……"均是夸张。而这首诗中的"鸡笼山一唱屏风开,绿水白帆红旗来!"诗人要表现的本体事物是"船","白帆"则是与"船"有密切关系的事物,这是借代。

范例:[朗诵诗]

我曾经有过家

王国臣

我曾经有过家。
真的,
家里有爸爸,有妈妈,
还有我心爱的布娃娃。
可是,
不知道为什么,

在我六岁的时候，
爸爸有了爸爸的家，
妈妈有了妈妈的家，
我的家却没了，
陪伴我的只剩下这个布娃娃。

走吧，从张家走到李家，
大人说那叫寄人篱下；
走吧，从城市走到乡村，
书上说那叫浪迹天涯。

爬上垃圾箱以为爬上了爸爸的肩背；
睡进茅草垛只当依偎着慈爱的妈妈；
小狗来咬我大概是因为占了它的窝；
老人来叫我心疼地撵我快回家……
回家？
……走吧，
拖着孤零零的身影，
走过了八个冬夏。

我实在太累啦。
我越走越害怕。
无奈而又无望地拨通了110电话，
没想到，
在电话那头儿找到了一个家！
叔叔阿姨们把我接到驻地，
用全部努力让我体会什么是"家"。
所有的叔叔，
都是我没有血缘的爸爸；
所有的阿姨，
都是我没有见过的妈妈；
所有的可能他们早有准备；
所有的需要都不用我说话。
三天时间，

让我补偿了八年欠缺的温暖。
几十米的空间，
让我了解了九百六十万平方公里天下。

今天我盼出头儿啦，
盼来了好心收养我的姑妈。
临别之际，
我要告诉准备收养我的叔叔：
我将在你们的关爱中长大。
临别之际，
我要请求照顾我的阿姨：
允许我吧，
允许我叫你一声……妈妈？
（跪倒在地）——妈——妈！

第十章　综艺节目策划方案写作

　　电视综艺晚会策划方案的写作是一项综合性的劳动。它要求写作者既要熟悉电视综艺晚会的生产和运作的技术性和艺术性环节，又要熟悉策划过程，掌握策划要点；同时，还要有提炼思想、升华创意和较强的文字表达、话语煽动能力。

　　若想写出、写好电视综艺晚会策划方案，写作者首先必须加入到策划过程的所有活动中去，而且，在策划活动中，策划组织者必须全身心投入其中，去听、去记、去提问、去思考、去表达、去调动，否则是很难写出优秀的、高命中率的策划方案的。

　　其次，策划方案的写作者还应清楚策划方案是写给谁的。写给谁是一个很大的问题，它直接关涉到策划方案的命中率问题。比如，写给高层决策者的方案就应与写给编导、广告客户的策划方案有所区别。就是写给编导和广告客户的策划方案也不应一样，编导可能关心节目的内容、风格、形式、氛围，而广告客户除了那些文艺界出身的客户外，恐怕他们关心得更多的只有晚会的热点与活动或节目的卖点，也就是最后的收视率问题。因此，策划书的表述重点和表述方式都会有所不同。

　　最后，策划方案的写作者更应该清楚一个完整的方案应包括哪些主要内容。迄今为止对于方案的主要内容，还没有统一的规定，甚至连策划方案的范本都找不到，一些商业策划，道理虽然与晚会策划大同小异，但文本却无法直接借鉴。因此，目前的电视综艺晚会的策划方案写作者都是在摸石头过河。这里，根据我们以往的实践，总结一个大体的思路与格式。

一、确定主题思想

　　撰写策划方案，撰稿人首先要为晚会确定一个明确的主题。在这个主题的统帅下，用富有艺术感染力的节目设计和展现形式。实践证明，凡是能充分体现主题的就成功,凡是跑了题的就失败,表现不充分的就显得平淡。主题就是晚会的基调和灵魂,它的确定不是个人的随意性,而是要经过广泛的听取观众和专家的意见,既要有独特的艺术追求,又要把晚会放在宏观的时代背景上去立意深化。

例如,我以浙江传媒学院科研机构"王国臣创作室"的名义承办杭州经济技术开发区成立15周年庆典晚会,其初步策划方案开篇就是这样的——

指导思想

以党的"十七大"精神为指南,以贯彻杭州市打造"生活品质之城"战略为动力,以加快开发区建区到造城战略转变为主线,以深化"三大战略"、着力打造"下沙创造"和"文化下沙"两张金名片为目标。积极营造纪念建区15周年"迎大庆,促发展"的浓厚氛围,更好地展现开发区新一轮发展的蓬勃生机和活力,展示开发区15年发展的特色和成果,弘扬开发区人的创业精神,激发和凝聚全区干部群众投身下沙新城建设的热情,从而为开发区的创新、创优、创强作出更大的努力和贡献。

传承精神、激发斗志、展示成就、推进发展——这,就是我们举办这场大型庆典晚会的目的和意义。

杭州经济技术开发区位于西湖东邻、钱塘江畔,于1993年春季由国务院批准为国家级开发区。15年的发展历程,是开发区人艰苦创业、敢于拼搏精神的集中体现。开发区对未来确立了明确的发展思路和发展目标,下沙将作为一座集现代化、人文化、国际化、生态化、多功能、多元化的新城屹立于钱塘江畔,成为杭州市乃至全国的亮点。办好这场晚会,首先需要凸现"三大定位"(先进制造业基地、新世纪大学城、生态型花园式城市副中心);其次需要展现三大特色(寻历史记忆、品活力新城、绘发展蓝图),全面描绘开发区未来发展的区域规划、产业导向和政策意图,提升开发区的核心竞争力,增强创业者和投资者的信心。

以这些背景作为主题思考,既要体现开发区的地理位置,又要打出一个响亮的招牌,故此,我们初步拟订了一些备选的主题:

《杭州有座下沙城》

《下沙告诉你》

《春满钱塘　畅想下沙》

再如:2005年暑假期间,我帮原单位筹办"黑龙江广播60年庆典大型电视晚会《相约到永远》"时,策划方案的开篇是这样写的:

到 2005 年 8 月 20 日,黑龙江广播已经走过了 60 年风雨历程。

全国第二家,省级头一份,从大军南下、解放战争,到北大荒开发建设,再到振兴东北老工业基地,黑龙江几代广播人一直伴随中华民族的脉搏、追随共和国的脚步,创造前人所无,倾尽自己所有,用一切力所能及的方式奉献忠诚、才智、热情、爱心、青春乃至整个生命,留下了无数可圈可点的业绩,可歌可泣的故事……

回顾历史,继承传统,总结经验,展示阵容,张扬追求,拓展沟通,强化广播人自身的自豪与敬业,争得社会各界更大的支持与更广泛的认同——这,就是我们举办"黑龙江广播 60 年庆典大型电视晚会"的目的与宗旨。

黑龙江广播已然同广大听众相伴 60 年,出于继续为党和人民担当喉舌、恒长久远地为听众服务的志愿,晚会初步拟题为《相约到永远》。长度为 90 分钟,模拟直播(用现场直播的状态录像,剪辑制作后播出)。2005 年 8 月 20 日(周六)晚间黄金时段在龙江卫视首播,次日白天起,在省市文艺频道安排两三次重播。此外(通过事先联系),争取 8 月底之前在央视三套播出。

晚会的内部结构,沿着"回顾过去"、"展示现在"、"展望未来"的思路,构成"篇章式"版块;晚会的外部形式,应在综合艺术手段包装、点缀之下,凸显语言节目。

广播的特点之一,就是"久闻其声,未见其形"。既然是用电视手段展现广播的历史与现状,那就应该注重形象性和形式感——将广播电台"用大马车拉着大喇叭"的早期现场直播图片,各个时期的广播和收听器材,新闻奖、广播剧和"金话筒"奖杯以及早期播音间和现在的直播间等等,融入舞美、搬上舞台。根据这个思路,可以考虑在演播现场设置三个景区:左侧 A 区为过去的"播音间",用当时的图片和器材构成;右侧 C 区为现在的"直播间",属现实状态的模拟再现;中间较大的 B 区,是一个用放大变形的奖杯、话筒做标志性符号,使用可变景或"积木景"调整改换具体时空环境,灯光色彩丰富多变的舞台。

各类广播节目的最终呈现,统统离不开播音员、主持人,我们有足够的播报形式和人力资源,故此本场晚会的串联形式,坚决不用两个(或多个)主持人站在台上去说什么"接下来"、"下一个",完全可以用两侧"播音间"的"节目进行状态"和中间舞台上的故事、朗诵诗来串联、"缝合"。

演员阵容以"本系统"和"本地"为主,外请名人一定要跟黑龙江广播有"因为所以";"直接互动"是广播的突出特色与优势,在晚会中要充分体现——从"老广播"、参与者和听众中选择典型代表,请真人到场,用真事说话,以真情感人。

总之,在策划创作一台综合文艺节目时,首先要考虑的是为这台节目确定一个明确的主题。只有确定了这台晚会的主题之后,才能考虑整台节目的构思。

二、概述整体构想与呈现形态

晚会的总体构思是在创意的指导下进行的,着眼于选用的主体形象和艺术风格上的追求。比如,《纪念毛泽东同志诞辰一百周年大型文艺晚会》的艺术构思是这样的:晚会在艺术表现上,是象征的、写意的,而不是口号式的图解和写实性的再现,是诗意的概括而不是编年史的排列。在总的艺术风格的追求和把握上,作为这台晚会的策划,应重点把握以下几点:(1)要有崇高的格调和境界;(2)要有新意和时代感;(3)要富有艺术魅力和浪漫气息。

再如,《纪念抗日战争和反法西斯战争胜利50周年大型文艺晚会》的总体构思是这样表述的:(1)晚会从表现世界和平民主力量和人类进步事业的高度,将中国抗日战争与世界反法西斯战争有机地结合起来,以大写意的笔触,反映中国抗日战争胜利与世界反法西斯战争胜利的伟大历史意义。(2)晚会采用"音诗"形式。总标题为《光明赞》。总体结构为《记忆》、《血印》、《丰碑》、《光明》四个乐章。(3)从表现主题思想的需要出发,晚会选用部分在群众中有广泛影响的抗战歌曲和当代创作的被列为"20世纪的经典"的舞蹈,并选用世界反法西斯战争时期有代表意义的音乐作品为素材,进行加工、创作,以保证晚会的高品位、高水平,同时,力求雅俗共赏。(4)为展示中国抗日战争的宏伟气势、增强纪念气氛,晚会将以强大的演员阵容,充分调动音乐、舞蹈、杂技、武术、舞美、灯光、音响等艺术表现手段,同时邀请抗战时期老战士、有代表性的老艺术家、三军仪仗队和百名少先队员联袂登台,并在关键场次的重要部位设置画外音串场和现场朗诵,以深入揭露日本帝国主义的侵略罪行,扩展主题思想的内涵,加强感染力。

再举两个具体的例子——其一是杭州经济技术开发区成立15周年庆典晚会初步策划方案的相关部分:

> 在杭州版图上,面朝钱塘江的下沙地形酷似一艘巨轮的船头。这个意念,将统领我们这场晚会舞美的整体形式和主题意向。
>
> 初步拟订在杭电体育馆内坐北朝南搭舞台,最高处利用现有的LED屏(40平米,小些,但清晰度很高),向前稍低处两侧再置放两块更大些的

显示屏,与顶部的 LED 屏成"品"字型格局,包装成抽象的"风帆"造型,主要用于插播下沙风光、新貌、史料影像图片,配合节目主题、氛围的背景图案等。

整个舞台将由基础台、(基础台两侧)辅台、(基础台上方)三层平台(从低到高,称为二级、三级、四级平台)构成,基础台正中前端的"船头"要越过球场的中线,为大型歌舞的主要表演区;两侧辅台相当于"航母的延伸甲板",主要用于"表彰展示",以放大的奖杯、奖状模型为背景,让披红戴花的开发区功臣和获奖企事业单位代表站列两侧;二级平台可以前后伸缩;三级平台上设置可以横移的滚动传送带(用于上、下乐队和造型表演);四级平台上设一处可以托起两位歌手的升降台(升起后呈"桅杆"状)。

利用舞台后部两侧的坐席,设置辅助表演区——使用鲜花、彩扇、色板等手持道具,摆出"下沙记忆"、"活力新城"、"钱塘梦想"之类的篇章主题词;放下道具,全体起立,就是一支几百人的合唱队。

舞台两侧至前端的弓形,用水、灯光和冷焰火做一条"写意钱江",可以"波光粼粼",可以"激情奔涌",也可以腾起"钱塘大潮"!

其二是浙江传媒学院建校 30 周年庆典晚会策划方案中的相关部分:

舞美要求:舞台设计要融入多元化的内容,结合晚会背景、主题,在舞美设计上要有层次纵伸感。要在运用现代先进的新光电、新视听的设计元素的同时,融入传统元素。可运用彩幕线条来构筑胶片感。运用多媒体视频技术,通过 LED 展示我校的历史和特色。

舞台元素构成中要考虑尽可能多的展现传媒特色。舞台直观图具有能体现传媒建校三十周年校庆内容的构成元素,运用变形的 30 的大写字符做 LOGO,呈现在舞台美术上,基础台运用鸽子的变形,并结合彩幕灯光的效果呈现。

舞台分为表演区、主持区和访谈区三个区域。主持区分设在舞台左右两侧。左侧为旋转舞台。旋转舞台被景片分隔为两个部分,一部分为主持区,另一部分为固定访谈区。访谈区背景用旧照片等传媒特色元素作为装饰。

演出区运用 LED 和彩幕布景。舞台前方上空悬挂升级式幕布。幕布两侧装有 LED,可让现场观众看见开场前幕布拉起前播放的宣传片。开场后,中间的主 LED 做 VCR 和特效,两侧 LED 切换晚会现场和出字幕。

片头设计:(情景动画 3 分钟)以校标中的鸽子飞跃几个校址为牵引线索,融合河流、船、校址动画模型、发射塔、旧相册等象征元素。

一条河流穿越我校四个历史时期的五个学校校园动画模型,以一艘船由河流间始航,帆上印有校标的鸽子复活,振翅而飞,飞至我校的第一个校址——万市的一座发射塔内,在塔内发现了一本旧相册。相册被翻起,78 届的毕业照呈现。鸽子再飞向勾庄金家渡的校址,在里面发现一本旧相册。相册被翻开,79～82 届的毕业照呈现,鸽子再飞向舟山东路的两所校址,在里面发现一本旧相册。相册被翻开,82 届～00 届的毕业照呈现,最后鸽子再飞到下沙现在的学校,在里面发现一本旧相册。相册被翻开,00 届～08 届的毕业照呈现,定格在一张我校演播楼的照片上。

照片从平面渐渐立体化,引入现实空间,鸽子飞入演播厅现场,掀起演播厅现场幕布……

三、描述具体节目设计

节目设计的描述是策划方案的主体,是其"血肉"。通过策划方案的描述,要让决策人或者合作者知道你设计的具体节目"什么样",怎么做,有什么意义和作用。请看浙江传媒学院建校 30 周年庆典晚会方案中的描述——

节目构想:

(1)引子:大型开场歌舞《生日礼赞》(5 分钟)

音乐以《生日歌》为动机,进行改编、变奏,融合多种音乐元素进行编曲,从而使舞蹈元素可以采用多元化形式展现。情绪层次结构由舒缓递推向喜庆。情感结构由温馨递推向欢腾。

节目结构以过生日、庆祝生日为线索。在开场时舒缓的音乐背景中一个巨大的"生日蛋糕"被推上舞台,一个穿红色衣服的女孩子站在蛋糕上如八音盒上的小木偶般缓缓起舞。之后舞蹈随音乐不断节奏变化,将现场情绪调动起来推向高潮。冷焰火起。主持人出场。

主持人从"蛋糕"里推门而出,每位主持人手中各拿一份送给母校的有特殊意义的生日礼物出场。每个人在自我介绍的同时,以送给母校的生日礼物为引子展开话题。

(2)大型情景诗朗诵《情系母校》(5 分钟)

以改革开放 30 周年、恢复高考 30 周年等大事件为宏观背景。结合教育体制改革的不断深入,中国传媒行业 30 年来的飞速发展。以我校发展历史为叙事背景,叙述线索围绕学校创建者立校的初衷、立校之初的办学精神宗旨、办学目标、人才培养目标、各阶段学校的发展特点等方面内容。

（3）现代舞组合（约 6 分钟）

选编音乐，将学生喜爱的充满青春气息的街舞、现代舞、韵律操穿插编织，用一组扛着摄像机（道具）到处采录画面的舞蹈演员贯穿，由校内外学生表演，进一步强化欢乐气氛。

VCR1：三十年发展史的回顾＋领导寄语（30 秒）

（4）老歌联唱《青春纪念册》（8 分钟）

以我校各特定发展时期校园中所流行着的老歌为串联，用当时耳熟能详的老歌营造回忆的氛围，勾起老校友们心中关于当时校园生活的记忆。

访谈一（8 分钟）

访谈对象：建校初期的各个"第一"——第一任书记、校长，第一批教师，第一届毕业生……

访谈关键点：1. 立校初衷，办校宗旨。浅谈当时的社会环境、所遇到过的难题。2. 各阶段学校的规模，如硬件设施条件，对学校的建设规划。3. 各阶段学科建设和校园文化建设的特点。

（5）外校祝贺节目（歌舞或戏曲类，5 分钟）

（6）大型情景诗朗诵《星空》（5 分钟）

星空，对于建校 30 周年的浙江传媒学院来说意义有四层：一为我们学校是一个培养传媒人的摇篮、港湾；二为活跃在一线媒体的明星校友；三为在教育培养未来的明星校友而辛勤工作的学院教师；四为正在蓄势待发的当代传媒学子，寄寓传媒的未来将更加美好。

……

再看杭州经济技术开发区成立 15 周年庆典晚会初步策划方案关于节目设计的描述：

晚会节目要以开发区（含"大学城"）自创和浙江、杭州地域内自选为主（约占 2/3）；外请明星也要力争"为我所用"（约占 1/3），充分体现主题性、创造性、区域个性，在制造"轰动效应"的同时，顾及长远文化建设的涵养性与号召力。具体构想如下——

序幕：（节目 1）《我们的作品我们的家》（原创组合）

全场灯暗，响起闷雷般的潮涌音响，随即三块大屏现出（资料影像）钱塘大潮，伴着越来越强的音响，犹如万马千军奔腾呼啸而来……

　　唢呐齐鸣;追光中现出三大六小九面"渔鼓",鼓声如进发号令、如前行脚步、如千帆竞流、如惊涛拍岸……

　　灯光打亮硕大的基础台,台面上预置24个半人多高的红白相间的"路标桩";两队轮滑队员身着卡丁标志性服装,人手一旗——"西门子"、"东芝"、"康来特"、"娃哈哈","中国计量"、"理工大学""警官学院"、"传媒学院"……鱼贯而出,在"路标桩"之间曲折穿行,腾跳旋转……

　　鼓声骤停;轮滑队撤出;大屏上渐显新绿、新苗、新路、新楼……

　　响起优雅的抒情音乐——乐声来自三级平台上设置的滚动传送带送上来的乐队:钢琴与提琴协奏。

　　乐曲声中,"路标桩"突然绽放开来,现出24位健美的少女,"脱颖而出",昂扬挺拔,翩翩起舞(现代舞)……

　　区歌曲作者、下沙高校教师匡镇从钢琴边起身,开发区企业歌手王巧芬从乐手中走出,二人开始演唱《我们的作品我们的家》;歌至合唱处,两侧合唱队起立,600人齐声放歌:"下沙——下沙——/活力新城和谐下沙/下沙——下沙——/我们的作品我们的家……"

　　大屏幕快速闪现开发区处处景观……叠出晚会题目。

　　乐舞大作,舞台两侧和前端"钱江奔涌"……

　　歌舞演员造型;6位主持人出场——(开宗明义)

　　第一篇章:《下沙记忆》(具体节目略)

　　第二篇章:《活力新城》(具体节目略)

　　第三篇章:《钱塘梦想》(具体节目略)……

　　编导在构思一台综合文艺晚会时,要注意晚会整体形象的魅力和价值。对构成晚会整体形象的各个节目的选择必须符合双重标准:一是要具有有机整体性。所谓有机整体性,是指节目不但在风格和样式上与整体的节目相谐调,在内容上也要为塑造晚会的整体形象服务,因为它是一个具有内在联系和不可缺少的环节。二是要显示出节目独特的风采。所谓节目的独特风采,则是要求它的内容与形式相统一,并以其新鲜、活泼的特点确立自身的艺术价值。

　　总结一下:撰写策划方案的内容基本上包括下面这些:

　　(1)指明举办这台晚会的意义,这与指导思想相辅相成;

　　(2)确定节目的内容和形式以及艺术风格上的追求和把握;

　　(3)对灯光、音响、舞美和主持人的串联要求以及特殊的处理;

　　(4)通过节目构成、现场气氛、演员阵容的概述来体现晚会的基调和格调;

　　(5)用简洁生动的语言描述节目,注意"可视性"和可操作性;

　　(6)方案还应该包括筹办步骤和经费概算。

范例之一：(综艺晚会日常节目策划方案全文)

黑龙江省"专家晚会"初步设计方案

在新千年新世纪初叶,在中国共产党成立80周年之际,在"五一"国际劳动节期间,推出一台展示我们黑龙江专家队伍风采、业绩的大型电视文艺晚会,将是一个创意新、立意高、历史意义深远的举措。故此,特做如下初步设计——

一、宗旨与主题

诠释"科学技术是生产力",知识分子是具有创造性的劳动者,人才是富民强省、振兴中华的中坚力量与宝贵财富;讴歌在党和政府的领导下,我省各行各界拔尖人才的突出贡献和卓越成就;呼吁全社会尊重知识,尊重知识分子,为科教兴省、科教兴国鸣锣开道,擂鼓助威。晚会初步拟题为《地北星光》。

二、内容与格局

整场晚会突出"专家"、强调"展示"——展示的是专家(人物、成果、业绩);由专家来展示(无论"说"、"唱"、"演"、"谈",出场的全是"家");请真人到场,用真迹说话,以真情感人。

三、形式与手段

为了多侧面地进行展示,这场晚会除了歌、舞、乐、诗、小品、戏曲演唱等艺术形式之外,还要采用一些微型电视散文、电视故事等手段,使之丰富多彩、声情并茂。内外景结合,录播;晚会长度以60分钟为宜。

四、筹办步骤

如能在2月下旬立项,可分如下几步走——(1)先用一周时间策划,搜集资料,选定拟展示的内容、人物,设计总体的布局与呈现角度;(2)组织主创人员用三周时间采访、体验,拍摄外景(插画面用的);(3)集中两周时间创作、修改、加工作品;(4)用两周时间完成呈现阶段(录音、排练、制景、电视散文或电视故事拍摄制作等);(5)4月22日(星期日)演播厅现场录像,此后一周编辑合成,4月29日(星期日)黄金时间首播。

五、经费概算

30万可为(能办下来,完成宣传展示任务);50万最好(能保证出场的主要演员都是全国知名的艺术家);请有关领导酌定。无论定多少,需立项后一次到位,因为剧组要据此"看菜吃饭,量体裁衣"。

2001年2月13日

范例之二:(综艺栏目策划方案全文)

《水乡大舞台》栏目策划方案

栏目名称:水乡大舞台

栏目时长:45 分钟/期

播出状态:日播节目

栏目类别:综艺类

栏目简介:

"水乡"乃江南别称,既有地域特色,又有农村意向。《水乡大舞台》就是我们为农业、农村、农民献上的一档文化娱乐节目。它以歌舞、戏曲、小品、杂技等综合艺术形式,展现我们浙江新农村、新生活、新风尚。推进社会主义精神文明建设,同时为继承和发扬中华民族优秀文化遗产开通渠道,为创建"文化大省"、"和谐社会"、"平安浙江"构建平台。

栏目定位:

目光向下,面向县、区、乡、镇;服务"三农":农业、农村、农民。以文化、艺术、娱乐形式,描绘青山绿水之间的欣欣向荣景象,讴歌农村改革开放以来的新人、新事、新气象,新风、新貌、新状态。

栏目样式:开设"日常版"和"特别版"

日常版设置以下小栏目:

《南腔北调唱家乡》以歌曲、戏曲等咏唱形式,表现农民爱祖国、爱家乡的情怀;(可以自行录制也可以引用东西南北外来素材)

《家长里短》用相声、小品等语言类节目形式,表现风土人情、伦理道德、生活情趣;(素材引用)

《乡野绝技》魔术、杂技、民间艺术绝活。(素材引用)

《乐死你不偿命》中外幽默笑话。(素材引用)

《农家状元》通过歌曲、戏曲、书法、绘画等各类比赛产生的,从农家走出来的群众文化能人;在农民中开展带有文化色彩的比拼活动(如剪纸、茶艺)。(自行拍摄)

特别版设置两项专栏:

其一:《我家门前唱大戏》以专业文艺团体下乡送戏或各地群众文艺骨干组台演出构成的综艺晚会;

其二:《四季花仙子》依据不同季节、地域文化特征,通过"说(夸家乡、夸行业)、学(各种表演)、做(手工艺)、唱(歌曲、戏曲)",从农村少女中评比出"桃花仙子"、"荷花仙子"、"菊花仙子"、"桂花仙子"。通过"四季花仙子"的评比,逐步培育一个文化娱乐类的大型赛事形式。

节目形态:

舞美背景:农村风光

现场环境:"农家小院"

主持人:身着略带戏剧化的农村服饰(蜡染的印花对襟小褂、布鞋之类),以聊家常的形式用串联词娓娓道来。

待条件允许时,设现场观众形成互动。

栏目呼号:富足和谐农家乐,青山绿水大舞台。

(此方案由王国臣为浙江电视台公共新农村频道设计,已实施)

第十一章 综艺晚会串联脚本创作

串联脚本是综艺晚会的重要组成部分,它不但能起提纲挈领、画龙点睛、锦上添花的作用,而且能完善难以用节目直接体现的内容,使得晚会主题更完整,气氛更浓郁,效果更强烈。

综艺晚会的文学台本,是表明创作意图、交代晚会背景和性质、强化晚会艺术效果的一种语言形态。它用文学的笔法和形象的思维渲染情绪,深化主题,表达节目画面难以表达的主旨和意境,引领观众理解与欣赏,并沉浸到节目的艺术氛围中,获得更高的愉悦和审美享受。文学台本不是一般的文字解说或诠释。它是一种充满激情的文学创作,有着特定要求的文学样式,文字简约,要言不繁。既有思想容量在内,又有文学形象色彩。其质量的高下,在一定程度上体现着综艺节目的文化品位、文学品格。

按开头、中间串联、结尾三部分,介绍一些常用笔法。

第一节 开头常见样式

晚会开场的第一段主持词非常重要,它是晚会给观众的"第一印象",必须下大气力反复揣摩,写得既精炼又精彩。纵观以往的晚会节目,开头常用的语言组织手段主要有"开宗明义"、"借题发挥"、"先声夺人"三种。分述——

一、"开宗明义"式

主持人向观众表示问候、打完招呼之后,直接阐述这场晚会的缘由、宗旨、目的。例一:(黑龙江电视台庆祝中国共产党建党八十周年大型文艺晚会开场)

主持人 现场和电视机前的观众朋友们,大家好! 火红的七月,饱融着历史的记忆;七月的火红,来自一面旗帜的辉映。自从 1921 年 7 月 1

日中国共产党宣告诞生,炎黄子孙便在红旗下开始了改天换地的斗争。80 年后的今天,青山绿水唱伟大,朗朗乾坤写光荣。您现在收看的是黑龙江电视台举办的庆祝中国共产党建党 80 周年大型文艺晚会《红旗颂》!

例二:(杭州下沙高教园区首届文化艺术节巡回演出开场)

[开场铃……场灯暗;在全场观众的热烈掌声中,大幕徐徐拉开——台上已经摆好了杭师院民乐队,指挥出场,挥手起乐——[节目(1)民乐合奏《狂欢之夜》 演出:杭州师范学院。]

[演奏结束,关大幕,撤台……]

[四位主持人登场,横列于大幕前舞台中央——]

A 各位领导:

B 各位嘉宾:

C 各位老师:

D 各位同学:

合 晚——上——好——!

A 平平常常的日子,为什么变成众人瞩目的庆典?

B 因为文化艺术节降临下沙高教园区的大学校园。

C 平平常常的日子,为什么歌飞花笑、锣鼓喧天?

D 因为数万学子用缤纷的技艺凝聚起青春的光焰。

A 当平常的日子变成节日,心田喷出不尽的喜悦,激情澎湃!

B 当平常的日子变成节日,师生涌上展示的舞台,歌舞翩跹!

C 下沙高教园区首届文化艺术节巡回演出已经开始啦!

D 刚才杭州师范学院的民乐合奏已经宣布了今夜的狂欢!

A 接下来请欣赏中国计量学院表演的健美操——

B 缤纷。

C 凝聚。

D 青春。

合 尽在其间!

[主持人下,大幕拉开,现出已摆好造型的演员……]

二、"借题发挥"式

晚会开始,主持人从当下的气候说起、从现场气氛说起、从人所共知的近期热点(比如"奥运"、"地震"之类)说起,引到本场节目上。这样可以有一个吸引观众注意力、调动观众热情的过程。

例一：(黑龙江电视台专题晚会《祖国的春天》开场)

　　　　[铃响……升光——,现出坐在台上的 A、B 二位主持人;
　　　　A 为老年人,B 为十来岁小朋友。

A　春来了? 春天在哪里?
B　要我说,春天在蓝天鸽哨里,
　　鸽哨一响,到处都是春的消息。
A　要我说,春天在你的书包里,
　　背起来一阵疯跑,颠响了春的旋律。
B　要我说,春天在您的手杖里,
　　挂着它跟在我后面,您追赶春的足迹。
A　我的春天在你的影子里。
B　我的春天在您的目光里。
A　那么祖国的春天呢? ——它在哪儿?
B　祖国的春天……在我们大家心里。
A　对呀,我们心中春光明媚,祖国才会充满生机!
B　请观众朋友们欣赏我们的晚会——
A　《祖国的春天》!

例二：(黑龙江电视台专题文艺晚会《七彩铺路石》开场)

　　　　[演播厅观众场面……
　　　　[叠字幕。专题文艺晚会《七彩铺路石》
　　　　[表演区全景——]
　　　　[舞蹈音乐起,节目①现代舞]
　　　　[字幕:养路工迪士科]
　　　　[在舞蹈表演过程中,叠插以下字幕——
　　　　"谁人不行路? 路须有人护。在黑龙江省四万公里国有公路上,有一群兢兢业业的人们天天养护,年年辛劳。一人一公里,一守一辈子。默默奉献,日复一日,他们本身就是铺路石……"
　　　　[舞蹈在高潮中戛然而止,造型。
　　　　[热烈鼓掌的现场观众……
　　　　[主持人王艳萍(右侧景区前)特写——
　　　　[字幕:主持人艳萍]
王艳萍　观众朋友们,大家好!

〔镜头渐次拉开,现出立于王艳萍身边的王刚——

王艳萍　看过电视剧《夜幕下的哈尔滨》的观众,一定还记着剧中那位"说书人",那就是此刻站在我身边的王刚。今天他出席我们的晚会现场不是来"说书",而是应邀担当这场节目的嘉宾主持。让我们对他的到来表示欢迎和感谢!"

〔王刚特写——

〔字幕:嘉宾主持王刚

王　刚　很高兴应黑龙江电视台之约,来为黑土地上的父老乡亲当一回嘉宾主持。特别值得一提的是,这场节目是为养路工人搞的专题晚会,作为部队文艺工作者,我常年天南地北到处跑,跑得最多的是公路,能为养护公路的人们做点贡献是我的心愿和荣誉。请允许我代表我的战友们向黑龙江省乃至全国的养路员工表示由衷的敬意!

王艳萍　王刚啊,你经得多见得广,又经常参与中央台的大型晚会节目的主持和演出,能不能谈谈对我们这场晚会舞美的印象?

王　刚　这堂景很有点意思——,(以下镜头随之"图解")我觉得后边横贯天幕这道彩虹可以看做巨大的拱桥或者弯曲延伸的路,两侧浪涛状的是回旋的路,中间耸立的丰碑是笔直的通天大路。不管弯路曲路直路旋路,路上的路,路下的路。路前的路,路后的路,都是养路工人日夜守护的公路,都是全国人民心中的社会主义康庄路!

王艳萍　说得好!(带动掌声)为了树立行业形象、提高养路员工的社会地位,弘扬艰苦奋斗、无私奉献的敬业精神,有关主管部门决定自 1994 年起,将 6 月 19 日确立为"黑龙江省养路工人节"。现在,我们请省公路局党委书记张文明和全国劳模、道班长付洪亮,为我省建国以来第一个养路工人节剪彩、升节徽!

〔"节徽"事先置于"彩虹"与"丰碑"之间的最高层平台上。徽上覆盖红绸,二位领导在音乐声中登台将红绸揭开(四位礼仪小姐接下),抬手示意,电动吊杆将节徽缓缓升起——

〔升徽过程中起前奏,节目②《我的路》

〔字幕:歌曲《我的路》

作词　张藜

作曲　肖白

演唱　孙国庆

〔孙国庆事先坐在观众席第三排中间,此时起座,以观众为背景开始演唱……〕

三、"先声夺人"式

这种笔法的开头有些难度,难就难在主持人必须有些表演功底,特别是语言上要有些造诣。例如东北三省联办春节晚会,轮流坐庄,到黑龙江这儿已经是第三家了,需要交代的事情很多,然而一开场就集中交代势必冷了现场、压了气氛。怎么办? 只好玩点语言艺术,用些曲艺"贯口"卖功夫,热场子、造气氛、调动情绪。请看例一:

〔字幕:主持人王艳萍(黑龙江)

王艳萍　观众朋友们,您现在收看的是现场直播:东北三省电视台联办的'95春节晚会。

〔字幕:主持人铁辉(辽宁)

铁　辉　东北三省电视台联办春节晚会今年是第三届了。头一届是我们辽宁电视台承办的《关东美》,说的是关东大地山美岭美平原美,江美河美湖泊美,森林美,农田美,金矿铁矿煤矿油矿从里往外翻着花打着滚儿拧着劲儿地美!

〔字幕:主持人李艺华(吉林)

李艺华　第二届是吉林电视台承办的《关东情》,唱的是咱东北人的乡情、亲情、手足情。离家闯关东的别情,开发大东北的豪情,建设大钢都大电站大油田大码头大企业的热情,白山情,黑水情,松辽平原处处情,化做长春四季情!

王艳萍　今天这第三届,是由我们黑龙江电视台承办的《关东人》。回首过去,发配关东的是强人,闯荡关东的是能人,逢山开路遇水架桥开荒种地采矿淘金几代艰辛创业人;如今油田里有"铁人",赛场上有"飞人",驾驶楼里坐着当年赶车人,呼啸奔腾继往开来有后人。今天的晚会,一派浓情献给亿万普通人。请的是名人,推的是新人,男女老少欢聚一堂——

三人合　都是关东人!

例二:(黑龙江省希望工程晚会《历史在注视》开场)

〔演播厅现场,热烈鼓掌的观众……

〔起乐,放干冰,镜头由天幕前高悬的"眼睛"拉成表演区全景——

〔节目①大型歌舞《呼唤》

〔演唱至最后一段无词"啊……"时,舞蹈演员退场,歌、唱演员一律背对观众,音量减弱,主持人张静、王艳萍出现在"眼睛"与"黑板"之间的平台上,开始朗诵……

张　静　每朵葵花的笑脸都迎清晨。

王艳萍　每株幼树的驱干都长年轮。

张　静　每棵小草的萌发都靠阳光。

王艳萍　每个孩子的成长都需滋润。

二人合　春风该传送春天的温暖,
　　　　人类要关心人类的子孙!

张　静　每片希望的田野都结果实。

王艳萍　每场温柔的春雨都送清新。

张　静　每座校园的书声都像欢歌。

王艳萍　每个孩子的愁容都是阴云。

　　二人合　大海把江河搂进怀抱,
　　　　　　巨龙要托起龙的传人!

张　静　帮帮孩子——

王艳萍　帮帮孩子——

　　二人合　历史在呼唤我们!　　（四位歌手猛转身）

全体合　历史在注视我们!

〔现场观众热烈鼓掌,表演区演员退场——。

王艳萍　现场和电视机前的观众朋友们,大家晚上好!

张　静　您现在收看的是由黑龙江电视台,黑天鹅实业有限公词和黑龙江青少年发展基金会联合举办的"希望工程"专题文艺晚会——《历史在注视》。

第二节　中间串联笔法

晚会节目的中间串联,是串联脚本得以施展的主要平台。它承载着这样几个任务:拓展前一个节目的信息量;强化后一个节目的吸引力;说明节目与节目之间的"因为所以";有时候还可以独立成章地展现节目本身无力表现的内容。

找不到更为贴切的形象比喻,姑且用三种不同功能的导弹名称,来代表串联的三种手法——

一、"地对地"式

第一种手法最为常见,就是从上一个内容发端,议论一番,直接串联下一个节目。请看例一:(黑龙江电视台哈铁安全行车一千天专题晚会中间串联)

[节目(5)全美华演唱《路基》

刘　璐　一个动人的故事,道不尽铁路职工在岗位上自豪在家庭里歉疚的复杂情感,一曲《路基》之歌,唱不完铁路家属牺牲个人幸福支持亲人事业的巨大贡献。仔细品味一下人生,你会发现所有的壮举,所有的贡献,都包含着牺牲精神、悲剧色彩。砟石,被敲碎之前可以用在大厦顶层;枕木又何尝不是栋梁之材?人,一旦把自己交给铁路,那他的时间就得服从列车的节奏,他的一生就得由两条钢轨牵引、安排。铁路工人的爱,是无私的爱,是无条件的爱!

[节目(6)邵阿勇演唱《铁路工人的爱》

例二:(浙江传媒学院建校 30 周年庆典晚会中间串联)

[主持王波出场——

王　波　"青春"是一个概念;

"青春"是一首诗篇;

"青春"是生命长河中一个闪光的亮点;

"青春"是人生旅途上一段难忘的时间。

一方水土养一方人,

一座高校育一方材。

你来自吴越大地,我来自洞庭湖畔;

他来自白山黑水,她来自黄土高原;

四面八方汇聚浙江传媒学院,

莘莘学子共同书写青春宣言。

请欣赏曾经在"超女"选拔中获过奖的校友为您献歌——歌声里会充满我们这一代也能听懂的豪迈、乐观!

[节目(8)超级女声组合唱《WILD DANCE》

[主持人宋鹏飞出场——

宋鹏飞　办学特色是学校在长期办学过程中形成的历史积淀和宝贵财富,也是学校核心竞争力的重要元素。这次回母校了解到:浙江传媒学院致力于培养创新型、复合型、应用型人才,按照"宽口径、厚基础、重实践、强能力"的要求,注重学生人文精神、科学精神和艺术素养的培养。在这氛围之中,"多才多艺"、"德艺双馨"成了全校师生的奋斗目标。请欣赏"浙传"音乐学院曾经在全军舞蹈大赛得过金奖的实习教师方敏,为大家表演独舞《花腰红》。

[节目(9)独舞《花腰红》]

[主持人章伟秋出场——

章伟秋　一所高校的发展壮大,关键在于师资。我们的母校从转型升本以来投入师资队伍建设专项经费 1500 多万元,引进了 200 多名教师,各类进修培训达 1000 余人次,近 400 名教师晋升高一级专业技术职务。目前,母校已有正高职称教师 53 人,副高职称教师 144 人。校外聘任的兼职教师、客座教授也发展到了 99位。从物质生活角度,也许教师应该算是"清贫一族",但在精神上,这些老师感觉自己是世界上最大的富翁,因为祖国各地到处都有他们的学生,而学生们的创造和贡献每天都在发展变化,无法衡量!

[节目(10)诗剧小品《星空》]

二、"空对地"式

第二种是离开刚刚演完的节目,从一种议论开始,逐步引向下面的节目。

例一:(东北三省 1995 春节晚会《关东人》中间串联)

主持人　观众朋友们,说起关东人呐,往前追溯两代以上,除北方的少数民族之外,大部分是从山东、河北"闯关东"过来的。当年,老爷爷离家上路的时候,在村口告别了白发亲娘和怀着身孕的媳妇儿,怀揣着懵懂的希望,背负着亲人的目光,一步一回头,步步泪水流……等他们在黑土地上有了一番作为、创下一份家业的时候,老家的亲人大多都不在了。日子好过,心愿难偿,越好过越会想家乡。有些人在东北一辈子顽固地不改口音,为的就是保存一点跟老家的联系……电视机前的老人们,关里老家来人啦!他们带着浓浓的乡音浓浓的情,探望你们来啦!

[节目:吕剧演唱《关里关外老辈儿里亲》]

例二:(黑龙江电视台希望工程晚会《历史在注视》中间串联)

[节目④女独《山路上的孩子》(后期插外景画面)

[女独结束后,主持人于吉相、张静出现在右则平台前——

于吉相　孩提时代是人生的准备阶段,上学读书是他们最基本的权益和最起码的意愿。可由于经济或者观念上的障碍,造成许多孩子失学,从而也会影响他们一生的命运和作为,这种现象怎么能不令人痛心呢?

张　静　是呀。说到这儿我想起一件事——上个星期天,我们晚会剧组的几个人到阿城境内的一个小山村去为刚才演唱那首歌去拍外景画面,在当地找了一个小男孩来扮演"山路上的孩子"。刚拍了一点儿,孩子的妈妈赶来硬是把那孩子给拉走了!

于吉相　是吗?为什么?

张　静　她逼着那孩子马上到山里去拣柴禾!我们说我们出钱,出足以买一车柴禾的钱,可那个当妈妈的根本不听。那孩子无奈,只好一步三回头地跟他妈妈走了……

于吉相　这个偶然的"上电视"的机会,很可能对那孩子的一生都有意义。那个当妈妈的干了些什么呀!由这件小事使我想到,我们所进行的"希望工程"绝不仅仅是解决失学儿童经济上的困难,这种实践更重要的意义在于使全民族各个层面,特别是被愚昧的绳索绑着的人们得到启迪。

张　静　我们黑龙江省大规模地救助失学儿童的活动,是从两年前开始的,缴"特殊团费"献"百万爱心",集资捐款,创建"希望小学",通过一系列行之有效的措施,已经使将近3万孩子重返校园。

王艳萍　参与"希望工程"多数人并没有多余的钱,许多靠低工资、靠社会救济生活的人也来救助孩子们,我觉得他们的精神更可贵,更能体现中华民族团结仁爱、坚韧的品格!下面将要演出的小品《城市,有个家》就很能说明问题。

　　　　[节目⑤小品《城市,有个家》

　　　　[小品结束,张静出现在表演区左侧——]

张　静　观众朋友们,作为文艺作品,刚才大家看到的小品是经过艺术加工的,是编的。但它绝不是"瞎编",现实生活中诸如此类的事例多得是(介绍刘静和她的姜妈妈——具体形式和所谈内容,待刘静接来之后再议定)。在这里我还要告诉大家一个真实的故事——我省望奎县农村,有一个小名叫亮亮的女孩,天资聪颖,活泼好动,很惹人喜爱。到了7岁,这孩子突然变了,变得沉默寡言,常常望着树上叽叽喳喳的小鸟发呆。爸爸问她怎么了?她战战兢兢地说:"我想到城里去学唱歌……"学唱歌?对于一个生长在偏僻农村,勉强维持温饱的孩子说来,简直是白日做梦!亮亮的爸爸可不这么想。他一咬牙,凑了一点路费把亮亮送进了省城哈尔滨。万万没有想到——亮亮自己和她爸爸都没想到——这孩子竟一下子考上了市少儿中心小雪花艺术团。多高兴啊!可她仅仅高兴了一天半,因为爸爸不能在省城陪着她,爸爸必须回去种地干活,养家糊口。为了实现自己的理想,她一个人留下了,挤住在亲戚家,开始了如饥似渴的学习。半年之后,她又有了新的苦恼——学新歌,歌篇儿上的字她不认识,"我得学文化课呀!"可一个既没户口又没钱的外地乡下孩子,到哪儿去上学呢?她被上学的渴望折磨得精神恍惚,不由自主地跟着亲戚家的小姐姐走进了花园小学。上课了,走廊里只剩下她孤零零的一个小身影。突然,她发现从门缝里能听到声音——老师讲课的声音!从那一刻起,她成了"门缝旁听生",在教室门外听课,在堆放杂物的小棚子里练习,她学完了小学二年级的全部课程。终于有一天,当她蹲在地上贴着门缝全神贯注的时候,有人从后面拍了她一下,吓得她一激灵从地上崩了起来。拍她的,是学校的老校长。老校长默默地注视了她一会儿,说了一句让她永生难忘的话:"孩子,推开这扇门吧,从今天起你可以到教室里边去听课。"(停顿)为了维持学业而又不给家里增添过重的负担,亮亮避开熟人的眼睛,偷偷地拣破烂卖钱,一拣就是几年。有一次爸爸来看她,碰上她背着一大捆废纸盒从市场上回来,爸爸哭了……爸爸的泪水里不光有心疼,还有欣慰,因为她那一度连学籍都没有的小女儿,竟然以优异的成绩被保送进了重点学校——哈十七中!(调动掌声,走向观众席)朋友们,这个故事绝不是我凭空杜撰的,(拉起胡亮)这就是故事的主人公胡亮同学!——这就是胡亮的爸爸,这是教胡亮唱歌的王若菊老师;这是从门缝里把胡亮送进课堂的花园小学校长!

胡　亮　张静老师,在这令我万分激动的时刻,我想用歌声来汇报我的学习成果,表达我的心愿……

张　静　好哇!(带头鼓掌)

［乐起,节目⑥独唱《快快长大》］

三、"空对空"式

第三种是前后都不接引具体节目,用一段故事或一段议论过渡串联。例

一:(黑龙江电视台庆祝建党 80 周年晚会《红旗颂》中间串联)

主持人　有一位共产党员叫朱洪福,他是黑龙江省虎林市第二派出所的民警。今年的 2 月 16 日,他在回家途中路遇一伙持刀抢劫刚刚作完案的歹徒,便与歹徒进行了殊死搏斗,终因寡不敌众,身中 48 刀,壮烈牺牲。牺牲时他才刚刚 32 岁⋯⋯被公安部追认为全国一级英模的朱洪福,用他短暂的一生,为当地百姓做过许多许多的好事。为他送葬那天,虎林市万人空巷,满街哭声!尤其令人感动的是,在朱洪福牺牲的那片雪地上,老百姓自发地围绕他洒下的血迹插上了 32 面小红旗。这 32 面小红旗,就是朱洪福 32 年光彩人生的客观纪录,也是一名共产党员无私奉献的真实写照。

〔歌曲前奏起,接歌表演《党员是旗》

例二:(黑龙江电视台希望工程晚会《历史在注视》中间串联)

〔主持人王艳萍上场——

王艳萍　为了托起明天的太阳,许多人奔走呼号,做了大量的工作,许多人倾其所有,奉献爱心,留下了可歌可泣的故事,谱写了激扬民族精神的乐章。在我们电视台旁边的那条革新街上,住着一位姓赵的老人。赵大爷身体有残疾,身边没亲人,一个残疾孤寡老人的清苦和孤独是可想而知的。处于这种境况中的人心思要比一般人重得多,听说有那么多孩子由于经济困难上不了学,他辗转反侧,彻夜难眠。想了许多日子,赵大爷做出了一个决定。他自己行动不便,托人捎信儿请来了省青少年发展基金会的工作人员,让人把他家唯一的一只小方凳放倒,从凳子面儿底下抠出来一个信封。信封里装的是不同年代、不同时期的债券、国库券,不多不少,面值整整 5000 元。这是他的全部积蓄,是多年来从自己少得可怜的生活费中一点一滴积攒起来的。他一点没留,全部捐给了"希望工程"。"基金会"的同志们深深地被他感动了,时常想起他,看望他。今年春节前夕,人们又去探望他时,好半天没叫开门。带着种种猜测找来他的邻居一起弄开房门,发现赵大爷他⋯⋯已经死了。他静静地躺在床上,床边没有水杯、没有药片儿,没有任何吃的东西,也没留下一张纸、一个字——没有人知道他是什么时候离开这个世界的!滚烫的泪水,从人们的脸上无声地滑落,洒在老人的床头,洒在那只曾经埋藏他全部积蓄的小方凳上——他曾经有过钱,有过 5000 元钱,如果他用这笔钱为自己请个小保姆,不至于有病没人照料,不至于病危没人送他上医院或者找人来救护,更不至于面对天棚告别人生!……也许,已经发生这一切赵大爷自己早就料到了,反复想过多少遍了——他认为把自己那点保命钱捐给处在困境中的孩子们值得,应该。

〔节目⑨《余温》

〔歌声中,孩子们抬着一只系着黑纱的方凳上场,伴唱伴舞……

〔歌至尾声,刘静、胡亮等受助孩子纷纷上场,往方凳上放自己的作业本、考试卷……

〔导演带领(或代表)剧组工作人员现场捐赠稿酬……(能上的都上,包括一部分自愿的演员)

于吉相　安息吧,赵大爷。放心吧,所有为希望工程出钱出力的人们。努
　　　　力吧,重返校园的孩子。坚持下去吧,站在贫困地区乡村学校讲
　　　　台前的人民教师!

〔山村教师原地起座致意,现场观众鼓掌……

第三节　结尾收束形式

"编筐窝篓,贵在收口",晚会的最后一段主持词,往往整场节目的"品位之巅",况且前面左一段煽情、右一段鼓动,撰稿人已然是强弩之末,感觉"好词儿都用光了!"

在这种状态下写好收尾,可见难度之大!不管多难,下工夫就是了。

一、概括总结式

这是最传统、最常用的办法,老老实实地概括总结,力求把词写得精一点、美一点就是了。请看例一:(东北三省 1995 春节晚会《关东人》结尾)

王艳萍　共度今宵,天南地北喜气洋洋亲情切切老少欢悦家家乐;

铁　辉　共度今宵,白山黑水浓妆重彩鼓鸣锣喧春联福字处处红;

李艺华　共度今宵,姑娘小伙老头老太高跷旱船载歌载舞唱新曲;

铁　辉　共度今宵,关东大汉英雄豪杰推杯换盏共话蓝图抒豪情。

王艳萍　一万万人同声祝福——

铁　辉　关东就是万福之地。

李艺华　一万万人并肩奋进——

铁　辉　关东驾起北国雄风。

王艳萍　关东美美景人描惹人醉;

铁　辉　关东情情烈如酒暖寒冬;

李艺华　关东人人才辈出一代代;

三人合　遍地是英雄!

例二:(浙江传媒学院建校 30 周年庆典晚会结尾)

十位主持人一道出场——

章伟秋　在这庆祝母校 30 华诞的阵阵歌声里,你能感觉到我们的意愿;

席　文　在这个丰硕的秋天,我们回到了母校崭新的校园。

索　尼　看到的是"敬业、博学、求真、创新"八字校训,

宋鹏飞　碰到的是来自江南塞北学弟、学妹的一张张笑脸。

左　岩　重返校园的第一瞬间,心头不觉一颤,

李　悦　面前身后竟然有那么多的记忆、感慨,还有涩涩的眷恋。

朱亚丽　秋风里传递着丰收的消息,初冬又接过来孕育的心愿,

王　虎　"浙传"人投身于科教兴国,校园里闪耀着理想的光焰。

王一婷　让我们披一身金风,踏满山红叶,揽西湖十景,举故乡明月,看灿
烂星光,创新的辉煌——

王　波　华夏神州腾飞处,为我传媒编摇篮!

众人合　为我传媒编——摇——篮!

二、呼吁呐喊式

这种笔法多用于公益、教育、环保、普法类专题晚会,直接点题,或者道破举
办本场晚会的目的。例如:(黑龙江电视台"六一"晚会《孩子就是全世界》结尾)

主持人　没有未来,我们今天的奋斗还有什么意义? 没有孩子,为人父母
的辛勤劳作怎么会有动力? 一切为了孩子,为了一切孩子,孩子
是我们节俭的理由,孩子是我们自信的依据,孩子是我们希望的
火炬,孩子就是全世界!

三、余音绕梁式

纪念,回顾,注重情感、追求韵味的晚会节目,宜于使用这种笔法结尾。例

如：（黑龙江电视台纪念北大荒知青下乡 30 周年晚会《梦寻北大荒》结尾）

A　三十年过去了，拿起放不下的是对当年那些亲人的牵挂；

B　三十年过去了，放下拿不走的是刻在这片土地上的情意。

A　三十年过去了，垄连垄的田野上一代新人屡创奇迹；

B　三十年过去了，铺挨铺的伙伴们人各一方心在一起。

A　战友重逢，握住手不放、唠起嗑没完，恨不能把一万天的思念融进一杯酒……

B　故乡重见，抓把土也亲、喝口水也甜，恨不能将半辈子的情感播进黑土地……

　　〔歌舞《手相握，心相约》

脚本要求具有艺术性、音乐性、口语化。不可长篇大论、面面俱到，要尽可能与画面、节目相协调。忌用前缀后加、叠床架屋的长句表达，力求简洁明快，平实晓畅，准确优美，感情充沛，具有文学性、节奏感和音韵美，富含一定的文化内涵和文学品位。一般来说，综艺晚会撰稿人需阅历广泛，文字功夫和文学功底较深厚。串联词是一种新兴的文体，结构上呈散点式、跳跃式。不那么像一篇完整的文章，但它确实属于"这台"晚会。它不是对节目内容的简单阐释或强调，而是一种艺术强化手段，可以创造新的意境，表达新的情感。

综艺节目导演艺术

第十二章　电视综艺编导的职责与任务

第一节　电视综艺编导的素质要求与工作任务

　　电视综艺编导工作具有较强的政治性、政策性、思想性、业务性、艺术性。电视综艺编导的任务是根据宣传或娱乐的需要,创作和制作符合电视要求的节目,即把文字、图像和音响转变成可供"视听"的节目。

一、电视综艺编导的职业特征

　　这里的"电视综艺编导"是指上述那些从事电视综艺节目创作的主要工作人员。他们的职业特征有如下几个方面:

　　(一)劳动的个体性与产品的社会性

　　就精神生产劳动而言,一般表现为个体劳动的形式,而其产品又总是社会生活的结晶。编导在对节目的处理过程中,虽然是结合多人的劳动和智慧,但最终仍是以编辑个人劳动形式来完成的。正是这样的劳动特点,使各种节目生产人员的劳动和智慧得以集中和发挥,使各种节目呈现出丰富多彩的局面。

　　(二)信息加工和传播的中介性

　　精神生产的社会协作,很大程度上依赖于信息交流。编导工作正是组织和实际推进交流的中间媒介环节。由于职业的原因,编导不但能够掌握较多的信息,因而对各种的价值是有特殊的敏感,而且对信息交流在社会生活中的触媒作用有特别深切的理解。一是通过整理、加工有关资料或成品中,使作品合乎科学规范和社会规范,以避免进入传播渠道后发生受众在理解上的困难或产生不好的社会效果;二是把这些文化知识物化,对广播电视来说,就是制成录音、录像带,使节目存在于一定的物质形式当中。

（三）节目生产的再创造性

编导工作既是一种精神生产，就离不开创造性思维。编导虽不直接创造精神产品，但在精神产品诞生的过程中，却有编导间接的和隐匿的创造活动。就电视来说，无论是选题、改稿、制作，一个完整和完美的电视节目的产生，都有编导的智慧融汇其中。这种再创造的特性，也可以说是二度创造，或者说是服务性创造。

二、电视综艺编导的专业属性

在电视文艺界，编导的工作包括艺术和技术两个方面，所以我们将编导定义为"懂技术的艺术家"。

（一）艺术家

编导必须具备理解脚本和创作宗旨的能力，将文字转化成画面的构思能力也决定了编导必须是一位艺术家。敏锐的编导对画面的构图应该具有艺术沙龙摄影师的那种理解。他还必须有画家那样的色彩感觉，协调布景、服装和摄影的调子。他还应对表演艺术有所理解，这并非仅仅指理性上的认识，还必须有一种深刻的本能的直觉。

对于演员，编导可以喜欢也可以不喜欢，但是必须理解他们。对于表演，编导所应追求的不仅是形体表现能力或形似，他们还应追求一种在风格上能丰富故事的敏感，以及一种能拓展表现空间的演员之间的感情关系。

编导的艺术功力还涉及编辑、特技、服装设计、化装、发型以及片名及字幕的造型设计方面。

（二）技术家

成功的编导对电视技术方面的了解不能浅尝辄止。谙熟技术奥秘、掌握先进技术手段的编导可与剧组有关专业人员探讨技术的精妙之道，因此也能使他的作品达到一个更高的水准。

电视制作方式包罗万象，从外景地一二人的电子新闻采集到一个规模达百人的演播厅制作，剧组规模大小取决于导演在技术方面的需要和创作计划所涉及到的方方面面以及作品本身性质的要求。制作一旦开始，编导技术方面的知识必须涉及许许多多的特殊领域，从色彩饱和度到话筒性能、从电脑动画到后期剪辑等等。制作方面的专业知识对编导大有裨益，学习编导专业的学生应首先要在影视制作课堂上得到很好的培训。

（三）掌门人

任何组织都需要训练有素的行家在压力较大的气氛中起到协调作用。

由于技能与个性的差异，剧组极容易产生矛盾。同时，出现的问题都还有主观性,解决矛盾的方式需因人而异,这又容易使矛盾激化。经费不足、时间有限所造成的压力使人们出言不逊、肝火旺盛,演员出现罢演,编导变得优柔寡断。

成功的编导总是像父母处理家庭问题一样处理剧组的分歧——动用纪律和爱心。编导在剧组中凡事应以身作则,并应事先宣布工作规章,确立一套清楚明确的制作模式,使每个人都能在剧组中享有某种程度的安全和愉快的心情。剧组人员和演员都乐意在轻松愉快的环境中工作。

大多数纪律问题源自演员。因为演员必须作出最大的自我投入,把他们自己暴露给可能发生的陌生人的取笑嘲弄,他们往往感到最不安全。他们由于性格而引发的矛盾通常存在潜在的原因,或许他们的个性上有问题,或许他们需要更多的诱导、理解和关爱。

导演不一定要接受心理培训,但他们必须要有一种实际的判断力和洞察力——一种能洞悉演员心理、把握他们反常行为真正原因的能力。有时电视演员会裹足不前,他们会认为自己的角色没有其他明星的角色那么丰满,他们有抗拒心理,因为他们认为自己的天赋受到忽视或不公的待遇。有数不清的个人或个性方面的因素会干扰演出,打断正常的拍摄,对此,没有一本书能轻易地给出答案。明智的编导往往寄予同情心,并善解人意,及时处理那些可以解决的问题,因而总是掌握着主动权。

三、电视综艺编导的基本素质

从事电视综艺编导工作,除了需要一个充满智慧的头脑外,必备的相关知识也是十分重要的。具体说来,大体应该包括以下几个方面:

(一)导向意识

中国电视的社会主义性质及其特色是具有"喉舌"的特性与宣传教育的功能,电视综艺编导一定要牢记电视节目的属性。这种既是精神产品又是物质产品,既非商品又是商品的两重性,无论在本电视台播出,还是作为市场行为体现其经济效益商品销售,都必须是以良好的社会效益为前提,做到既有良好的社会效益又能获得经济效益,促进两者的良性滚动。

(二)审美意识

审美,是电视艺术最本质的特性,而观众从艺术作品中获得审美感受的中介因素是人的感情。白居易说,"感人心者莫先乎情"。法国著名雕塑家罗丹也说,"艺术就是感情"。艺术家有了难以克制的感情流动,艺术家的创造才会发生;当观众被作品中所蕴涵的激情所感染,就会引起心灵上的震颤,即感情共鸣,因而产生审美享受和审美愉悦,这种审美效应会引起人的思想升华和行为驱动,激励人们去探索、去追求、去抗争。

与此同时,作为编导还要带领主创人员自觉追求屏幕文化的心理开掘,并以独特的艺术眼光、与众不同的审美视角,按照美的规律,观察生活,熟悉生活,透过表象掌握本质事实,于寻常生活中发现神奇,把对生活的审美感受、体验和理解,用画面、声音、镜头语言形象地反映出来,形成一种美的意境,这样才能使栏目一班人都确立和培养起审美的意识。

(三)经济意识

人所共知,一个产业没有效益,就没有存在的必要。中国电视事业是带有"喉舌"特性和宣教功能的媒体与信息产业。它是以第一、第二产业所创造的产品为基本物质条件,主要通过服务的形式,生产非物质形态的产品。它不仅要创造大量精神财富,还要创收,"以节目养节目",解决自身日常需要的经费,并向国家缴纳规定的税金,支援社会主义现代化建设。与此同时,还要将剩余积累的资金,不断扩大再生产,产生良性循环。

(四)服务意识

服务不是堂皇的招牌,也不是精美的包装,更不是廉价的口号,它要求编导在创作集体里为实现目标服务的管理制度,做一名勤勤恳恳的公仆。

电视节目是集体创作的产物,它需要强有力的协调,也凝聚着众多部门共同合作的汗水。大至一台晚会,小至一期栏目,都得经过三四个以上工种的合成。因而协调管理十分重要。

四、电视综艺编导的必备本领

(一)要有导演的品格

任何一门艺术都存在着"要表达什么"、"怎么表达"、"如何表达得正确和有价值"这样三个问题。一个真正的导演,应该有能力挖掘作品的深度以及深刻地展示人生。所谓导演意识,不仅仅体现在表现手法上,而主要是用自己独特的眼光去理解和阐释丰富多彩的人生世界。一部作品是深刻还是肤浅,展示得是否真实,解释得是否准确,主要靠导演的内在精神和知识的蕴藏量。几乎所有成功的电视作品都有一个共同的特点,那就是导演的精神个性、思想深度及其对人生的独特观察和对社会的高度责任,和谐地融汇在表现技巧之中,而这种具有独特艺术创作个性的作品,正是在强烈的导演意识和导演品格的基础上诞生的。

(二)要有广博的知识

前美国导演工会主席德伯特·曼曾谈到全面的文学艺术知识背景的重要性,他强调,像历史、文学、戏剧、政治等学科知识都是一个成功导演所必须掌握的。

里查·弗莱彻和德伯特·曼都曾就读于耶鲁戏剧学院。他们都感到他们的演员经历对作为戏剧导演的生涯有着不可估量的价值。弗莱彻曾说：

> 我曾给那些对当导演——不是技术人员而是导演——感兴趣的学生提过一条最为重要的建议，就是进行戏剧训练。如果他们必须在电影学校和戏剧学校中选择的话，那么我就要极力鼓励他们去戏剧学校。导演的一个很重要的职能就是从演员身上获得表演。所谓获得表演其实意味着你必须去与演员交流，去理解他们，去了解他们的问题是什么，去掌握如何处理与他们的关系，如何与他们交谈。

有一个早期直播电视的典型故事，说的是一名自大而又相当缺乏经验的导演，他在排练戏剧性场面时总是遇到麻烦和困难。在经历了无数次尴尬的排演和错误之后，演员们开始越来越不耐烦。他们试着互相帮助，其中一个演员建议用另一个方法排练这场戏。这位导演不但不表示感激，反而呵斥道："别告诉我怎么导演，我告诉过你怎么表演了吗？"资深导演听了这个故事会哈哈大笑，因为他们知道一个文艺节目导演最基本的职能就是"告诉演员如何表演"。

（三）要掌握起码的技能

导演的构思虽然是那样难以估量和捉摸，但导演的目的却能通过可估量和捉摸的机器来达到。导演正是借助这些机器，使自己的思想形象化、具体化，并将其输送出去。因此，导演要在工作中得心应手，就必须懂得技术，掌握起码的技能。

（四）要善于把握整体

在拍摄过程中，每一瞬间都是整体的一部分。当拍摄的每一瞬间将要出现的时候，导演都要设想未来作品的面貌，盘算将要出现的这一瞬间在作品中的位置，这样来相应地创造许许多多个一瞬间。

电视导演不同于舞台剧导演和乐队指挥。在舞台上，戏剧性动作是连续不断的，它只是不通过"幕"和"场"来起分段作用。而电视的动作却被每一个"切换"所中断，直到全剧终了才显出它的连贯性。因此，导演在完成拍摄之后，来组合各个镜头和各个部分时，始终遇到局部与整体的关系问题，这种镜头组合成功与否，往往决定于导演把握整体能力的高低。

（五）要有很强的协调能力

导演在创作集体中应该是主要阐释者、启发者、激励者。

摄制一个节目，导演要做出成百个大的、小的、复杂的、简单的决定，导演做这些决定的水平如何,并能否启发合作者按照这些决定去实施,直接影响到这部作品未来的面貌。导演必须与各个层面保持广泛的联系和交往,拥有与人打交道的足够能力,这样才能保证从社会上、从人群中不断获得足够的信息和其他各种资源,为成功开展节目创作奠定可靠的社会资源基础。

社交能力是编导者从事节目创作工作的一个重要的基础。编导的社交能力首先体现为编导是否以一种开放式的心态和行为与社会接触,形成自己的社会交际圈,并从中获得大量的节目资源。

五、电视综艺编导的工作任务

在一家电视台或者影视机构担任综艺编导,具体工作任务主要有以下十件事:

第一,选题立项。

第二,组织节目策划。

第三,从事(或组织)节目文本创作。

第四,制订经费预算和摄录计划。

第五,选择演职员和专业技术人员。

第六,分别排练、验收节目。

第七,指挥现场(演出)拍摄。

第八,指导(或亲手进行)后期编辑制作。

第九,进行节目包装宣传,安排节目播出。

第十,善后(总结、报账)。探寻该节目投放市场及上报评奖之可能。

第十三章　电视综艺晚会节目编导

第一节　电视综艺节目的类型与结构形式

一、电视综艺节目的类型

按照不同的分类方法和界定标准,综艺节目可以有许多不同的类型。按照播出方式的不同,有录播综艺晚会和直播综艺晚会之分:

录播综艺晚会——即先录后播的综艺晚会。把准备就绪的综艺晚会提前录像,然后经过后期的编辑、制作、合成,诸如外拍资料的插入(包括广告)、特技的运用、字幕的添加等加工处理,根据确定的晚会长度要求,安排在既定的时间内播出。录播的综艺晚会可以弥补或删除录像过程中出现的差错,并充分运用特技手段精心进行后期加工和包装。

直播综艺晚会——把准备就绪的综艺晚会根据排定的播出时间,直接录制播出。即在录像的同时,节目便已被同步播出,在"第一时间"与观众见面。直播的综艺晚会不存在"后期"问题,现场感较强,容易"造势"。它要求各环节必须充分准备,精心组织,精心实施,确保准点播出,万无一失。直播晚会中出现的纰漏和差错,也将"原生态"地暴露无遗,不像录播那样,可以"后期"加以弥补。另外,超时问题也是直播晚会的痼疾,有时直播中不得不删减压缩后面的内容。

按照是否进入固定栏目,综艺晚会可以区分为:

栏目化综艺晚会——在专有的固定栏目内播出的综艺晚会,它的栏目长度是固定的,播出时间也是固定的。从中央电视台到省、市地方台,都有一批这类栏目化播出的综艺晚会。如中央台的《综艺大观》《正大综艺》《曲苑杂坛》等,地方台的《梨园春》(河南台)、《萝卜白菜》(河南台)、《星光 50》(山东台)、《开心 100》(福建东南台),这类栏目不论直播或录播,都有比较稳定的栏目形象,影响较大,受众广泛,大多是各台的名牌栏目。

非栏目化综艺晚会——也即不进入正常综艺栏目,而是编导录制后另行安排播出的综艺晚会。它的播出时间和长度均不固定。这类综艺晚会多为指令性的时政晚会或行业晚会。

按照综艺晚会的特点,大体可以分为:

节庆晚会——为节目或重大活动庆典以及重要纪念日而准备的晚会。如围绕每年的"五一"、"五四"、"六一"、"七一"、"八一"、"十一"、中秋节、老人节、元旦、春节、元宵节等所做的综艺晚会;为香港回归、澳门回归等所做的庆典晚会;为抗日战争胜利 60 周年、改革开放 30 周年而做的纪念晚会等。

主题晚会——又称专题性综艺晚会。即有着较为单一的鲜明的专门主题表达,而非多主题并存的晚会。前述重大活动的庆典晚会、重要纪念日晚会以及行业宣传晚会(如"3·15 消费者维权日晚会"、"环保日晚会")等,大多围绕某一既定主题展开,因此也称主题晚会。

行业晚会——宣传行业特点、展示行业形象、普及行业法规、宣传行业重大活动的晚会。这类晚会不论长短,从内容到形式,有着突出的行业化宣传色彩和商业炒作成分,"三句话不离本行"是其基本追求和特点。这种晚会往往由行业承担全部或大部分制作费用。总体上来看,艺术水准相对难把握一些。

上述电视综艺节目的分类,只是大而言之,是从不同的角度,以不同的标准试作的划分。实际上各地在实践中创办的不少综艺节目,都各有千秋,很难简单地将它们归属为哪种类型。

二、综艺晚会节目的结构形式

综艺晚会节目的结构,指的是以各种手段或方式,将丰富多样、色彩各异的节目有机地贯穿连接起来。时下晚会创作者的倾向是,重节目而轻结构。在策划、创意和实施中,编导注重的是节目的选择和编排,至于对晚会整体结构与节目的艺术整合、有序搭建以及如何实行"贯穿",则较少顾及。但结构问题毕竟是回避不了的,任何一台综艺晚会事实上都有一个结构样式问题。

(一)串联式结构

这是综艺晚会最早采用的一种结构方式。即主持人通过撰稿人写就的串联词,将不同题材、体裁、内容、风格的节目连接起来,形成一台完整的节目体系。这种结构犹如穿针引线,上挂下连,虽失之于简单,却能通过串联词承上启下,连贯一气,具有一定的结构效力。因为每个节目间都有"话"要说,主持人频繁上场,故而还能为演员赢得少许休息时间和场景转换时间。但这种结构方式也遭致一些批评。主要原因是:综艺节目在艺术上呈多元态势,单一的串联难免力不从心,结构能力有限。尽管如此,由于历史的原因,操作起来驾轻就熟,串联式结构在各地并不减少的晚会中,仍在被广泛地采用。

(二)段落组合结构

综艺节目尤其是大型综艺晚会,是由若干个相对独立的小节目组成的。导演在编排这些节目时,有很强的主观意识即编导思想在内。或按节目类型,呈跌宕起伏的马鞍形设计;或依出情、出彩、出趣、出味等高潮点设计;或考虑演员知名度的高低,将其出场顺序错开,或为情绪、情景、情节的需要而转换。总之,有意将整个晚会节目分割成若干段落或单元、板块,每个段落或单元间才有主持人及串联词的出现。每个段落间都会设计一个高潮点。这样,主持人上场次数和对节目的品评大为淡化,只有在节目过渡困难,或需要升华、转换主题时才出场。这种“少啰嗦”既可体现对观众的信任与尊重,又可让观众根据自己对节目的理解和想象去鉴赏:高潮迭起,好戏连台,也许是这种结构试图追求的艺术效果。如中央台2001年春节戏曲晚会就采用了段落组合结构,整台晚会分为《世纪第一春》、《闹春宵》、《赏华章》、《满庭芳》、《重回眸》、《谱新篇》、《会群英》、《传薪火》、《世纪将军令》九大板块,晚会节目虽长,但人们却看得津津有味。

(三)篇章组合结构

庆典类、纪念类综艺晚会或大型文艺演出,场面宏大,隆重热烈,规格较高,在结构处理上往往采用篇章组合式。即将整台晚会根据内容和风格的不同,分别组合,设若干个篇章,每篇内组合若干个节目,形成相对独立的单元。如上、中、下篇或上、下篇,或直接设篇名,用以表明或强化晚会的立意及主题。中央电视台的《欢庆香港回归文艺晚会》,其结构就是篇章组合式:1.序曲——天涯共此时;2.火篇——血火百年祭;3.水篇——归帆踏浪来;4.土篇——真情满中华;5.尾声——世纪钟声。这样的结构,更加突出了历史与现实的对照,更能体现普天同庆、大气磅礴的总体风格,自然也传达出了编导对晚会史诗品格和庄严凝重效果的刻意追求。

(四)组合回旋结构

将同类型或风格相近的节目分别组合、编排在一起,在不同场地演出,还可以插入即时性的采访报道,再通过回旋方式将它们随时导入屏幕。这样的结构可以使不同口味的观众相对集中地欣赏自己喜欢的节目,同时又有身临其境的亲切感。例如公益性晚会《生命交响曲》,倡导人文传统与环保意识,其结构形态即是将主题分解为“生命的诞生”、“生命环境的破坏”、“生命与东方文化"、"生命与未来"四个相关主题,统率各类节目,形成回旋变奏式的四个"乐章",加以光色、舞蹈、音乐、景物等多种表现因素,以组合整台晚会。

（五）多元综合结构

不是刻意将节目按某种主题或意念分割成若干单元,而是顺其自然;主题并不那么集中,而是主题多义或"无主题"。这种多元并存的结构,实际着眼于大领域、大视野、大参与、大舞台,最后综合归结成一个大主题。如北京台的《走向春天》,就采用了这种结构方式。这台晚会景点多、节目多、民俗多、年味浓,编导将整个京城当做舞台,派出"欢乐"、"吉祥"、"美满"、"幸福"四辆拜年彩车奔向四面八方,把京城百姓和海外华人如何过年、春满乾坤的动人场景同步播出,使观众觉得和晚会很贴近,从而大大增加了对晚会的关注感。晚会看似散点四射,而主会场则是欢乐汇集的海洋。这样的结构,不是漫无边际,实则突出并强化了晚会"喜迎灿烂春天"的总体气氛。

其他结构方式还有编年史诗结构、教点式结构、平行并进式等,这里不再一一赘述。

第二节　电视综艺节目的总体策划

任何一台综艺节目,不论主创人从中是否标有"策划"字样,实际上都有策划人员在工作,都有一个幕后的策划过程。没有策划,便没有节目的总体架构;没有节目内容,综艺节目便无从诞生。

策划是综艺节目的总体设计,构架出未来节目的基本风貌和个性特色,决定节目的主题风格和艺术取向。能否匠心独运、别具慧眼,策划出具有全新理念、全新思维,给人以全新感受的综艺节目,有几处"亮点"的方案,取决于策划者的水平。

一、策划的必要前提

前提之一:当地的地域文化背景与当前的时事形势。同是"改革开放"题材,内地和沿海的文化背景大相径庭;同是"教育题材",山东和广东所面临的问题也不可能一样。假如在四川搞一年一度的"巴蜀文化节",地震灾害发生前后策划活动或节目的角度肯定有很大的差别。

前提之二:可能拥有的经费实力。这个问题至关重要——这次节目的经费将是什么来源? 大致能有多少? 因为它首先决定你可以调动的创作力量,其次影响你可以运用的演员阵容。经费充足,你可以利用"外脑",请高手、大腕为你创作,请各路明星为你撑台面;经费不足,你只能"看菜吃饭,量体裁衣",利用当地的现有人力资源。

前提之三:当地或外地曾经做过的同类节目。所有的文艺节目都必须遵循一个原则:既不能照搬别人,也不能重复自己。所以策划之前你必须了解别人和当地都做过怎样的同类节目,否则你懵懵懂懂地费了半天劲,一旦"撞车"或"太像",岂不是前功尽弃?

二、策划的主要方面

主题宗旨;主要内容;创作素材取向;主打形式与艺术追求;演员阵容构成;场地与播出形式。一般来说,策划分总体方案和节目方案(又称局部方案)两类。

总体方案包括对晚会主题思想、晚会基调、节目构成及编创队伍、演员阵容、风格样式、舞美灯光、经费预算、工作流程、主持人遴选等,全方位提出策划意见。局部方案即整体方案中的局部。节目方案的策划是最重要的局部方案的策划。在策划节目方案时,要考虑到总体方案的要求,诸如晚会总量、经济概算、主题风格的设定等。

三、策划的具体实施

策划固然是一种"务虚"的脑力活动,但作为标准的脑力激荡行为,纸上谈兵又是它最大的敌人。形成文案的笔力,迸出火花的脑力,总结归纳的能力,以及把握策划局面的功力,对于一个策划者来说,都具有同等重要的地位。

策划者在进行策划的过程中,决不应死搬教条,而应发挥自己在实践中培养起来的综合策划能力,认准目标,完成策划。当然,这种综合能力并非与生俱来的,而是培养和锻炼的结果。对于策划的具体操作者来说,它同时还建立在对策划基本步骤和程序了如指掌的基础之上,正所谓"熟能生巧"。

作为综艺节目的策划,不管是专业的、业余的,还是临时"客串"的,都面临一个不可回避的问题:不是你策划者"愿意"策划什么,而在于你被要求和"能够"策划什么。也就是说,策划活动从来都不应该是一厢情愿的,而应该是策划者、策划对象和策划实施者等几者之间在一定的环境和条件下,为了相同的目的而结合在一起的一种智力行为。忘记了这一特性,任何策划都只能是一种空想、一种盲目行为,正如大自然中我们到处都可以见到的那种"谎花"——虽然也按时绽放,虽然也清新美丽,但却永远也结不出果实来。

(一)策划的宏观追求

在宏观策划阶段,策划者主要任务是:描画策划的大致轮廓,设定策划目标,寻求最佳切入点,激发策划灵感,产生策划创意。

描画策划轮廓是一项非常重要的工作,在进行策划时,它对策划者的思维方向具有导向性的作用,同时,所描画的策划前景对策或者还具有鼓舞和鞭策的作用。一个困难多端、前景黯淡的策划,很难想象它会具有什么吸引力,会招来八方贤达为它"衣带渐宽终不悔";相反,一个顺乎潮流、前景辉煌的策划,不但可以占尽"天时"和"地利",而且还能引来八方"能人"为它献计献策,锦上添花。

这里所谓的策划轮廓,并不是具体的创意或策划细节,而是一种整体上所期待的效果——策划者希望达到的策划目的和希望产生的效应。

设立策划目标,在策划的这一步骤里,就是给出策划的期望值。它已超越了描画轮廓阶段的只言片语式的愿望表达或思想火花闪现的层面,而进入到了建立在对策划对象的主客观条件的全面调查了解和分析研究基础上的关于策划要实现的目的的完整而精练的表述:策划方案。这是在策划全程中既考验策划者动脑能力,又考验策划者动笔能力的一个关键阶段。在这个阶段里,策划者的主要任务是:整理策划成果,选出可行创意,形成策划方案,排列策划方案。

在对五花八门、良莠混杂、参差不齐的创意和点子进行整理选择时,策划者有时要凭直觉凭经验进行直接判断,有时则是运用逻辑思维进行理性判断,但无论进行哪一种判断,都离不开这样三项基本原则,即著名策划人王志纲所归纳的"三性":

1. 唯一性

唯一性是电视节目策划中必须高度强调的一项原则。这是观众收视心理和电视节目市场规律所决定的。如果所策划的节目内容雷同、形式雷同、风格雷同,就会引起观众的逆反心理,降低收视率,因而在节目市场上也将前景黯淡。因此,电视节目策划者必须时时牢记四个字——人无我有,要敢于和善于引领电视节目发展的潮流,才有可能使自己的节目在形式和内容等许多方面具有了唯一性。

2. 排他性

排他性是电视节目策划的一项重要的、实用的原则。所谓排他性,其本意是指一事物不容许其他事物与自己在同一范围内并存的性质。但在电视节目策划中的排他性却没有"不容许"的特权。这一方面是使用同一媒介同一手段在表现同一题材时难免"英雄所见略同",另一方面则是因为属于知识产权范畴内的节目策划成果,目前尚难以得到切实有效的保护。曾有人试图通过申请专利的方式保护自己节目策划的"产权",但收效并不明显。实践已经证明,电视节目策划的排他性并非不可以做到,只是应该采取有效的方式和途径。这些方式和途径包括:其一,增加高度,使他人难以企及;其二,加强力度,使自己的节目具有无法比拟的冲击力;其三,强化精度,使之具有迥然不同的节目品格。

3. 权威性

电视节目策划的权威性是其策划的唯一性和排他性所赋予的。但在实际操作中,它的作用往往比唯一性和排他性来得更直接更明显。一项策划是否具有独一无二的创意,是否最具有可行性,也就是它的权威性,这往往会成为能否被接受、接受后能否被实施、实施后能否成功的关键。

(二)宏观策划的要点

宏观策划活动中,像"主题"、"动情点"、"气氛"、"场地"、"精品"之类的关键词是不可回避的。中央电视台一年一度的春节联欢晚会,是全中国乃至全世界最大的综艺节目。我们就以央视春晚为例,分别回顾一下这些关键词——

1. 关于"主题"

人们说主题是灵魂,主题是旗帜,主题是红线。这些形容充分表现出中国人文以载道的文化传统。因而,如何做好春节晚会这篇大文章,主办者首先想到的就是确定主题。否则就会认为,晚会是一盘散沙,是鱼龙混杂了。

20多年来春节晚会所表现出的主体内容就一直没有脱离过团结和奋进。我国是一个多民族的国家,台湾尚未回归,且还有分布世界各地的华侨,理应强化团结,才谈得上自尊自强和自豪。没有哪一个国家会为一盘散沙而自尊自强和自豪的。同样,奋进也是应有之意,一个奋进的民族才有希望自立于世界民族之林,才会得到人家的尊重。

1984年张明敏《我的中国心》、1987年《血染的风采》之所以大受欢迎,除节目本身的感染力外,还因为这两首歌与当时的形势相呼应,与观众的心理相吻合。因此,正确确立晚会主题,必须要把握时代脉搏。

竞聘央视春晚的导演是需要招、投标的。每个导演在投标之前对主题都很重视,中标之后,导演可能早就把主题抛到九霄云外去了。

1997年黄宏和巩汉林演出的《鞋钉》,它不知笑倒了多少人。大家只知道好看好笑,谁又知道那届晚会的主题是什么?导演心里当然明白,那届晚会的主题是"团结、自豪、奋进"。为了几颗钉鞋的鞋钉,闹出许多笑话,到底是在表现"团结"、"自豪",还是"奋进"呢?恐怕连总导演自己也会说不上来。可以说在创作、排练的过程中,导演压根儿就没想过什么主题。朱时茂与陈佩斯在1990年演出的《主角与配角》,一个长期演配角的人,总是想演主角。当他真的占据主角地位后，却依旧像个配角。而当年的晚会主题是"团结、和谐、欢快"，这个小品到底和主题有什么相干呢？就算把导演请来，他也无法说清二者之间的关系。如此看来，晚会只要把握一个欢乐、祥和的基调就行了。在这个大框子里，有广阔的天地供导演和演员们驰骋。果真能够如此，则不仅是导演之福，也是全国亿万观众之福了。

回过头来看，定不定主题到底还是个仁者见仁、智者见智的问题。2002年春节晚会强化了娱乐，似乎有淡化主题的迹象，于是很多观众不乐意了，打电话者有之，报刊上发表文章者有之，网上发帖子者也有之，意思大致相同，都在质问：面对一系列大事喜事，中国入世、北京申奥成功、中国足球队首次进入世界杯决赛圈等，这些焦点、热点事件应是主题的最佳题材，可是春节晚会为什么作了淡化处理？

这就表明，文以载道，念念不忘主题者是大有人在的。

在20多届晚会主题词中，2004年的字数最少——"祝福"，就两个字。为什么定为"祝福"，袁德旺是这样解释的："中国人有祝福的传统，像拜年呀，过年许愿的习惯。多年前是明信片满天飞，后来是电话拜年，然后是短信。2003年经过'非典'之后，不管是海峡两岸还是全球，都更加珍惜健康、事业、生活。所以我们考虑到特殊年份的观众心情，以祝福为主题。"

主题的一定性，使得晚会从形式到风格、特征都有了相对的固定性，阎肃曾对晚会主题做了一个归纳："我觉得晚会已经形成了一个模式，模式之一，必须是现场直播；模式之二，必须在大演播室；第三，必须是三大支柱，即歌舞、语言类节目和戏曲等；第四，必须有动情之处，勾人眼泪；第五，必须有少儿节目、民族节目；第六，开头必须要红火热闹，其中必须有电报、电话。"如果再加上两条：第七，必须反映当年大事；第八，那几个老面孔一个也不能少。这样正好凑成八条，姑且谓之"晚会的老八股"。

想当初，第一次春节晚会开张时，谁也没有着意创造什么模式或者套子，只是根据春节晚会特定的要求，将那些短小精悍、易于整合的艺术品类加以利用，并且取得了相当好的效果，为以后的晚会提供了很好的基础和经验，这就是活泼热闹、幽默风趣的小品、相声、歌舞等始终垄断春节舞台的主要原因。

2002年春节晚会前夕，总导演陈雨露同网友对话时，网友问："请问陈导，今年的相声小品有多长时间，可以讲一下吗？"陈雨露答："大约两个小时，最少也有十个相声小品的节目，占我们春节晚会时间的一半以上。"这就充分表明，春节晚会的内容结构是二十多年一贯制了。

随着生活节奏的加快和市场经济的深化，吃快餐的人越来越多。这一现象不知怎么就越来越浓地感染着我们的春节晚会，可以预见，"快餐消费"将在春节晚会上越来越有市场。2002 年春节晚会的节目随便排一下,就有一大串"快餐"型和准"快餐"型的东西。由冯巩、郭冬临、陆鸣主演的《台上台下》,三个人又弹乐器又耍嘴皮子献殷情,不仅显得"非驴非马",而且内容空洞;侯跃文们把"马儿"弄上台又舞又唱,一番卖力讨好,却让人笑不起来。这些节目过目就忘,是典型的"快餐",并且是味道极差的那种"快餐"。王小丫、李咏、鞠萍加上三个可爱的孩子演出的《闯关》,虽然赏心悦目,你却不得不承认它也是"快餐",不过是味道较好的"快餐"罢了。

因此,我们只能说,春节是固定模式的传统节日,春节晚会越来越模式化、越来越"八股化"就也顺理成章了。春节吃饺子就吃饺子,你变成吃饼子就不伦不类了,讲究的不过是饺子里面的馅子变化而已。回过头来说,联欢就是联欢,你尽可以放平心态,尽管笑笑罢了,不能像对待纯粹的艺术展演那样去要求。在这种心态下,你再去看演员离开本行的"反串"表演和一些当红名人的业余"客串",再去看"断章取义"的大联唱和热闹非凡的舞蹈,再去看一笑了之的相声和小品,就不会怨气冲天了。

春节晚会通过主持人之口,或通过节目内容,引入与当年的成就和辉煌密切相关的杰出人才,虽然已成"八股",却也是亿万观众的心理期待。当"马家军"带着"东方神鹿"的英姿在春节晚会露面时,每一个中国人都在为之叫好;当徐良的一曲《血染的风采》唱出当代军人为祖国而献身的情怀时,每个炎黄子孙都为之感动;当国际奥委会主席萨马兰奇在春节晚会上祝贺中国申奥成功、并祝中国人新年快乐时,全球华人不是都为之欢呼、为之自豪吗?

2. 关于"动情点"

所谓动情点,是指在春节晚会中能打动人心的节目,可以说是晚会的高潮点,也可以说是最能体现主题意义的那个部分。就像做文章一样,不断地铺垫,不断地推波助澜,最后走向高潮。可见动情点在晚会中是多么重要。

动情点的源头应该追溯到第二届春节晚会的准备中去,即 1984 年 1 月。最先提出设置动情点的是李平分。李平分是八一电影制片厂的编剧,后来因写电影《大决战》而蜚声影坛。他从黄阿原带着自己的女 JLN 来剧组大干苦干而深受感动,便向黄一鹤建议一定要有个动情点。

李平分说:"港台艺人参加是今年晚会的一个特点,每逢佳节倍思亲又是中国人的习惯。利用这一点,让阿原给孩子打电话,用孩子的嘴说出想念台湾爷爷奶奶的意思,用简单的语言,激起所有炎黄子孙的思亲之情。"

总导演一听,拍案叫绝。于是便有了以后春节晚会强调的"动情"一说。在那一届春节晚会上,对动情点的实际操作比设想的又进了一步。阿原的孩子打电话说了想念爷爷奶奶的话,晚会结尾时,又让一个女孩子给陈思思献花。孩子问:"阿姨您还走吗？您走了,我们会想念您的。阿姨,明年您还来吗?"黄阿原和陈思思含着热泪同孩子的对话,确实感动了不少人。

后来据李平分回忆,他之所以提出"动情"说,是因为受到1983年第一届春节晚会的启发。当时,电影演员刘晓庆已多年未回蜀探亲,这次为主持春节晚会,又不能回蜀探望父母了。直播那天晚上,刘晓庆的行为令其他主持人大吃一惊。她在念完一封电报以后加了一句串联词中没有的话,她对着镜头大声说:"此时此刻,我最想念的是爸爸妈妈,我想你们一定坐在电视机前,明天我就要赶回去和你们一起过年。在这里,我先给你们二老拜年了!"

在中央电视台,借着直播的机会说自家的私事,不是"假公济私"吗？这对别人来说,绝对是"胆大妄为"的行为。不用说做,就是连想也不敢想。谁知这一"妄为"却得到了极好的效果,观众对其人情味大加赞赏,连姜昆他们也都非常佩服。马季事后还在说:"你瞧瞧人家!"

李平分对此记忆犹深,他被请到1984年的春节晚会剧组后,就一直想在晚会上设置动情点。不用说,这一年关于动情点的设置是非常成功的。此后,晚会关于动情点的设置就层出不穷了,其中有不少神来之笔值得一书。比如1987年春节晚会的巨大成功就得益于此。当时的晚会编导组组长苏叔阳提出了一个理论,即"黄金分割法",他把晚会分四个部分,每个部分的高潮都是"动情点",并把整个晚会的最高潮设在四分之三处。这就是1987年晚会中,《血染的风采》这一节目所处的位置。事实证明,这一安排是很有道理的。

1994年春节晚会,蔡国庆和林萍唱了一首《无悔的选择》,设置了一个动情点,加上演员的自然发挥,使晚会达到了高潮,有一千多封观众来信,赞扬了演员和运动员的真情交流。当时,马家军连续创造了世界女子长跑纪录,震惊了世界体坛。他们跑出了中国人的志气,跑出了中国人的风采,让所有的炎黄子孙为之一振。他们被请到了晚会现场。歌曲《无悔的选择》是歌颂运动员的,演唱前,倪萍含着眼泪进行了解说。当时还在后台的蔡国庆和林萍马上就要上场,心里已经酸酸的了。导演要求演员不要同观众、尤其是运动员们拉开距离,要在观众席上唱。正式演出时,一群戴着红领巾的小朋友将鲜花献给我们的世界冠军,音乐于是缓缓响起,演员便唱了起来。出人意外的是,世界冠军们竟然将鲜花转而献给了演员。演员抱着鲜花,成了运动员对人民回报的一个象征。蔡国庆灵机一动,一边唱一边走向马俊仁、王军霞,又代表人民把鲜花重新献给了他们。这一突发的情感交流,激起了全场经久不息的掌声。由此可见,真正能打动人的并不是事先的刻意安排,而是现场的真情发挥。

1989年春节晚会让人动情的是聂卫平姐姐聂卫姗家小保姆的故事。聂卫姗用她无私的奉献精神,挽救了一个安徽小保姆的生命。感人的故事,深情的讲述,很能打动观众。这时,与故事主人公同坐一起的韦唯动情地唱起一曲《爱的奉献》来:"这是心的呼唤,这是爱的奉献,这是人间的春风,这是生命的源泉,只要人人都献出一点爱,世界将变成美好的人间。"

前国家主席的夫人王光美和她的老师也同来参加晚会,在《爱的奉献》的歌声中,王光美同她那年迈的老师深情拥抱,现场观众便情不自禁地齐声唱起了《爱的奉献》。此情此景,此时此地,剧场内外,爱的暖流在相互交融。

对于《爱的奉献》这首歌,韦唯始终认为,这在当时主要是符合了广大观众的一种心态,就是人与人之间的一种爱心,人与人心灵的一种呼唤。

一年又一年,导演们为了寻找那个动情点,用得上"煞费苦心、惨淡经营"这两个词儿。正因为如此,历届春节晚会都把动情点当做重头戏来抓。曾经有过这样一个新方案,就是请前奥委会主席萨马兰奇和前奥委会委员何振梁先生光临晚会,同大家一起共度除夕。因为萨马兰奇是中国人民的老朋友,与我国领导人也有很深交往。由于他的不懈努力,终于在离任前实现了由北京举办 2008 年奥运会的愿望。何振梁和萨马兰奇一样,一生致力于体育运动,北京申奥的成功是他们各自事业上的辉煌顶点,中国人民也将永远感谢他们。因此,由他们到晚会现场现身说法,一定会使亿万中国观众感触万千,油然而生动人之情。现场设计让何先生邀请萨马兰奇 2008 年再来北京,这时,邓亚萍等上前给二位老人献花。献花中,一首歌唱和平的旋律响起,把这个传颂时代心曲、抒发民族豪情的动情段落推向高潮。为了实施这一方案,央视立即向萨马兰奇发去了邀请函。

可是,年逾八句的萨马兰奇并未光临,似乎也在意料之中。这样,这一届晚会的动情节目便搁浅了。已经到了大年三十,中央电视台上上下下还焦急万分,快要进入直播了,还没找到动情点。动情点成了晚会的魂,成了晚会主题的代名词,因而大家就像丢了魂一样,六神无主。于是紧急动员,要大家出主意想办法,大有不找到动情点就不开播的架势。那就只好凑合了,可是晚会播出后,未见效果,反而有人询问:今年的动情点在哪儿?难道被淡化以至取消了吗?可见,不管导演或观众,还是有很多人对动情点情有独钟的。

当初,人们在春节晚会中发现了动情点,并着意培植和经营,于是整台节目的质量为之提升;如今,人们过分重视了动情点,于是整台节目为之失色。真是成也萧何,败也萧何了。

3. 关于"气氛"

多少年来,春节晚会都应了一句中国古话,叫"众口难调"。想想也真是如此,全国的男女老少在同一时间看同一节目,就休想把全国人民的口味一齐摆平。如果有一天,晚会达到上下左右一致举手通过的地步,我们想那晚会也就走到头了。值得让人注意的倒是这样一种现象,不管春节晚会节目好看不好看,反正大家都要看,看不着也还要打听。这就是魅力,也是春节晚会的最大优势。

1984 年,陈佩斯和朱时茂把电影拍摄现场发生的一些有趣的事稍加润色搬上舞台,就是那个《吃面条》的小品。

春节晚会前,剧组与体委的运动员、教练员组织了一次联欢,为了看看《吃面条》的效果如何,陈佩斯和朱时茂演出了这个小品。这一演不打紧,许多人都被吓坏了,因为那小品笑倒了一大片运动员。笑到什么程度?连具有丰富舞台经验的朱明瑛都笑得趴到地下了,这也就笑得某些剧组人员脸都挂不住了,流露出一种惶恐而又复杂的表情。他们觉得让老百姓这么开心是一件很可怕的事,要承担政治责任。马季却拍着陈佩斯的肩膀说:"兄弟行哪,没白折腾。"

可剧组中有人说:喜剧效果不错,但政治上没有什么更高的追求。要不是总导演的坚持,《吃面条》就会被完全扼杀在摇篮中了。结果播出后效果很好。

后来有人评价《吃面条》,说这个节目的意义并不在于它喜剧上的成功和为电视增加了新品种,而是在于它把欢乐还给了人们。尽管只是这么一点,尽管它出生得如此艰难,尽管它也闹出了那么多的尴尬,但在 1984 年那个特定的年代里,它的出现确实是件大事,它是划时代的。

中央电视台就像一个大厨师,面对的是幅员广阔的大中国,厨师要想调出东西南北人人叫好的筵席来,几乎是不可能的。但是,不能因为如此就不办春节晚会了。明知不可为而为之,年年难办年年办,几经折腾,整出一桌席来,能有一半人叫好就是天幸了,稍有不慎,叫骂声四起,主办者成了攻击的靶子。

许多有识之士早就呼吁晚会的主办者,从观众的愿望出发,从群众利益出发,牢牢抓住"欢乐"这个基调就够了。人们坐到电视机前,不就是准备欢笑一场的嘛。春节晚会千言万语,万语千言,归根到底就是一个字——乐。这"乐"就是我们追求的祥和、喜庆、火爆和热烈。大年三十,所有中国人都愿意乐呵呵地玩起来,因而让观众玩得兴高采烈、情趣盎然、心花怒放、乐不可支便成了晚会的责任,达到这一步,晚会也就成功了。这已是人们都有的共识,无须讨论了,关键在于玩什么,怎么玩,玩得精彩不精彩。

第一年春节晚会时,人们刚刚从禁锢中走出来,每个人心里都渴望着欢乐,而那届春节晚会办得也确实皆大欢喜,至今让人津津乐道。回想当初,要达到那种效果,也不是没有经过思想斗争的,因为各人心里都有各自的"标准",不敢稍有造次。

王景愚有个人人叫好的哑剧小品,名字叫《吃鸡》。这个节目以大幅度夸张的表演描写一个人吃鸡的过程。可这鸡没有煮烂,鸡筋比橡皮筋还要结实,甚至还有弹力。45岁的王景愚正是风华正茂的年纪,《吃鸡》被他演得活灵活现,一个人在台上拳打脚踢,吃鸡吃得"天翻地覆";观众则在台下笑得地动山摇,"浑身抽筋"。

这么好的一个节目,王景愚就是不敢上。

姜昆:"《如此照相》我都说了,还怕人打右派呢,不也过来了嘛。"

王景愚:"你那《如此照相》突出政治,是社会大主题呢!我这《吃鸡》突出什么?突出个吃字儿。世上不还有三分之二的人在水深火热之中嘛。"

马季出人意料地说:"咱们要胆子大的话,就突出一个乐字。十几年了,老百姓没怎么乐,为什么粉碎'四人帮'后相声那么受欢迎?就是大家需要欢乐嘛。咱们春节晚会让大家欢乐好了。节过好了,节目就成功了。"

在那时,马季的话肯定是语惊四座了,也成了一段至理名言,无意中切中了春节晚会的本质,那就是欢乐。虽然王景愚的《吃鸡》有幸在晚会上演出,但主办者的"欢乐"并不彻底,许多好节目常常因为教育意义而卡壳。

但这毕竟是个进步。历届春节晚会的许多好节目,也正是在保守与进步的斗争中涌现出来的。20年来,春节晚会的导演们和组织者一直把"欢乐"二字作为晚会的主题或基调,这一点也是有案可查的。

阎肃曾经说过:"中国人高兴的事还在后头呢!我们应该很踏实、很平实地一步步往前走,这才是中国人应有的心态。我们做春节晚会就是这么一种心态,就是想让大家乐呵乐呵。当然困难也会很多,但我们都能过去。"

4. 关于"播出形式"

2002年2月6日下午,中央电视台召开春节通气会,首次向媒体公开了春节晚会的整体面貌和大量节目细节。中央电视台副台长胡恩评价说:"最大的创新是突破了封闭结构。"他说,走过了20年的路程,晚会在不断改进和完美中一步步走向成熟,今年的晚会在内容和形式上都有新创意。

晚会总导演陈雨露认为,与以往19届春节晚会相比,有三个特点:

一是开放式总体结构。晚会将采取由中央电视台1号演播大厅为主会场,与深圳"世界之窗环球舞台"分会场对传,以及上海、沈阳、西安三地单边注入现场直播的整体结构,尽可能地在东南西北的空间结构上体现出过去一年我国大事喜事不断的背景,让演播室和广场结合,舞台演出与新闻纪实结合。

二是强调与观众的互动。除传统的主持人外,第一次增加了央视网站在线主持方式,在晚会期间由专门主持人以网上聊天方式随时同观众交流;还增加了一批有助于联欢和互动的非表演性节目,如现场观众与所有演员一起跳"开场舞",全场观众与电视机前观众一起玩魔术互动游戏;观众可以上网、拨打声讯电话和短信息三种方式参与贯彻始终的竞猜活动。

三是注重节目的时代性和现实生活气息。

陈雨露所说的三大特点，其实反映的是同一种创意，即把春节晚会的场子支出去，也就是副台长胡恩讲的"最大创新是突破了封闭结构"。

人们也许并没忘记，1985 年春节晚会时，黄一鹤也曾大胆地把场子支出去过一次。可那是多么令人伤心的一幕呀！黄一鹤总导演至今还难以抚平那时留在心头的隐痛。那能容纳数万人的工人体育场，灯光不行，到处灰蒙蒙的；音响不行，灌入耳朵的都是噪音；无法联络，找一个人动辄要跑一里多路；室外天气极冷，观众都穿棉衣，袖着双手，也就没有人鼓掌……别说了，整个一个乱糟糟。可是如今在深圳分会场又是一个广场舞台，行吗？

问到这次晚会为何把分会场选在深圳，分会场总导演甲丁告诉记者，首先，室外演出的一个重要因素是天气问题，光直播就要 4 个小时，加上准备的时间，演员和观众在室外都需要呆上半天的时间。深圳在春节期间的气候符合这个要求，而这在北京是不可想象的。这也是 1985 年春节晚会失败的原因之一。

"其次，"甲丁接着介绍，"世界之窗露天大剧场在世界上都是绝无仅有的。在环境、舞台、声光和演员四个方面，我们深圳都是一流的，尤其是世界之窗、锦绣中华和欢乐谷的 400 多位舞蹈演员，更是一个无形资产。这些优势都决定了我们入选分会场是当之无愧的。"

除夕之夜的演出，所有港台演员都出现在深圳分会场，而不用到北京去，这是因为港台歌手大都擅长露天歌唱这样的演出形式。同时，这次在歌手的挑选上，全部选择了港台当红的一线歌手，像陈慧琳、王力宏、孙燕姿都是如今非常走红的艺人，在年轻人当中号召力极强。

在这次 500 多位演员中，只有 100 人左右是从外地赶来的，其他 400 多名演员都是深圳本地的。本地演员平时还要完成日常演出，所以合练的时间就成了一大难题。以往遇到这样的大型活动，肯定是中央电视台优先，其他的就只能忍痛割爱了。但这次中央电视台放下了老大的架子，充分尊重合作者的商业利益，没有耽误三地演员的日常演出，除了同北京的对传以外，其他的排练都是安排在晚上 10 点到第 2 天凌晨两点之间，也算是一次小小的改革。

2002 年 2 月 7 日 6 点，春节晚会进行第四次彩排，也是除夕前最全面、最完整、最正式的一次彩排，北京主会场和深圳分会场进行两地节目对传。观众在舞台左侧的大屏幕上看到了深圳世界之窗广场的演出热闹非凡，大队人马的花街游行和马队游行呈现出一派喜庆气氛。中央电视台专门派往深圳担任分会场主持人的曹颖和张政共乘一台大型花车，表现出一种要同主会场比比谁更热闹的架势,向北京主持人提出了"挑战",于是,两地主持人的竞争也带动了北京彩排现场的气氛。

如果说,实施广场露天演出是形式上突破的话,那么,打开无限网络世界则应是"理念突破"了,是另一种"将场子支出去"的表现形式。2002年春节晚会首次引入网络互动的理念,对全球亿万华人网民来说,无疑为他们开辟了一个连接晚会、见证并参与节目的崭新渠道。

网络与晚会的密切结合和整体互动,为春节晚会打开了一个无限宽广的网络世界,拓展了传播领域,展示了中央电视台充分运用现代科技手段、与时俱进、传播先进文化的大台风范,同时也彰显了央视国际依托央视、为网民和观众服务的诚意和决心。

5. 关于"精品"

赵忠祥说,他参加了那么多春节晚会,能记得住的词儿只有1984年他和卢静共同朗诵的《难忘今宵》,并且,那种情感至今仍在他心中激荡。而这首由李谷一演唱的歌曲,可以说已经成为春节晚会无可替代的总主题曲,这是历史的天造地设,这是任何优美的旋律都无法取代的歌曲。

只要一听到这首歌曲的旋律,他就会陷入一种情结,一种和千万观众、亲朋好友在欢聚中的分离,在分离中的期待,在期待中的憧憬,在聚散两依依的惜别之中的互道珍重,而共祝祖国美好,这是肺腑之言。由此可见,赵忠祥对这首歌曲的评价是多么的高。而同赵忠祥持同样观点的人是很多的,特别是与赵忠祥同时代的人,这说明这首歌曲的力量又是多么强大。

但是,这首歌曲的推出却并不容易。这首歌是由乔羽作词、王酩作曲的。那年乔羽在北京郊区参加作协的一个会议,黄一鹤突然找到他商量,能不能为春节晚会写一首歌词。乔羽爽快地说行啊,什么时候要? 黄一鹤说时间紧,最好明天就交卷。这有点赶鸭子上架的味道,真难为人了。可乔羽老先生也真神,就在那天晚上,也就这么个唯一的晚上,他成功了,一气呵成写就《难忘今宵》这首歌词。后来他说连他自己都奇怪,那天不知怎么就文思泉涌,情涌如潮,仿佛是急就章,竟一唱就是20年。而有些平时长时间精心打造的东西却总不让人满意,"十年磨一剑"原来并不是真理。他又说,那次真是巧极了,他的灵感同春节晚会的需要正好在最佳的一点上契合了。

这首歌送到春节剧组时,有些人不同意采用,认为像这样一个全民性的大型晚会,应该使用激昂向上的歌曲压轴,以长气势。总导演和李谷一却主张上,他们认为这首歌音律舒缓、悠扬、亲切、易于贴近群众,且易于上口传唱,更有非同凡响的情感张力。李谷一当时已是歌坛的超级大腕,她的话在剧组是举足轻重的,她向总导演黄一鹤建议,让她先把这首歌录制出来听听,再定取舍。黄一鹤当然会极力配合。李谷一录音时,自然会用尽全力,着力抒发"无论天涯与海角,神州万里同怀抱"的民族亲情,突出表达"青山在人未老,共祝愿祖国好"的无限深情。

很快,一张谱纸变成了一盒有器乐相衬、合唱相伴的立体声磁带。剧组的人们听罢,尽管依旧有人反对,但在黄一鹤和李谷一的坚持下,这首歌终于一炮走红,不仅把晚会推向了高潮,并一直成为春节晚会的压轴戏,且随着电波传向了世界,凡有华人的地方,就会听到这首歌。人们应该感谢李谷一和黄一鹤,感谢他们的艺术眼光,感谢他们对祖国的纯情。

在1984年的春节晚会上,当《难忘今宵》的旋律响起时,大家都感觉到晚会成功了;大家还感觉到,这届晚会比上一年又上了一层不小的台阶。爱祖国的主题被表现得淋漓尽致,台上台下,情景交融。几乎所有的晚会参与者眼里都涌出了泪花,相互拥抱,搂着脖子照相,一同唱着这首歌……

歌声中,港台演员和大陆演员依依惜别,泪水哗然。几个月的并肩奋战,他们结下了深厚友谊。为了年三十,为了十几亿同胞,他们愿意抛弃个人的一切。

2001年春节晚会,总导演王冼平上网同网友交流,网友问:"你们是否认为春节晚会应该保留一些精华的东西,在每年晚会上都上。就像维也纳新年音乐会上不变的曲目一样。"王冼平毫不犹豫地回答:"《难忘今宵》。"

2002年春节晚会,总导演陈雨露在央视国际网络同网友交谈时,有网友问:"陈导,今年的结束曲还是《难忘今宵》吗?"陈雨露答:"是的,因为这首歌已经做到了极致。我认为目前没有任何歌曲能够这样准确地描绘除夕夜人们的心情。所以,这首结束曲还将唱下去。"是的,这首歌至今仍在不断传唱……

第三节　综艺晚会节目的具体设计

综艺晚会的演播形式大致有茶座式、剧场式、外景式及三者混合式。除纯外景式外,其余几种形式都离不开一个固定的演播室。至于对舞美、灯光的要求,除外景式演出白天不考虑灯光外,都与在演播室一样,有一个如何设计的问题。

一、舞台美术设计

综艺晚会舞美的设计,也是晚会作为综合艺术的具体体现,舞美设计给晚会造就一个虚拟的表演空间。虽然它不像戏曲舞美的要求那样针对故事情节,但也要根据每台晚会的不同性质、主题、规模阵容和舞台位置,有的放矢,充分考虑到晚会的风格特点、导演的舞台调度、灯光处理等因素。另外,还要从制作经费的实际情况出发,量体裁衣,不可贪大求全,追求奢华;力求简洁、匀称,突出主题形象,不可过分堆砌、零乱、琐碎,符号太多。每台晚会的舞美设计,都要有自己的独到风格,与晚会总的基调相谐调,使之成为晚会的一个组成部分。设计人员经过艺术构思,画出草图后,应先与晚会导演或策划人员沟通,征询他们对草案的意见,修改后再拿出比较成型的方案,报有关领导审定。

方案审定后,可按比例先行制作出模型,再画制作图(气氛图),将材料颜色、尺寸定位后,即开始购料制作。最后是装景。将设计制作成的舞美、布景立起来。装景时,舞美设计人员要亲临现场指挥搭建,以免因装景的失误影响设计的效果。事实上,在舞台美术设计的每个具体环节上,随时都会有调整和修改。

二、灯光设计要求

在电视节目中,最能体现灯光作用与价值的莫过于综艺晚会。随着电视综艺晚会的兴起与发展,特别是随着电脑灯的普遍应用,灯光的作用变得越来越重要,已经逐步成为综艺晚会不可或缺的主要艺术手段之一,故此,灯光的效果,直接影响晚会的总体效果。

在电影、电视剧和专题类电视节目当中,灯光的主要作用是模拟、再造、还原自然光,基本上是写实的。电视综艺晚会则不然,它的灯光主要是写意的,夸张的,不受光源理念局限的,可以无限张扬的艺术手段。在综艺晚会中,灯光担负着这样几项任务:

一、普遍的景物、人物照明;

二、突出要点,强化审美取向;

三、夸张地模拟时空环境;

四、外化情绪,营造氛围;

五、外化想象,创造意境。

在综艺晚会制作过程中,导演对灯光的要求一般都要遵循"三项基本原则"。

晚会一开场,观众最先看到的节目因素不是演员,不是主持人,而是舞台。舞台是由舞美和灯光构成的,而时下的舞美基本就剩下了平台、航架、标志物三部分,不再设计什么多层次的布景,航架专门为布光而设置,标志物大多用透光材料甚至干脆做成灯箱,平台必有光边、光带——由此可见,观众获取的第一印象和总体印象,基本就是由灯光构成的。灯光是晚会的轮廓,晚会的门面。因此,它必须展示晚会的性质,体现晚会的基调。换言之,第一条基本原则就是:它必须具备鲜明的主题性。

晚会演出过程中,主持人频繁上下,具体节目不断变换,然而无论谁在台上,灯光都得在那里支着、照着、陪伴着、呼应着,它不能总是一种状态吧?因此,第二条基本原则就是:它必须具备充分的可变性。

晚会舞台上的灯光不是案头的台灯,不是街边的路灯,不是简单的照明工具,它是一种用技术创造艺术的特殊手段。因此,第三条基本原则是:它必须具备生动的创造性。

那么,主题性、可变性和创造性是怎样实现的呢?

按照节目生产的进程,我们把它分成四步来探讨——

第一步:周密的先期布光。

按照应用功能划分,演播厅内大体需要14组光——

1.天幕光;

2.景光;

3.非表演区(天幕与表演区之间、表演区两侧)气氛光;

4.特殊效果光(频闪、星空回转等);

5.背景及台面的图案电脑光;

6.足以覆盖整个表演区的意境彩光;

7.歌舞全景用光;

8.小品中景用光;

9.独唱近景用光;

10.主持特写用光;

11.人物移动用光;

12.观众席前排或指定位置访谈、表演用光;

13.观众席照明光;

14.观众席两侧及背景定位彩光。

第二步:具体的用光设计

晚会的具体节目有了雏形之后,灯光部门应当根据导演的要求、小品的脚本、歌舞的音乐及分镜头本(没有分镜头本的应问清出场人数、服装颜色、手持道具、有否特殊要求等情况)、主持人的位置、台下有否表演或采访、节目的顺序编排,逐个逐步地设计用光(一般要有图文记载,否则你的设计很难发挥作用)。

第三步：随着节目排练调光

无论你的预先设计多么细致、充分，到了节目上场的时候都不可能完全吻合，必须在"走台"阶段根据每个具体节目的调度、造型以及情绪、气氛来调整灯位和色温。

第四步：发掘临场即兴创作

综艺晚会不可能像电影、电视剧那样由头至尾全有分镜头本，加之制作时间紧张，从走台到直播（或现场录像）多则三五天，少则一两天，况且节目一直在改动，所以灯光的临场即兴创作几乎是不可避免的。

三、综艺晚会灯光的八个难点

（一）光比控制的问题

电视台的灯光师一般都习惯于"水涨船高"，有人喊"现场太暗"，便一再加光（白光），殊不知，摄像机通常使用自动光圈，自动光圈以强光为标准，一点强光足以使周围整个画面变得灰暗模糊。

（二）照度与色彩的冲突

白光吃彩光，彩光要求压白光，在剧场录制晚会这种矛盾最为突出。

（三）动与静之间的矛盾

晚会演出，演员前动后不动，后动前不动；而灯光却很难同时体现"动"与"静"，顾此失彼。

（四）景别交叉造成的困难

不同景别的照度和色温不可能相同，而综艺晚会的节奏变化需要不同景别交叉，这种交叉造成了画面明暗色彩的不统一。这个问题很难解决。

（五）逆光与辅助光运用的短缺

正因为晚会演出不同于播音、访谈，对象始终在移动，故此勾勒背部和侧面轮廓的光源很难解决，人物总是"贴在背景上"。

（六）灯光对小品"无能为力"的问题

一到演小品，便是"大白光亮堂堂"，灯光师就"喝水、抽烟、上厕所"去了。

（七）扩张与收缩的尺度

有些音乐节目，灯光可以扩张到淹没舞台轮廓；有些语言节目，灯光则应该将背景推远涂虚，将观众的视野缩小，注意力更集中。

（八）灯光很难在晚会中"独占一席之地"

事实证明，灯光除辅助、配合、渲染之外，是可以在一个瞬间——比如歌曲的前奏与间奏期间——唱主角的，但这需要魄力与能力。

四、节目设计

舞美、灯光、服装三项各有专门艺术和技术人员操作,只需编导提出指向性明确、操作性很强的具体要求,并要按部就班地参与讨论、修改、检查、验收,但最后一项:具体节目设计,则需要编导亲自主持。

节目设计从哪里入手呢?

(一)确定节目基调

综合文艺晚会的基调是由整台节目的总体设计、布局、风格、环境气氛所决定,并且受主题的制约而形成的风貌与情调。中央电视台的春节联欢晚会历年都以"团结、欢乐、向上"作为基调,为什么? 这是因为春节晚会不单单是艺术性晚会,而是集政治性、思想性、艺术性为一体的,面向全国、全世界的大型文艺晚会。它的总体设计等均要体现出"团结、欢乐"的主题并把健康和向上作为基调。春节期间,对绝大多数的观众来说,他们要求春节晚会无非是赏心悦目、益智畅怀、皆大欢喜。因此,创作和安排晚会节目的标准应该是思想性、艺术性、娱乐性、趣味性和知识性相结合,寓教于乐,以"格调高尚、雅俗共赏"为宗旨。

例如文化部举办春节晚会,他们选择的基调不同于中央电视台的春节晚会。而以展现改革开放以来,我国文化战线百花齐放、异彩纷呈的繁荣景象和新秀辈出、人才济济的生动活泼、赏心悦耳、欢娱明快为基调,在格调上以"雅俗共赏"、"多姿多彩"为宗旨,在大年初一晚上的喜庆氛围中向全国人民播放,以此突出文化部春节电视晚会的风格与特色。

(二)把握节目形态

关于设计一台综合文艺晚会的节目形态,我们可以借用古人在传授写文章技巧时的一句要诀——"豹头、熊腰、凤尾"。

中央电视台春节联欢晚会和文化部春节电视文艺晚会都非常重视开头点题的节目,并精心设计舞美形象进行营造,借以达到"先声夺人"的目的。在结尾节目的设计里,力争"要有一定的气势和深度,给观众留下美好的记忆和无穷的回味"。在1993年春节晚会的结尾节目是合唱《亮起来中国》,给观众留下了深刻的印象:"中国亮起来,奔涌的大潮,豪迈的气概,催动着壮丽的时代;辽阔的神州,浩瀚的灯海,迎接着光辉的未来! 中国亮起来!"

开头节目、结尾节目设计好,其余就是中间的部分。这部分的节目要扎实、丰富,饱满得像粗壮有力的熊腰一样。在节目安排上有如"连环套"一环套一环地往下进行。

在一台文艺晚会节目的搭配上,应从观众的爱好出发,在观众中,大多数人喜欢歌曲、舞蹈、小品,这三类节目被列为晚会的"三大支柱"。因此,它们是晚会的最重要的组成部分。编导应该予以特别重视。

(三)组织节目素材创作

概括地说,构成综艺晚会的具体元素,不外乎八个字:"歌"(歌曲)、"舞"(舞蹈)、"乐"(器乐演奏)、"戏"(戏曲片断或选段)、"曲"(曲艺)、"杂"(杂技)、"非"(非节目元素)、"串"(串联脚本)。

当整场晚会被看做一个"节目"的时候,其中的每一个歌曲、舞蹈、小品等具体节目通常称作"节目素材"。组织节目素材创作,是晚会编导最重要的工作之一,因为这个环节是晚会质量的基础。节目素材中,最重要的是歌词、曲艺和小品脚本的创作,编导最好能亲自参与,即便你不会写,也要会看,会欣赏,会挑毛病,会指导修改。综艺晚会节目素材的主体,是歌曲和小品。创作过程中,抓住以下三个要点——

为既定内容寻找合适载体——包装宣传点;

用现有实力突出艺术特色——打造印象点;

从相关素材挖掘感人侧面——寻找动情点。

(四)设计节目的结构形式

综艺节目的结构,指的是以各种手段或方式,将丰富多样、色彩各异的节目有机地贯穿连接起来。时下晚会创作者的倾向是,重节目而轻结构。在策划、创意和实施中,编导注重的是节目的选择和编排,至于对晚会整体结构与节目的艺术整合、有序搭建以及如何实行"贯穿",则较少顾及。但结构问题毕竟是回避不了的,任何一台综艺晚会事实上都有一个结构样式问题。

第四节　提报晚会策划方案

提报方案是电视节目策划全程的最后一个步骤。在这个步骤里,编导的主要任务是:向决策层提交策划方案,向决策者和具体实施者阐释策划方案,监督策划实施和总结策划得失,从而积累策划经验,以便今后把策划工作做得更好。

在电视节目策划的过程中,这一步骤的重要性常常被策划者所忽视。这一方面是因为电视节目策划尚未被完全推向市场,策划行为大多还是"卖方市场",还是"只此一家,别无分店",还是"皇帝女儿不愁嫁";另一方面则是因为电视节目策划还没有从实践走向科学,还缺乏理性关照和理论意识。成熟的、负责任的电视节目策划者,在提交策划方案的过程中,要把提交行为上升到战略和战术的高度来加以完成,以便使策划成果能够得以顺利实现向"二度创作"即具体实施过程的转换,通过向不同对象进行阐释和吸纳各种建议和意见,进而使策划方案得以进一步完善和提高。

以上所述策划步骤,并非像"楚河汉界"那样界限分明。策划其实是一项十分艰苦而繁复的劳动,在策划过程中,有时是按这样的步骤一步步顺利进行,更多的时候则是各步骤以重叠交叉的方式进行,往往要折腾很多个来回才有可能推出一项令方方面面都比较满意的策划方案来。从这一点上看,策划的价值和所有精神产品一样,并不是有形的物质所能完整体现和全面衡量的。

编导在构思一台综合文艺晚会时,要注意晚会整体形象的魅力和价值。对构成晚会整体形象的各个节目的选择必须符合双重标准:一是要具有有机整体性。所谓有机整体性,是指节目不但在风格和样式上与整体的节目相谐调,在内容上也要为塑造晚会的整体形象服务,因为它是一个具有内在联系和不可缺少的环节。二是要显示出节目独特的风采。所谓节目的独特风采,则是要求它的内容与形式相统一,并以其新鲜、活泼的特点确立自身的艺术价值。

文案一要写清楚创作这台综艺晚会的指导思想是什么;二要写清楚晚会的艺术构思是什么(其中包括:晚会的基调或格调、艺术风格和美学上的追求);三要以简要的文字写明晚会所采用的结构形式,用概括的语言写明晚会的内容。

策划人员殚精竭虑、煞费苦心、几经研讨、反复修改而形成的方案,只是个草案,需经有关领导或上级部门认可,方能作为正式方案实施。策划人员的方案如果比较切合上级的要求,则无大的改动,但有时会变动较大,甚至推倒重来。最后审定通过的方案,在实施过程中一般无大的变化,也不得任意改动。否则,就是违背了宣传纪律。倘在施行中确有不尽完善处或需要作较大改动时,也要按程序报经有关领导同意。

第五节　电视综艺晚会节目导演实施

一、前期导演

前期导演包括音乐节目录音;外景插播片的采录、编辑;片头、片花的设计制作;字幕稿准备;舞蹈、小品等单个节目排练,陆续进演播现场走台,带主持人全场连排、试装、合光等工作。这个环节需要周密的计划性和很强的机动性。

二、撰写晚会串联脚本

与"前期导演"同步,晚会编导应该安排(最好是亲自动手)晚会串联脚本的创作。串联脚本是晚会的重要组成部分,它不但能起提纲挈领、画龙点睛、锦上添花的作用,而且能完善你无力用节目直接体现的内容,使得晚会主题更完整,气氛更浓郁,效果更强烈。

串联脚本要求具有艺术性、音乐性、口语化。不可长篇大论、面面俱到,要尽可能与画面、节目相协调。忌用前缀后加、叠床架屋的长句表达,力求简洁明快,平实晓畅,准确优美,感情充沛,具有文学性、节奏感和音韵美,富含一定的文化内涵和文学品位。一般来说,综艺晚会撰稿人需阅历广泛,文字功夫和文学功底较深厚。串联词是一种新兴的文体,结构上呈散点式、跳跃式。不那么像一篇完整的文章,但它确实属于"这台"晚会。它不是对节目内容的简单阐释或强调,而是一种艺术强化手段,可以创造新的意境,表达新的情感。

三、现场导演

现场导演从"带机彩排"开始,要求全体演员、主持人、舞美、灯光、音响、视频、服装、化妆、道具、摄像员、导播全部到位,完全按照正式演出要求,进行最后一次协调、配合、演练(发现漏洞,及时弥补)。这个环节要做好这样几件事:

一是给剧组工作人员分好工,谁催场,谁管周转话筒,谁配合字幕、放音、录像……二是候播区张贴大幅节目单;三是把标有对灯光、音响、道具等明确要求的"现场流程表"发送到位。观众入场之后,正式演出之前,"训练现场观众"也是现场导演的任务。

演出开始,现场导演要把握主持人上、下场时机,表达尺度和节奏,控制放音乐的火候,调度演员候场,安排摆、撤道具,发布升、压观众席灯光指令,带动现场观众的场间鼓掌、呼应……最后组织全体演员谢幕。

如果是"现场直播",现场导演的任务到此结束。如果采用的是"录播"形式,他的工作还有下一项——

四、后期编辑

后期编辑,无非是将录好的现场素材进行剪辑处理——剔除杂画面儿,插外景,做特技,完善字幕,包装片头、片花等。它的具体操作属于"制作"课程内容,这里不再赘述。

第十四章　音乐电视(MTV)节目编导

音乐是心灵的呼唤,是流动的情绪,是感情的宣泄。确切地说,它是一门体察和表达人们内心情感世界的时间艺术。雕塑、绘画、摄影是空间艺术,电视是时空相结合的综合艺术,音乐电视正是通过音乐(歌曲)和优美画面的两度虚拟,以意蕴化的音画组合,使观赏者和审美者来完成审美的体验。音乐电视的美和它的功力是在音乐与画面的"虚拟"的融合中。从美学上讲,艺术的作为,在于朱光潜先生讲的"虚拟",越是虚拟的才越见艺术功力,要不然也不会出现印象派、抽象派的音乐和绘画。

音乐电视(MTV)的主要内容是 3~5 分钟的影像与流行歌曲相结合的录像带。音乐电视一诞生,就成一种音乐时尚、一种潮流,并风靡欧美等国。音乐电视于 20 世纪 90 年代初传入我国,并在 1993 年开始兴起,迅速成为我国优秀民族音乐的媒体和推出音乐作品的重要手段。音乐电视这种节目样式,为广大观众所喜闻乐见,尤其是青年人,更把它当做一种时尚、一种潮流、一种文化。

第一节　音乐电视的基本特征

一、音乐电视概念

MTV——音乐电视,最早源于美国,大约是 20 世纪 80 年代。"MTV"这一英文是 MUSICTELEVI SION 音乐频道的缩写,是泛指专门用于播出电视音乐歌舞节目的频道。在这个频道中,既有电视音乐,又有电视歌舞,还有歌曲广告片等,简而言之是传播音乐歌舞的频道载体,并非是今天我们认识的一种节目形式和节目制作形式的代名词。

音乐电视是运用电视技术手段,以音乐语言为抒情表意方式,以画面语言为烘托的辅助表现形态,给观众以音乐审美感的电视艺术片种。

音乐电视的特征是:画面依赖于声音而存在;画面具有广阔的艺术时空;画面讲究创意;画面表现音乐多采用意画对位方式。

音乐电视创意的美学基础是以人为本,不同文化背景音乐电视的创意不同。音乐电视的创意类型有:叙事情节型、情绪感受型、抽象变奏型、超现实虚构型。

音乐电视的空间形态有:现实空间、虚化朦胧空间、抽象的超现实的空间、歌手的主体空间。音乐电视的运动有:人物的运动、自然界生活中的运动、摄像机的运动、特技运动。这些动态结构与音乐相结合,将听觉的美转化为视觉的美。

中国的音乐电视起步比国外晚10年,大约是在90年代初,在促进中国音乐电视的发展中,中央电视台起到了很重要的作用。1993年,中央电视台创办了第一个播出音乐电视的栏目——《东西南北中》。同年3月,《东西南北中》栏目推出了第一期音乐电视作品,一种新的内容、新的样式、新的节奏,一个鲜明个性化的节目,一时间使中国的电视观众有了较深刻的印象,使人精神为之一振,许多国人喜欢上了这种电视节目的样式。这种新的节目——音乐电视全面调动了电视所拥有的各种技术、艺术手法,丰富了音乐的想象空间,找到了具有强烈节奏感的画面表现形式。在中央电视台的带动下,各地方电视台、各大电视制作公司、文化传播公司、歌星等纷纷参与加入音乐电视的拍摄,在许多人喜欢但还不了解音乐电视是什么的时候,音乐电视已红红火火地在中国发展了起来。

音乐电视之所以具有强大的生命力,一是因为音乐电视赋予音乐新的意境、新的形象、新的美学特征,使演员和观赏者对音乐的理解得到了更为生动和形象的艺术发展。二是因为它为歌唱家艺术形象的永久性保留和艺术声誉的宣传提供了最快捷的新的手段。三是因为它开掘了人们欣赏事物美的两大器官,实现了音乐艺术(听觉艺术)和电视艺术(视听觉艺术)的完美结合,给观众带来了美的视听享受,因而深得各个阶层、各个年龄段观众的欢迎和喜爱。音乐电视具有各个阶层、各个年龄段观众欢迎和喜爱的广泛的群众基础,是一种很富有生命力的电视文艺形式。四是因为它具有广泛的群众基础,成为老百姓日常生活娱乐和欣赏便捷的陶冶方式,带有很强的商业卖点价值,有一个很强的经济市场,融资较为方便,销路广。

《宣传舆论学大辞典》对电视音乐艺术片的解释是:运用电视技术手段,以音乐语言为抒情表意方式,以画面、语言为烘托的辅助表现形态,给观众以音乐审美感的电视艺术片种。

虽然电视音乐艺术片的概念较大,但其形态与音乐电视并无两样。所以,音乐电视是电视音乐艺术片的一种独特的表现形式。

二、音乐电视的特征

音乐电视节目的特征有哪些?它与电视音乐、电视音乐片有什么区别?到目前为止,在电视理论界、在电视实践中还没有一个既明确又有权威性的定论。没有权威性的定论的原因:一是因为音乐电视是一种新的电视文艺节目样式,发展快、变化怪、形式多,它的制作者与生产者——经纪人、音乐人、制片人、编导是一种以实际性为主的艺术创作形式,音乐电视的理论研究往往落后于音乐电视创作的实际。二是创作音乐电视的基本上是一线电视台的编导,他们都忙忙碌碌于电视节目和音乐电视的创作中,很少有时间去搞些音乐电视的研究和总结,一旦他们能静下心来搞些音乐电视的研究和总结时,音乐电视新的花样又出来了。三是从电视艺术创造的规律上讲,一种新的电视样式的出现,是不断发展前进和在完善之中,这种新的艺术创作样式既不可能是电视理论工作者固步自封研究的结果,也不可能是一部分编导创作的音乐电视作品就是音乐电视创作的终结的样式,它有待于一个较长期发展,在较长期的发展过程中,科学分析、归纳、总结其创作的特征,得出相对一致的共识。

回过头来看,音乐电视从电视歌曲的概念到频道的说法,再到音乐盒带,再发展到今天,人们所见到的音乐电视其历程也不过是短短的二十几年,在这二十几年中,音乐电视其概念、特征发生了很大的变化。值得庆幸的是,音乐电视在这几年中发展极其的迅速,策划创作的水平也越来越高,制作的音乐电视节目也越来越精湛,已基本上趋近于本质的电视节目样式。

(一)画面依附声音

一般的影视片的声画关系,声音处于依附画面的地位,即声音是次要的,画面是主要的。画面是吸引观众的兴趣所在,声音只是烘托或帮助画面更清楚地表现主题。而在音乐电视中,声音是画面赖于存在的条件和基础。

在音乐电视节目中,音乐起到叙事抒情以及说明和阐释的作用。通过一首音乐曲或歌曲的旋律和节奏组合,引起观众的情感,从而产生一种由联想到幻觉的审美愉悦,让观众在这种审美的愉悦过程中体味生活、了解人生,起到感化人的作用。所以,首先应该有一首好的乐曲或歌曲,然后有精美的电视画面烘托包装,才成为一部好的 MTV 作品。

画面在音乐电视中是创作者对音乐意境的感悟的具象表现。在音乐电视中,它与音乐互为补充、相互协调,完整统一地表现同一个主题。两者关系是和谐的,相得益彰的。音乐旋律和歌词所提供的意境,要通过画面的进一步阐释和再塑,才能得到延伸和准确表达。

(二)时空抽象艺术

一般的电视音乐在舞台或演播室或实景拍摄完成,其时空特征较为现实,而音乐电视的时空表现更具艺术特征。在时间表现上,可从远古到现在再到未来;在空间表现上,可以是现实空间,也可以是幻想的空间、特技的空间,上天入地无所不能。其时空特征多为表意性的,故而更能体现出音乐电视的电视艺术特征。

(三)创意决定成败

音乐电视有别于一般的电视演唱歌曲。它是在创作者充分理解音乐作品的前提下,充分利用电视手段,设计创作与音乐作品相适应的画面,将音乐与画面相结合而成的电视屏幕艺术。在这里,电视的画面是为表现音乐为目的而出现的,而一般的电视歌曲,其画面仅是为传播歌曲而出现。往往在屏幕上看到的仅是演唱者和简单的背景,画面并没有刻意为音乐而作。而音乐电视要求画面按音乐的结构、意境,采用更多的电视手段来创作。所以其画面创意更能体现出电视屏幕艺术的魅力。

(四)音画互补对位

音乐和画面相对独立地表现各自内容,音乐的听觉内容与视觉内容并不一致,但是两者又是一个统一的艺术体中两个不可分割的侧面,它们互相补充、协调,通过组合,升华为一个共同的主题。如反映香港回归的题材《365里路》,其音乐歌词内容找不到一点与回归内容有关的含义,但是和具有回归内容的画面相结合,使歌曲主题升华到回归上。

但也有采用音画统一的方式的,即音乐歌词内容与画面内容的统一。如广东电视台制作的音乐电视作品《海阔天高》,通过歌词表现"青春飞翔"的内容。画面是身着泳装的青春丽人、在天空飞翔的飞机以及3个在蓝天映衬下做飞翔造型的美少女歌手。这里采用了平实的表现手法,将歌词与画面统一起来,共同表现"青春飞翔"的主题。

从音乐电视的特征中可以看出,一部成功的 MTV 作品,必须有一曲好的乐曲或一首好的歌曲,同时还应配上表现音乐意境的、具有创意的电视画面。

第二节　音乐电视的创意

音乐电视创意的核心是画面的结构形式。

音乐电视创意由叙事与写意两个部分组合而成。

音乐电视独立的叙事系统由歌词所指构成,其独立的表意系统由镜头画面视觉所指构成。由音乐所产生的韵律、情感将两者结合在一起,形成完整的视听感觉和视听效果。

创意的目的不在于表现什么,而是怎样去表现,怎样将抽象的音乐旋律转化为具体形象的视觉画画。

创意中,画面主要强调其写意功能。音乐中的歌词大都为叙事,如果画面中再强调叙事,则画面就变为图解歌词。寻找歌词所描绘的气氛、意境、感觉、情绪,并将其镜头化是画面创意的根本。

创意的创作就是要在歌词与画面中找到一种结构形式。

音乐电视中,镜头对歌词原意既是一种诠释,又是一种超越;既是一种气氛展示,又是一种感觉创造,一种创作者对歌词、对作曲的认同分析的理解。

如《好大一棵树》的创意以写实的手法借物拟人。画面中乡村、学校、教堂、村落、孩子、老师等都是借物、借景。利用这种借物、借景将树的概念具体化为人类灵魂的工程师,拓展了歌词的描述,烘托了音乐本身的气氛,为音乐形象、歌词形象找到了具体的载体。音乐电视的创意不是图解歌词内容,而是要超越和表达歌词所表达的含义,力求寻找最容易表现创意的画面。

一、音乐电视创意的概念

创意是指具有想象丰富、独特新颖的创作构思。

音乐电视的创意是指给音乐电视中的音乐形象系统和歌词表意系统创作构思一个视觉形象系统。

(一)音乐电视创意的美学基础

音乐电视的美学特征是通过音乐电视创作者在创意上的艺术追求来体现的。也就是说,不同的创作者,其创意是不同的,因而其美学特征也有差别。但既然同属音乐电视这个文艺样式,总有其共同的美学特征及创意规律。东西方音乐电视创意的基本美学基础,都是以人为本作为音乐电视的基本的美学基础。以这一特征为美学基础创作出的音乐电视,尽管千姿百态,多姿多彩,但其美学的基础都是一样的。以人为本就是以听众和观众为本位,强调创作者与听众观众的交流,缩短两者之间的距离感。

以人为本作为音乐电视的美学基础,与音乐的美学观念有关,因为"音乐的意义存在于音乐的参加者(作者、演奏者)与欣赏者的关系之中"。在这样的美学观念下,多数音乐电视在创意上都努力创造一种演唱者与欣赏者密切交流的气氛,强化这种亲密关系。

如有些音乐电视,其场面直接就是演唱者与群众的场面,歌迷在歌手亢奋情绪的鼓动下,狂热奔放,直接参与了演唱的活动,这种交流是最直接的。

但更多的音乐电视在以人为本的原则下,在创意上更强调人的意识的复苏以及自我的反思,呼唤自我的复归及自我心理的调整,其创意更具电视的艺术特质。

如广东电视台制作的音乐电视《海阔天高》,其创意就是展开青春理想的翅膀,在海阔天高的空间里遨游、飞翔,实现自己美好的理想。在画面创意上安排了一个个充满青春活力的泳装丽人作为美好青春的象征。而在天空飞翔的模型飞机则是理想飞翔的象征。

再如国外的一部音乐电视《美丽的孩子》的创意则是对自我童年梦的追寻。这部音乐电视在现在和过去的两个时空中交替进行,而且在画面创意中用了一个洋囡囡作为过去童年生活的符号象征。歌手在追忆中讲述了童年对世界的认识。画面中,小时候在庄严的教堂里奔跑,暗喻对宗教的模糊理解;而随风飘动的窗纱则是儿时对美好的渴望。作品最后以一座旷野上孤独的小屋作结束,表示歌手孤独的心灵。

我们从以上的例子,更清楚地理解音乐电视是以符号美学为特征的创意。在音乐电视中的画面和人物以及各种字符的组合,都是某种意义的象征。这些模糊的人物及文字概念没有特定的指向和含义,但都能调动观众巨大的想象力,使观众在观赏音乐作品后能自觉或不自觉地对作品进行定位,体味人生,得到美的愉悦。

音乐电视这些创意的美学基础,导致了创意的五彩缤纷,也导致了音乐电视创意的品位区别,反映了创意者的世界观及价值尺度。

(二)社会文化背景对创意的影响

音乐电视的创意虽然有共同的美学基础,但不同的社会文化背景其创意美学取向是不同的,这也就形成了不同历史传统、地域特征、文化环境具有不同的创意。

中国的音乐电视分为大陆、香港、台湾三个地区。港台的音乐电视创意基本是沿袭欧美方式。其主题大都是风花雪月、爱情的悲欢离合。其中也不乏民族色彩或古香古色的传统韵味,但创意的格局基本控制在城市文化的范畴,缺乏忧患意识与凝重感。近些年,港台的音乐电视更加欧美化。其光影的变化、影调的处理、镜头的运动等各个环节都力图表现得更前卫。

中国大陆的音乐电视则注重历史感和民族性。其主题有农村题材的,也有城市中的人与社会的关系等这样的题材。在创意上,中国大陆的音乐电视一是突出乐感文化,太平盛世与幸福感是最重要的主题,其色彩多为暖色调;

二是创意比较强调叙事性结构,寓教于乐,重说理、讲故事的创意结构较多。中国大陆的音乐电视创意为主题服务,这是其显著的特征。中国大陆的社会文化背景决定了其音乐电视突出民族性,并确立了其音乐电视的美学风格:首先是为大众服务的和为观众所喜闻乐见的电视艺术形式。既非对国外音乐电视模式的照搬,更非离开民族审美习惯的标榜。它所展示的是中国的音乐,是中国人渴望的美的享受。

二、音乐电视创意内容

(一)音乐电视画面创意要求

(1)镜头要实,空间要虚;

(2)形象要实,审美要虚;

(3)结构要实,气氛要虚;

(4)技巧要实,节奏要虚;

(5)动作要实,合理性要虚;

(6)细节要实,整体要虚;

(7)思想性要实,主题要虚。

(二)音乐电视创意的类型

1.叙事情节型

这种创意是以现实主义的风格为主,在生活中选择一定的场景、一定结构的情节,来阐释音乐电视歌词的内涵。这种创意方式在我国的音乐电视中用得较多。其生活气息很浓,为我国电视观众所喜闻乐见。

这种创意要求环境的选择要简洁、典型;形象的选择要宜于概括且非常准确;空间的选择要多一些流动性,让气韵能够升华;其情节是一根既虚化又实在的线,时断时续,情节点到为止。其情节实际上用来传神造事,创造音乐的境界。

如孙悦演唱的音乐电视《祝你平安》,表达美好祝愿和一种深情的爱,意义深广。创作者设计了一个教师和她的聋哑学生之间的情节故事,以此作为感情的载体。许多场景既实在又虚幻,既有叙事的情节,又大气开阔,是叙事、抒情类的优秀作品。

这种情节型的创意不是戏剧化的,更不是图解式的。要求环境形象高度地简洁和典型,而且空灵而富有诗意。与其说是生活的场景,还不如说是生活整体的象征。如音乐电视《祝你平安》中,以暖黄色为基调的温馨的教室,教室这个空间一时出现老师和孩子们,一时出现飞落在宽阔教室里的鸽子。这空间既符合歌词内容,也典型而灵秀且富有诗意。

值得指出的是,有的情节叙事型的音乐电视过分地戏剧化。往往把创意搞得很实,把音乐电视的境界限制在一个非常狭小的空间里;还有的只是把一些生活的场景和歌词里的内容进行简单的对位。这样就失去了音乐电视应有的意境和诗意。

2. 情绪感受型

情绪感受型不追求情节性和故事性。它是选择一些与主题有关的富有象征意义的视觉元素进行组合排列,形成一种形象的视觉流,利用形象的积累和冲击直接作用于人的情感。它比较注重象征和情感的外化。

如音乐电视《我们的大中国》是一部情绪感受型的音乐电视作品,它利用很多富有概括力的视觉元素(如音乐电视里的京戏、大鼓、红绸、东方舞蹈以及天坛、黄河、长江、喜马拉雅山等具有中国特色的形象元素)形成了一定情绪的流动,并将它们有机地结合在一起,形成一种视觉的流动,以结成一种情绪的纽带,用情绪的冲击来完成主题思想的表达。

情绪感受型的视觉元素一定要有概括性和象征意义,含义要非常准确。另外,要容易为观众所解读,容易取得共识。其形象虽然不要求连贯,但形象之间要有内在的逻辑联系。有的情绪感受型音乐电视其形象组合含义不很明确,让观众看起来感到莫名其妙,这样就达不到阐释音乐、表达主题的目的了。

3. 抽象变奏型

这种类型的创意,主要是强调一种纯形式的美感。将生活中或自然界中那种具有形式美感的形象元素中的线条、光线、色彩加以提炼、抽象,用以构建具有音乐美感的形式结构;或利用创造性的手法,如搭景、制景等方法来构建具有形式美感的时空,传达音乐的节奏和韵律。抽象变奏型的这些线条、形状、光线、色彩等,虽然是来自具体形象的元素,但由于经过提炼和任意的组合,因而具有全新的视觉感受。

4. 超现实虚构型

这种类型的创意直接诉情于人的思维时空的思维意象,给人以一种远离现实、超然物外的感觉。它的形象大多是通过一种创造性的手段,如绘图、搭景、电子特技、电脑绘画、屏幕合成等方式,来创造超现实的时空,创造一种天国、海底任凭想象力驰骋的境界。这种类型的创意需要有大胆的想象,去开拓电子特技所赋予的潜力,创造出一些非常奇特的视觉样式,给人的心灵以巨大的冲击力。

如由那英演唱的音乐电视《雾里看花》,主要是利用电子特技进行制作。它有很多非现实的时空和一些神奇的变化,如水里的鱼、会走的花、玻璃窗的雨水、乌云、手指发出的划过天际的闪电、洁白的室内升腾的色彩缤纷的纸片等等。

这类创意在西方的音乐电视中是很常见的,在我国这类音乐电视作品中不多见。一是创作者对这类创意的思维还不太习惯;二是这类创意的实现需要好的技术条件和经济实力,我们现阶段难以达到。但是我们一定要有大胆的幻想、开拓的思维,一旦条件成熟,我们就能大显身手,制作更加富有创意的音乐电视。

以上几种不同的创意类型,是根据创作者对音乐主题不同的思维方式来进行划分的。在实际的音乐电视创作中,创意是变化无穷,不断推陈出新的。

第三节　音乐电视的空间形式

音乐是一种时间的艺术,而电视画面是一种空间形式。音乐电视的创作,就是将音乐的时间容纳到电视的画面空间之中。空间思维是音乐电视创作的一个重要思维。音乐电视中的环境空间是音乐歌曲的容器,所以我们要选择或创造典型的、富有表现力的空间,来容纳歌曲的情绪氛围,真正做到寓情于景,情景交融。

一、音乐电视的空间形态

(一)现实空间

现实空间是来自于现实生活的环境空间,包括室外和室内的空间环境。它要求根据歌曲内容选择不同的地理条件、季节气候、早晚阴晴光线变化、建筑物的时代特征和人文个性特点。现实空间不是固定不变的、呆板的空间,而是一个包括时间在内的充满活力的整体。它应该具有歌曲所需要的那种气氛。

如《巴山夜雨》这部音乐电视作品的主要空间就是用了三峡这个真实的空间。创作者精心地选择了三峡的雨、雾、云等真实的空间氛围,来帮助表达歌曲所特有的那种情调。这部音乐电视作品以充满温情的现实生活空间作为其主要的空间形象,如小溪、玉米地、旷野中的火车、长城等现实的空间。而长城则是歌手所在的空间。它以独特的空间个性,来使歌曲产生一种概括和象征的意义。

(二)虚化朦胧的空间

音乐电视的空间形态不能太实。无论哪种风格样式,都要让它有一种空灵的、虚化的、朦胧的空间存在。这是由音乐的个性特征所决定的。音乐是趋向于人的心灵的,而心灵的意象总有一种飘忽不定、琢磨不透的感觉。所以,现实生活中那些飘忽不定、游移变化的具体形象,就有一种模拟人的心理意象的功能。即便是在一种现实时空里,如果穿插一些空灵的虚化朦胧的空间,也使生活中的具象有一种升华的可能,使观众的心灵能欣赏音乐的时空。

如《一梦千年》是一部具有古典画意美的音乐电视作品。其中隐约的竹影、飘渺的烟雾、虚幻的倒映,形成了一种空灵秀美的、具有音乐美感的时空,来容纳主人公那委婉动人的情思,具有诗化的意境。在《一千零一夜》这部音乐电视作品中,有烟、雾、倒影、水波的叠画等等,形成了一种虚化朦胧的空间形象,创造了歌曲所需要的一种童话境界。在《你是天上的明月》这部音乐电视作品中,以夜晚这种独特的光线效果,轻雾笼罩的小桥流水、以及利用光学的手段,形成了一种流动的光波等,创造了一种虚化朦胧的空间形象。

（三）抽象的超现实的空间

抽象的超现实的时空出自人的主观的心理状态。它的目的就是远离现实空间,塑造出一种陌生感、神奇感,在空间上给予心灵以震撼。

抽象的超现实的时空都来自于人工的创造,如搭景、置景,还有光学的变形、电子特技、电脑绘画等等。

例如,《看未来有什么不一样》这部音乐电视作品,用电子特技形成的多重空间、多种形象的奇特组合,在视觉上给予观众一种新奇感,以传达音乐潜在的内涵。如往上冒的小泡、在空中旋转游移的扇叶、白云、歌手组成一个奇特的多重空间。

在《为你朝思暮想》这部音乐电视作品中,用置景、绘景而形成一种抽象化的空间形态,造成一种与现实生活隔离的陌生的空间感,与音乐形象相匹配。

（四）歌手的主体空间

歌手的主体空间就是展现歌手本体特征的空间。如舞台上歌唱现场、录音棚里、麦克风前,这些都是歌手的主体空间。音乐电视一个重要的目的就是要推出歌手,因此非常重视歌手的主体空间,要给歌手一种自我抒发自我表现的空间,以展示他们自身的素质,以给观众留下深刻的印象。

如《朋友》这部音乐电视作品,就始终贯穿歌手在录音棚里唱歌的主体空间,其中也穿插了其他的空间,有些空间还利用了歌手在录音棚里唱歌的叠画。

歌手的主体空间在拍摄时,常常是一气呵成,成为母画面,以便剪辑时歌手的歌声气势连贯流畅。欧美的音乐电视创作,非常重视歌手演唱的主体空间,它们总是不时穿插在整首歌的各个时代流程之中。无论空间如何地变幻、流转,凡是到了歌手演唱的近景、特写时,歌手的演唱无论是口型和情绪的力度,总是一气呵成,贯穿始终。

空间形式的多样性、空间视觉的鲜明性、空间效果的意象性、空间组合的多重性、空间变化的丰富性、跳跃性、空间信息的多义性、空间定位的超越性,都是我们创作中所必须严格把握的。

(五)多重空间形式的组合

音乐电视的空间形式不讲究空间的同一性,而要求空间具有跳跃性。所以,在空间的选取时,场景要多一些、变化要大一些,以便进行多重空间的交叉组接,使之具有视觉的丰富性和音乐的节奏感。

如《同一首歌》这部音乐电视作品,就是采用多重空间的组合。它主要由三个时空组成:一个是现代时空,一群年轻的女提琴手活跃在琴房和旷野之间;二是过去时空,硝烟弥漫的战场;三是歌手的主体时空,体现歌手的演唱和情绪。

二、空间形式的选择

雄浑高亢的歌曲要求大空间、大气势与之相匹配,而柔美、抒情性的歌曲要求狭小、曲折、低暗的空间与之相匹配。一些民歌也要求有与之相配的地域化的空间环境。

如《黄河源头》这部音乐电视作品展现了黄河雄伟的河岸、广袤的原野、飞奔的骏马、奔腾的河流等壮丽的地域空间特色。黄河是中国人民的母亲河,展现她的空间美,使中华儿女更感自豪。这些空间与歌曲的气势相结合,使歌曲更加气势磅礴。

个人情感的浅吟低唱,需要个人化的空间,画面里低沉狭小的空间形象,合乎人物特定的心境,也体现了音乐自身的形象。

音乐电视的空间形式,无论是从现实中去选择,还是人工的创造,都要十分地简洁和富有特征,要根据歌曲含义所赋予的时代特征、地域特征、季节特征、个性特征来选择和创造空间。

如《今夜的寂寞让我如此美丽》这部音乐电视作品,其所选择的空间是非常个性化的,非常具有个人所处的时代、职业和个性的特征;而《同桌的你》这部音乐电视作品,具有非常现代的校园空间特色。

第四节　音乐电视的运动

在音乐电视中,运动和音乐之间的关系与舞蹈和音乐的关系一样,是最容易相互和谐、相互融合的。音乐电视的运动,是释放音乐情绪的一个重要手段。音乐电视运动的设计,不在于其运动的目的,而在于运动的本身。运动所产生的时空流动感,最能体现人们对音乐的感受。

音乐电视的运动包括多个层面有机地组合。在音乐电视创作中,我们主要关注两个层面,一是人物的运动(动作、位移);二是自然界、生活中各种物体和运动体的运动,包括摄像机的运动、特技的运动。这几种运动方式的有机组合,就有如舞蹈里动作的变化和队列的变化那样,会形成一种有机的流畅的动态结构,来与音乐的旋律相对应,将听觉的美转化为视觉的美。

如《少年梦》这部音乐电视作品,就是通过人物自身优美的运动设计以及剪辑时运动速度的变速、摄像机的角度变化等等,形成了完整的与音乐相和谐的运动旋律。

一、人物运动

人物自身的运动(包括歌手、角色)是指人物在电视画面中的运动。音乐电视中的运动应该跟着音乐走,这很像舞蹈演员和戏剧演员的某些特点。在中景中,人物的动态主要由人的表情和视线的方向,由头部的转动和手势动作所组成。要注意让演员的运动和谐一致,其运动要和音乐的节拍相和谐。另外,在音乐电视中,有许多不同的中近景,要注意设计它们不同的方向和轨迹。如演员不同方向的出画入画,上、下两个中近景就要设计不同的方向入画出画。还有一些不同轨迹的变化,这样中近景组接在一起才有一种流动感,富有动律的美,不至于单调重复。

如在《我的新中国》这部音乐电视中,演员的中近景就富有运动性。摄像机的运动配合歌手的视线、朝向、动作、手势和行进的路线而出现不同的变化,组接起来富有视觉的动感,使歌曲产生流动的韵律。

在拍摄全景时,就要注意人的姿态语言,注意人物姿态和周围环境的关系,使他们和谐一致。歌曲的那种高雅、凝重、欢快、轻柔都应该体现在演员的姿态语言中。在拍摄全景时,同样要注意轨迹和方向的问题。现在经常有这样的情况,就是在相同的全景里,演员都拿出他们最合适的姿态和最喜爱的动作,而拍摄方向却又忘记了他们的变化,所以组接时就显得非常重复,而且也缺少姿态语言的丰富变化。应力图避免这种情况。

二、背景的运动

自然界有许多运动体的动律,具有比喻、象征的意义,具有怡情的作用。所以,我们要借助它们的动律来抒发音乐的情感,借物抒情,这是艺术上一种通用的法则,,如风吹杨柳、叶子飘落、雨的涟漪、水的流动、鸟的飞翔、浪打岩石、火的舞动、光的跳跃、马的奔腾等等,这些自然界物体的动态都具有一种动律的美感。当它们吻合着音乐的情感和节奏时,就能将听觉和视觉合二为一,从而产生音乐电视的形式美感。

如在《阿莲》这部音乐电视作品中,将飘动的红绸的动态美作为一个重要的形象,将婉转的歌声变为一种视觉的流动语言,歌声随着红绸在空中飞扬。

任何情感的思绪,都可以在自然界和生活中找到一种动律来与之相对应。音乐电视创作者要善于用音乐的心灵去感受并发现这种动律,进行视觉上的创作。音乐电视的诗情画意由此而来。

三、摄像机的运动

摄像机的运动在音乐电视中最具有实际意义。它是创作者主观情感介入的一种重要方式。摄像机的推、拉、摇、移、跟,极具空间的穿透力。摄像机运动节奏的快、慢、停、顿,能够模拟音乐的节奏。摄像机还有抖动、翻滚、倾斜等各种主观情绪的模拟特色。

音乐电视的摄像,应将音乐韵律融合到运动摄像中,同时要以摄像机身的运动,给演员创造一种流畅自如的演唱和表演的空间。

如音乐电视《大花轿》,用低角度的跟摄以及升降过程的环摇,创造出了一种非常欢快的节奏。再如音乐电视《飞天》、《我留下来陪你》,它们共同特点是具有很好的摄像运动设计。创作者虽然只拥有简单的升降运动设备,但能将升降的运动和歌曲的旋律很好地结合起来。摄像机的运动流畅、婉转,而且富于变化,摄像机运动的节律和歌声的韵律完全吻合、和谐。

四、特技运动

特技运动是利用电子设备创作的一种运动。特技给音乐电视的运动带来了全新的感受,如画面立体形态的运动,画面整体的位移,以及多重空间的组合,形成新的运动形态等等。特技运动和实景拍摄的运动相结合还会产生许多新的运动形态。

如《就是喜欢你》是一部活泼、诙谐的音乐电视,其中运用了多种特技,形成了跳跃变化的动态形式,与歌曲轻快活泼的形式相匹配。运用特技图像的裂变、爆放、抽帧、加速等特技手段,形成了一种快速多变的动态结构,使这首歌具有鲜明的视觉节奏。

新颖的动态结构需要有新颖的手段。因此,在音乐电视的拍摄中,各种运动工具是必不可少的,如移动轨、升降车、新型的移动肩架甚至飞行工具等。

要学会运用一些出其不意的角度和出其不意的动态方式,用自己身心的动律来实现音乐的旋律,创造完美的动态结构。

第五节　音乐电视的形象

一、歌手形象

歌手的形象是音乐电视主要的形象,是形象设计的重点。

制作音乐电视的一个重要目的之一,就是通过电视媒介推出歌手,以歌手的演唱魅力来取得社会效益和经济效益。

在设计歌手的形象时,首先要处理好歌曲和歌手之间的关系。歌手的气质、音色、音域都应与歌曲所要求的风格相匹配。无论从歌手的角度来选择歌曲,还是从歌曲的角度来选择歌手,导演都应遵循使两者达到完美契合的原则。歌手的形象不单指其外在的形象,更重要的是歌手的声音形象。不同的歌手有不同的声音形象,有的雄浑、厚重,有的甜美、圆润;有的善唱民歌,有的善唱美声或通俗歌曲。导演要根据不同的情况来选择歌手的形象。

如音乐电视《好大一棵树》,歌曲的格调雄浑、厚重,而田震声音比较纯朴、纯厚,她的演唱使得歌曲与歌手声音形象相匹配,整个音乐形象呈大气开阔。

有的歌手即便音域很宽,表演戏路广,但一般也会去寻找自己最佳的演唱和表演状态,寻找与自己形象相契合的歌曲来制作音乐电视。

在音乐电视的制作中,有所谓包装歌手的说法。这种包装是为迎合社会某些群体的审美趣味,塑造一个公众的形象,以求得一定的商业效应。这当然是可行的。但这种包装应该适应歌手自身的特点,能够加强和促进歌手的风格发展。如果包装只是出于一种商业的需要,去迎合某种趣味,对歌手进行硬性的包装,扭曲歌手自身的特质,这对于歌手来说是很大的不幸。

在音乐电视中,演员的服饰应尽量接近于现实生活,不一定像舞台那样浓妆艳抹。在电视中,可以采用中景、近景和特写的镜头来表现演员的形象,使观众有一种与演员面对面的感觉。所以,歌手的服饰应当尽可能生活化,化妆要清淡一点,这样就显得亲切自然,为广大观众所接受。

总之,演员的服饰、化妆应当崇尚真实自然,以显示歌手本身的自然本色和演唱的魅力。

在音乐电视的拍摄中,场景是不断地在变化,由于录音条件的限制,歌手的表演和演唱常常是分开的,也就是说歌手在现场不是真正的演唱,而是跟着事先录好的录音带唱,这样就形成了一种对口形的表演。这种形式常常使歌手演唱的那种感觉和他(她)声音的那种力度不合,再加上后期制作的口形对不准,这就使得观众在欣赏时出现一定的障碍,有损歌手的形象。所以,歌手应练就一种表演的力度和歌唱的力度协调统一的魅力。无论一部音乐电视分几天拍摄,分多少个场景,都应有一种连贯的激情和统一的力度。舞台的表演和屏幕的表演不同,舞台演唱一气呵成,而屏幕是电视化的,需要分场景、分时间进行表演。因此,要求歌手具有一种控制能力,真正做到在任何时候都能发之于内,形之于外,把自己真正融入音乐形象之中。

二、角色形象

角色形象指的是歌曲情节中的人物形象。在一些情节型的音乐电视创意中,除了歌手担任一定的角色外,还有一些情节需要其他人物担任一定的角色,特别是有些音乐电视歌手不在其中担任角色,更是如此。

如王志文演唱的音乐电视中,王志文既是歌手,又是音乐电视中的一个角色,而许晴则完全是情节所需要的一个角色形象。

音乐电视中的表演要求从简,不要使情节太剧情化。演员表演的时间可不必太长,要具有一种雕塑感。音乐电视中演员的表演不是一种完整的表演,而是一种对角色的塑造。要有准确鲜明的服饰外表,以及具有概括力和雕塑感的表演,淡化戏剧的表演意识。这是因为,一部音乐电视作品一般只有不到5分钟的时间,容不下过于细腻的表演;同时,过分细腻冗长的表演会分散观众视觉的注意力,使视觉负载过重,没有欣赏音乐的空间。

演唱者和情节中的角色可以是一个人,也可以分开。许多有名的歌手往往具备表演才能,两者合一有时效果更好。

如由艾静演唱的音乐电视《流浪的燕子》中,艾静就一人充当了多重的角色,村姑、学生、流浪艺人等;其场面也很多,每一个场面就像闪电一样,稍纵即逝。但观众却能在每个场面的流动中,把它连接成情节,构成故事。

角色的形象除了服饰典型准确外,还要配以一些小道具、小动物。它们常在点明时代、传递情感、渲染地域风情、增添生活情趣方面起到一种视觉的联想作用。

音乐电视中形象的含义较为宽泛。如用一些动物、物体的形象进行象征和比喻,以展示歌手的一些个性特征。美国的杰克逊就用黑豹来自喻,以表示其表演风格和歌唱特点。总之,要力求用创作的形象来体现歌曲、内容和总体风格。

第十五章　电视舞蹈节目编导

　　电视舞蹈是电视与舞蹈相结合的电视文艺样式。电视是舞蹈的载体和媒体,担负着舞蹈的传播和二度创作。舞蹈有自身的美学特征、动作语汇。只有完整地理解舞蹈的语汇、类型、审美特征等,才能用电视完整地表现舞蹈,并运用电视的手段对舞蹈进行二度创作,创作出各种样式的电视舞蹈。

　　舞蹈的种类有:生活舞蹈和艺术舞蹈、中国古典舞、芭蕾舞、现代舞、民间舞及其他类型的舞蹈。电视舞蹈主要是对舞蹈的完整传播、记录和二度创作。电视的摄像要以完整保留舞蹈动作为准则,景别的选取多用全景。电视舞蹈的编辑应以表达舞蹈语汇的完整性为原则。在电视舞蹈中,声音要与画面统一。

第一节　舞蹈的审美特征

　　舞蹈是最古老的艺术形式之一。人类的幼稚时代就已出现了舞蹈。实际上,那时的舞蹈活动几乎渗透到人类社会的一切领域:劳动、战争、祭祀、娱乐、爱情等,几乎没有一项重大活动能离得开舞蹈。舞蹈在民间广泛流行。随着人类社会生产力的发展和人们审美意识的发展,舞蹈逐渐在诗与歌、音乐的相互依附中显示出独立的表现能力,最终成为一门独立的艺术门类。

　　舞蹈是以形象来反映社会生活、表达思想情感的。它区别于其他艺术的主要特征是:舞蹈必须使用人体的动作和姿态来创造形象,表现人的思想和感情。舞蹈属于具有视觉和听觉特征的艺术。在视觉上,它的主要表现手段是人体的运动和造型;在听觉上,经常伴随着音乐。

一、舞蹈的动作性

舞蹈动作指经过艺术提炼和美化,纳入一定节奏规范和程式体系的、能够表达一定情感的人体动作。舞蹈是通过提炼与美化人体的运动或动作来塑造形象,描绘人物的思想感情,表现情节事件与冲突。所以,舞蹈是一种人体动作的艺术。

舞蹈的动作虽然在表现思想内涵时不如语言那样清晰和明确,但是在表现人情感的丰富、细腻、强烈和对人们感染的直接作用方面,动作有着独特的作用。舞蹈与雕塑有着相近的地方。雕塑贵在能够抓住人物某一瞬间留下的形象,来表现情感的顶点。舞蹈可以说是活动的雕塑,它同样需要抓住人物形象最精彩或连续性和组合性,因而就更加具有艺术表现的丰富性。

舞蹈动作可以按身体部位加以分类。头部的主要功能是传达舞情,而面部表情乃是显现舞情的重要部位。颈部是头与肩的桥梁,演员头部方向的转动是由颈部控制的。肩部在大多数舞蹈中不独立运动,它作为带动手臂的力量而发挥作用。臂和手因其关节灵活且有一定长度,故能完成较复杂的动作并跨占较大的空间,其动作语汇最为丰富。胸、腰、胯居于人体中段,远不如手臂灵活,都是显露身段美的主要部位,中国古典舞讲究"以腰为轴",正是看到了腰部在舞蹈中的突出作用。腿和脚是舞蹈的关键部位,它支撑着演员的身体,完成各种舞步和弹跳、翻身动作。腿脚自身有着丰富的语汇,如吸腿、跨腿、披腿、踹腿、盖腿、勾脚、绷脚等。

从运动形式看,舞蹈动作可分为局部肢体动作、跳跃动作、旋转动作、跳转动作、滚扑动作等。

从运动性质上看,舞蹈动作可分为表现性动作、虚拟性动作、技巧性动作。表现性动作以传达情感为原则,没有明确的指义性,却与心灵内容有着某种对应关系,比如昂首挺胸常传达兴奋、希望的心境,低头缩胸则显现出灰心、失望的情绪等。虚拟动作是对写实性动作的加工,舞蹈中纯粹写实的动作是没有的。大都将现实动作虚拟化,如《洗衣歌》中姑娘们洗衣的动作、《丰收歌》中割稻的动作均属此类。技巧性动作常常不表现具体内容,它作为演员舞蹈水平的标志而出现,其自身的形式美就具有特殊的魅力。这些动作也最能博得观众的喝彩。

舞蹈动作由两个方面组成,一个是直接来自日常生活中的体貌姿态和情感动作;另一个则是来自能够显示人的精神和力量动作的高度提炼,即超越一般的日常生活动作,而赋予特定的内涵与技巧的动作。无论哪一类动作,对舞蹈来讲都是重要组成部分。舞蹈从最单一的形态,到一个舞句、一个舞段的组织；从一个小型舞蹈到一部大型舞剧的形成，都是由各种动作的组合、发展变化所完成的。动作组合的目的性明确与否，动作表达的情感准确与否，都会影响舞蹈本身的艺术质量。

二、舞蹈的抒情性

舞蹈在表达情感方面具有特殊的作用。早在原始舞蹈中，舞蹈的抒情作用便显示无遗。先民们"手之舞之、足之蹈之"，追求的就是能充分、直接、鲜明地表达丰富的情感。人类的各种情绪和情感在不同的舞蹈作品中都能得到生动具体的体现。所以，舞蹈的美学本质在于，它主要不是简单模仿人物行为，而是表达人物的内心；主要不是再现事物，而是表现性格。舞蹈中模拟性的功能，应该服务于表情性的功能。由于人体自身的限制，过于复杂的情节和深奥的思想，就不是舞蹈所能体现的。

当然，强调舞蹈的抒情性特征，并非忽视它的叙述作用。优秀的舞蹈艺术应该能够充分发挥多种表现力，灵活运用抒情与叙事的表现方法，使两者在舞蹈中完美地结合。

三、舞蹈的节奏性

舞蹈节奏又称舞律或律动。现代德国艺术史家格罗塞指出："舞的物质是在动作的节奏调整，没有一种跳舞没有节奏的。"舞蹈与音乐一样，在一定的节拍中进行，这是节奏最简单、最基础的形式。更重要的是，舞蹈还通过动作的力度、速度、幅度、方向、层次而构成舞蹈特有的节奏起伏。一般说来，力度大、速度快、幅度广、层次高的动作相当于节奏曲线中的强拍或高潮；而力度小、速度慢、幅度狭、层次低的动作相当于节奏曲线中的波谷，类似音乐中的弱拍或低潮。例如劈叉大跳动作力度大、速度快、双腿完全伸展、空间层次高，具有强的性质；而缓慢地卧坐，力度小，全身蜷曲，所占空间缩小了，空间层次低了，因而就有了弱的性质。上述节奏的诸种因素并不总是统一的。比如"扑步"的空间层次很低，但它速度快、力度大、幅度广，因而常用来表现机敏警觉、准备行动的神态，属于"强"类动作。

节奏对舞蹈来说，也是一项重要的特征。任何舞蹈都是有节奏的，没有节奏就没有舞蹈。动作是舞蹈的主要表现手段，但只有将动作节奏化，才能使它符合运动的规律，成为舞蹈中的动作。节奏实际上就是人们对时间的一种知觉和把握，它本身是生活现象和自然现象的延续性、顺序性、规律性的反映。在舞蹈中，节奏一般表现为舞蹈动作力度的强弱、速度的快慢、幅度的大小等等。相同的动作在不同节奏的变化中便体现出完全不同的内容。在大型舞剧中,节奏还与剧情的进展相关联,角色情绪的高涨与低落、矛盾冲突的激化与缓解、内容铺展的浓密与疏淡等,都能构成大的节奏跌宕。

四、舞蹈的造型性

人们常说,舞蹈是动的绘画、活的雕塑,这说明舞蹈必须具有造型性。而造型性本身,首先就要求动作的构成具有美感,必须是经过提炼的最生动、最有表现力的典型性动作。这当中包含以人体做姿态的造型、舞蹈队形等等。舞蹈造型的美感,可以来自对于现实生活的准确表达,也可以来自对于思想情感的诗意表达。

舞蹈构图指演员通过舞姿和动作所形成的空间结构关系。

舞蹈构图可以分为静态构图和动态构图。

静态构图可从两个视点加以表述:一是观众的视点,即观众所能看到的各种舞蹈造型;二是鸟瞰的视点,即演员所组成的队形。当然,所谓鸟瞰视点只是从观众视点通过想象转换而成的。演员动态过程的每一瞬间都能构成舞蹈造型,但暂时的停顿所产生的静态造型给观众留下的印象更为深刻。

动态构图也可以从两个视点来表述。从观众视点看,舞蹈构图表现为演员对舞台空间层次的使用。比如劈叉大跳是从中层空间划弧线上升到高层空间,然后呈弧线落下;双飞燕大跳则呈直线由中层到高层再落到原地等等。从鸟瞰视点看,表现为人们所说的"舞台流动线"。各种流线都有其自身的审美物质,演员的横向运动显示舞台的阔度,纵向运动显示着舞台的深度,斜向运动带有冲击力和进攻性,圆形流线是一种周而复始的旋转式构图,"田"字形运动则是运动方向相反的两个圆形的组合,龙摆尾在表现纷至沓来、川流不息的场面时效果极佳等等。

舞蹈构图属于舞蹈的形式要素,但它对内容的体现起着重要的作用。另一方面,它本身也具有相对独立的审美价值。

五、舞蹈的综合性

众所周知,艺术在其发展的初级阶段,音乐、舞蹈、诗歌等有着不可分割的亲密关系。直到今天,这种不可分的关系依然存在。其中舞蹈与音乐的关系最为密切。舞蹈要音乐作为伴奏,在音乐的节奏与旋律中完成动作。同时,舞蹈还需要运用舞台美工、服装、布景、灯光、道具等多种艺术形式,来为自己的创作提供多种表现手段。

舞蹈音乐指为舞蹈伴奏音乐。音乐是舞蹈的重要组成部分,它要求在速度、节奏、情绪、风格等方面与舞蹈保持高度的一致性,并且对舞蹈气氛加以渲染和烘托。

服装是舞蹈形象的构成要素之一,它不但标示出舞蹈作品的时代、民族、地域等风貌,而且装点着舞者,显示着角色的个性;舞蹈服装还应符合舞蹈的要求,既有利于显现人体美,又有利于演员做各种动作。

舞蹈道具是舞蹈演员表演时所用的器具,如红绸、扇、伞等。其作用是标示活动的性质,延长演员肢体,显示演员支配它的能力。

第二节　舞蹈的主要种类

根据舞蹈的作用和目的,舞蹈可以分为生活舞蹈和艺术舞蹈。生活舞蹈一般是指与人们日常生活有紧密联系,具有广泛群众性的舞蹈活动,如人们祭祖、求雨的宗教舞蹈以及社交舞蹈和具有健身作用的体育舞蹈等。另外,生活舞蹈还包括在民间节目举行的习俗舞蹈,例如朝鲜族的《农乐舞》、维吾尔族的《叼羊》等。

艺术舞蹈则指专业和业余舞蹈通过对社会生活的观察分析、概括提炼,编排设计一系列具有表情达意作用的动作,塑造具有典型意义的艺术形象,在舞台上表演的舞蹈作品。其中——

独舞宜于展现角色的内心世界,抒发情感,塑造性格。一般说来,动作难度较大,技巧要求较高,语汇较为丰富,运用舞台空间有最大程度的自由。作品如《天鹅之死》、《马赛曲》、《海浪》、《水》等。

双人舞是由两个人表演的舞蹈。双人舞善于交代故事情节,通过角色之间的相互关系(或情感交流、或矛盾冲突)体现出各自的性格,男女双人舞常用于表现爱情内容。双人舞对动作技巧有较高要求,尤其是通过两人的配合来完成高难度的动作和较复杂的造型。

三人舞是由三人表演的舞蹈。角色关系比双人舞更为复杂,故事情节也允许更加曲折、完整,思想与情感的容量也更为丰富。三人舞对演员艺术修养的要求并不亚于独舞和双人舞,而在舞台构图方面甚至比独舞和双人舞更具有难度。

群舞是由四人以上表演的集体舞,大多都表现某种单纯情绪,而不宜于刻画每一个成员的个性。它常体现服装、动作上的齐一之美,或通过队形的多样变化,创造出乱中有序的构图效果;在动作设计上,要比独舞、双人舞、三人舞简单而富有特点。

一、中国古典舞

"古典"一词，一是古，即古代社会；二是典，即具有典范意义。"古典哲学"、"古典文学"等名称的使用均属此类。

古典舞是指在长期的艺术舞蹈发展过程中流传下来，被认为具有典范意义和古典风格的舞蹈。它们一般都具有严谨的程式、规范的动作与经典的技巧组合。

如《六代之舞》、汉大曲、唐大曲、《霓裳羽衣舞》以及后来的戏曲舞蹈等。现代人对历史古典舞的再创复现的作品只能称为"古典风格"的舞蹈，如《小刀会》、《丝路花雨》等，均属此类，而不能算古典舞。

中国古典舞不像西方芭蕾那样强调戏剧性，而更着重内心情感的表达，讲究"舞以宜情"，因而更具有诗的气质；舞蹈动作以意、劲、精、气、神为精神支柱，以手、眼、身、法、步为技巧要领，从而构成了刚柔相济、形神统一、文质并重的美学特征；在舞台空间方面，主要占据中层表演区，而不像西方芭蕾那样努力摆脱地心引力。

作为中国古典舞的当代活标本，大致有戏曲舞蹈、武术、杂技中的部分动作和民间舞中流传较广的一些语汇。当然，古代典籍中关于舞蹈的记载和论述、再现舞蹈的绘画也能成为今人创作"古典风格"舞蹈时展开想象的契机和"蓝本"。

二、芭蕾舞

芭蕾是法语的音译，它源于意大利语，意思是"跳舞"。

芭蕾发源于文艺复兴时期的意大利。当时意大利的文学艺术在整个欧洲处于领先地位，艺术家们从古希腊艺术中汲取了丰富的营养，打破了中世纪的思想禁锢，开创了艺术空前的繁荣局面。当时几乎所有舞蹈大师都是意大利人。

芭蕾是当时皇亲贵族在宫廷中自娱性的"晚宴芭蕾"。后来很快流行到了欧洲其他皇宫。现今西方文献中的芭蕾有两个主要的含义：广义的泛指一切以人体动作、姿态表现戏剧故事内容或者一定的情绪和心理状态的舞蹈剧演出形式；狭义的专指西欧 300 年来历史地形成的、有一定技术规范和审美要求的、特定的古典舞蹈形式。前者一般应译为"舞剧"。

第一部具有完整情节的芭蕾是《皇后喜剧芭蕾》，它标志着芭蕾舞剧的正式诞生。1581 年 10 月 15 日，在亨利三世的皇后路易丝的妹妹玛格丽特与儒瓦斯公爵的结婚庆典上，演出了该芭蕾舞剧。作品取材于古希腊神话，表现女妖塞尔斯与智慧女神米纳尔娃作对,在国王的支持下,女神战胜了塞尔斯,塞尔斯向国王屈服。这次演出由凯瑟琳皇太后主持,而皇后路易丝则坐在金车里出场参加演出,意大利籍小提琴家波瓦担任编导,舞台布景设计精心,使用了喷泉和流水机,演出从晚上 10 点开始直到次日凌晨 4 点才收场,观众上万,耗资 350 万法郎。

法国路易十四对芭蕾走向成熟做出了重要贡献。他本人就是一名出色的舞蹈家,主演过 26 部巨型芭蕾。1661 年,他创立了皇家舞蹈研究院,由专家博尚制定了芭蕾的一套基本法则,如规定 5 个脚位,确定动作、术语名称等。

1671 年,芭蕾在黎塞留剧场演出,专业演员出现。开始时,演员一律为男性,女角色也由男演员扮演。1681 年,作曲家吕利说服了拉芳丹等 4 名妇女登上专业舞台,她们成为第一批女芭蕾演员。

18 世纪到 19 世纪中叶是芭蕾日趋成熟的时代,首先摆脱"芭蕾歌剧"中情节与舞蹈相脱离的束缚,又通过舞蹈演员、编导和教师们的贡献,从"情节芭蕾"走向与 19 世纪浪漫主义运动一致的"浪漫芭蕾"。

1832 年,由玛丽·塔里奥尼主演的《仙女》开创了浪漫主义芭蕾的新时代。塔里奥尼首次穿上特制的舞鞋,跳起了"足尖舞"。从此,足尖舞几乎成了芭蕾的同义语。浪漫主义芭蕾以神话传说、童话故事为题材,以幻想世界的仙女、女妖与现实世界的王子、公主为主人公,展开瑰丽新奇的艺术画面,体现善恶斗争的主题。

到了 19 世纪末,古典芭蕾剧在俄罗斯帝国发展到了顶峰。著名编导彼季帕的一系列作品《天鹅湖》、《睡美人》、《胡桃夹子》等成为古典芭蕾的典范。同时,芭蕾也走向僵化。佳吉列夫芭蕾舞团在它的国际性演出中,不仅把古典芭蕾带到世界各地,而且也开始对古典芭蕾的程式化表演进行改革和创新。

本世纪初,现代芭蕾应运而生。它以《仙女们》为起点,在这一舞剧中,福金抛弃了传统芭蕾"挺直的后背"、"外开的两腿"、"固定的五位脚"等僵硬的模式,而着力于开拓肩部和手臂的表现力。他不强调故事情节,取消哑剧成分,《牧神的午后》的出现意味着现代芭蕾走向成熟。尼仁斯基致力于建立新的芭蕾体系,如脚趾内扣、突出重量和梭角,否定流畅的线条等。现代芭蕾不像古典芭蕾那样追求戏剧性的结构,而较多地运用意识流手法,并力求体现出音乐的结构特点。其动作语汇则充分发挥了胸背、腰腹、臀胯等部位的表现力,因而更能深入地揭示人物的情感。此外,男性演员地位逐渐上升,体现出力量与坚定的壮美格调。这在《斯巴达克斯》中展示得最为充分。

同时,在西方现代舞的冲击下,芭蕾在改革中又形成现代芭蕾学派,并派生出许多流派,风行欧美。

芭蕾在它的发展过程中成为一种世界艺术,同时在各国也形成不同的风格。其中有法国古典芭蕾学派、意大利古典芭蕾学派、俄罗斯古典芭蕾学派等。在教学中有意大利的切凯蒂体系、法国的法兰西体系、俄国的瓦岗诺娃体系。

中国第一个跳芭蕾的是晚清的裕容龄。第一部中国芭蕾舞剧是 1950 年由戴爱莲先生编导并主演的《和平鸽》。正式系统引进芭蕾是 20 世纪 50 年代初,由苏联专家传授的俄苏学派古典芭蕾。1956 年演出了第一部古典舞剧《无益的谨慎》。此后,芭蕾在中国扎根生长,除排演了一系列古典芭蕾名剧之外,还创作演出了《鱼美人》、《白毛女》、《红色娘子军》、《祝福》等优秀的中国题材的芭蕾剧目。1976 年以前,中国芭蕾主要是比较正统的俄罗斯学派;1978 年以后,随着许多英美专家的来华讲学和欧美著名芭蕾舞团的来华演出,中国芭蕾在俄罗斯学派的基础上又吸收借鉴其他学派风格,逐渐完善起来。近年来,中国芭蕾舞演员屡次在国际比赛中获奖,这标志着芭蕾在中国开始走向成熟。

三、现代舞

现代舞产生于 19 世纪末、20 世纪初,其美学基本点是与古典芭蕾的僵死程式决裂,反对传统芭蕾单纯追求技巧和形式的倾向,主张自由地抒发人的内在情感,按自然法则展开动作,因此又被称为"自由舞"。

现代舞的创始人是美国的伊莎多拉·邓肯。她立志创造一种回归到人的本性、不受人为范式束缚的舞蹈来表露心灵和展现人体美。她的舞蹈是自由的,即兴的,光着脚趾,着地走、跑、轻跳及其他有表情的姿势,身上只穿轻薄的纱衣;她大胆地采用贝多芬的交响乐、肖邦的舞曲、施特劳斯的《蓝色多瑙河》、法国的《马赛曲》进行舞蹈表演。

邓肯虽然在反传统方面有所贡献,给趋于僵化的舞蹈带来了生机,但她没有提供给人们系统的训练方法,这个缺陷由一位在德国从事舞蹈活动的匈牙利人鲁道夫·拉班弥补了。他把人体动作归纳为点打、轻弹、浮动、滑动、压力、拳击、砍打和扭动八大要素,并运用 20 面体的几何形式分析动作的力度、速度和方向;与邓肯的自由舞不同,拉班舞蹈不是主观任意的自然运动,而是合乎法则的自然运动。为了建立完整的训练体系,他还创造了有名的"拉班舞谱"。

拉班的理论和训练方法由他的学生玛丽·魏格曼发展和运用到实践中去,培养了许多现代派舞蹈家。

玛丽·魏格曼认为舞蹈空间是想象的非理性的空间,可以除去一切物质性界限。动作是空间的生命,没有无动作的空间,也没有无空间的动作,舞蹈通过动作的韵律达到其节拍,而节拍只能来自时间要素。她认为舞蹈就是力的空间和时间,其受制约大多来自空间,而非来自节律。以玛丽·魏格曼为中心的一派现代舞称为"表现主义造型舞蹈"。

在美国,圣·丹尼丝吸收了埃及、印度、泰国等东方国家的舞蹈文化,创造了一种具有宗教色彩的现代舞;她的学生玛莎·格莱姆专门研究呼吸在身体中引起的变化,提出了"收缩与放松"的理论,并创造了一套"格莱姆技巧",而玛丽丝·韩芙丽则将平衡作为理论探讨中心,从而创立了"跌倒——复原"的理论,阐明了平衡与跌倒之间的各种中间姿态和从停止点回到直立姿势的技术,确立了一套"韩芙丽技巧"。

"二战"以后,现代舞的舞蹈家们学说纷纭,各自形成独立的风格与主张。20世纪70年代后,现代舞与传统芭蕾出现了互相师法、取长补短的倾向。

现代舞传入中国是在20世纪30年代。具有探索精神的中国舞蹈家们本着去其糟粕、取其精华的原则,积极探索现代舞中国化的道路,以满足人们多元审美的需要。

四、民间舞蹈

民间舞蹈是产生于民间、流传于民间的舞蹈。它反映着广大群众的生活,表达着他们的思想感情和理想愿望。其内容丰富多样,或表现劳动场面,或展现丰收景象,或表演故事传说,或传达美满爱情,其形式则生动活泼,健美清新。

民间舞蹈最常采取歌舞结合的表演方式。这种方式由来已久。《吕氏春秋》中就记载了原始人类"投足以歌"的场面。

民间舞蹈还注意道具的使用,并由此而形成许多独立的舞种,如红绸舞、扇舞、盅盘舞、伞舞、莲湘等等。每一种道具都在舞蹈中显示出独特的表现力,从而形成了鲜明的艺术风格。

民间舞蹈大都具有浓厚的地方色彩。以秧歌而论,陕西秧歌粗犷奔放,山东秧歌质朴豪爽,都各具姿采。地方色彩也表现在具体动作特征上面,如蒙古舞的抖肩、维族舞的旋转、胶州秧歌的扭腰、藏族舞的踢踏等,各领风骚。

民间舞蹈直接源于现实生活,总体风格质朴自然,充满活力,这也正是舞蹈家不断从中汲取营养的根本原因。民间舞蹈是任何时代、任何国度舞蹈艺术的坚实基础。而加工创作后的艺术舞蹈对民间舞又有反馈作用,土生土长的民间舞或多或少受到艺术舞蹈审美规范的影响。

五、其他类型舞蹈

(一)抒情性舞蹈

抒情性是舞蹈艺术的本质特征。在这一本质特征限定之内,舞蹈内容的主客观关系又有所侧重,重在抒发主观感情的称为抒情舞蹈。如《红绸舞》、《春江花月夜》等。

(二)叙事性舞蹈

重在显示客观事件过程的舞蹈称之为叙事性舞蹈。如《洗衣歌》、《金山战鼓》等。叙事性舞蹈有较多的模拟和再现成分,一般都有一定的事件过程,并在过程中显示人物性格,进而表达主题。

(三)戏剧性舞蹈

戏剧性舞蹈是指揭示矛盾冲突、具有相对完整情节的舞蹈。它是一种舞蹈与戏剧相融合的艺术样式。

舞剧注意人物形象的塑造,主要人物大都具有鲜明的性格特征。

(四)交谊舞

交谊舞又称交际舞,其正式名称为舞厅舞。

交谊舞一般为男女两人的共舞,即男子托女子的腰部面对面起舞,这种舞姿使得舞伴之间的情感交流得到了促进。

交谊舞在当代社会分化为自娱性的和表演(比赛)性的两大类。自娱性交谊舞指纯粹意义上的舞厅舞,是一种特殊的社交方式。

表演(比赛)性交谊舞指国际标准交谊舞。国际标准舞比赛有严格的规定,如服饰方面,现代舞男士穿西服或燕尾服,女士要穿露背式长裙,男士穿较底平跟缚带皮鞋,女士穿高跟(鞋跟5～8厘米)船鞋;拉丁舞男士穿紧身衣裤,上身可做宽松式长袖,女士要穿露背露腿式的草裙,男士舞鞋与现代舞相同,女士穿有襻的高跟凉鞋。发型也有规定,男士为分头,要求前发不遮耳,后发不过领,不得蓄长须,女士或短发,或长发盘髻,不可披长发。动作必须规范、立姿、拥姿、舞步、动作以及节奏、韵律、表情等均按标准完成。

第三节　电视舞蹈节目的形态与制作

电视的出现,使得舞蹈艺术有了划时代的进步。电视将舞蹈带入千家万户,使得本来少数人才可能有机会接触到的这种艺术,让更多的观众认识舞蹈、了解舞蹈、学习舞蹈,对舞蹈的普及、发展起到了巨大的作用。正如沃尔·

特里在《美国的舞蹈》中对电视舞蹈所作的描述那样："电视的出现,使无线电无法传播的舞蹈有机会进入每个家庭。"

沃尔特·特里说明了电视舞蹈节目的发展历程,肯定了电视传媒对舞蹈艺术的传播所起的重大作用。电视传媒在增加舞蹈观众、扩大舞蹈艺术的影响方面,无疑起到了任何媒介都无法比拟的作用。

舞蹈作为一门古老的艺术,其历史悠久。由于技术方面的原因,长久以来,舞蹈资料、文献的保存不如人意。舞蹈长期以来是依靠文字绘画的记载、民间的表演流传下来。文字绘画的记载缺乏动感和连贯性。由于舞蹈资料的缺乏,使舞蹈的创造性受到了极大的阻碍,使得舞蹈还没有建立完整的体系,还没有完全成为一门独立的学科。

电视技术的出现,使舞蹈的记录和保存变得容易而全面。电视是声画结合的艺术,可以快捷地将舞蹈的动作及舞蹈音乐及时完整地记录下来,通过有效的方法保存下来。

一、电视舞蹈节目形态

采用直播或录播方式播出舞蹈演出的实况。如舞蹈比赛、体育舞等。

(一)舞蹈表演实况

采用真实记录的方式制作的电视片。有以记录人物为主的舞蹈人物纪录片和以记录舞蹈为主的舞剧纪录片。

(二)人物类舞蹈专题片

以某一人或事为主题制作的电视片。包括以人物为主题的人物专题片和以介绍舞蹈为主题的专题片。如《杨丽萍舞蹈艺术》,以金色的树林、沙漠、大海、龟裂的土地、夜幕下的树林等为结构和背景,连接舞蹈作品。采用电视手法,充分利用光影、色彩的搭配,营造出梦幻般的舞蹈意境。

(三)知识类舞蹈专题片

主要是指介绍舞蹈知识、舞蹈教学类型的电视片。如介绍中国舞蹈起源的《舞之灵》,浪漫主义芭蕾的《吉赛尔》,古典芭蕾《A、B、C》、《永远的舞者》等。

(四)舞蹈集锦、系列舞蹈

舞蹈集锦主要是介绍不同地方、不同民族的特色舞蹈。如《海外风情》、《东方神韵》、(国际芭蕾舞比赛获奖节目——中国艺术节节目选播)等。

系列舞蹈指的是在主题、内容上有一定联系,但在结构上又各自独立的一组舞蹈。

如《黄河一方土》这部舞蹈片共包含7个舞蹈节目:(1)娶亲;(2)背河;(3)

说媒;(4)闹房;(5)回门;(6)走亲戚;(7)婆姨。

（五）舞蹈比赛

主要是直播或录播舞蹈的实况比赛。

（六）电视综艺节目中的舞蹈

电视歌舞晚会,如各种节庆文艺晚会中的电视舞蹈节目;个人专场晚会,以介绍舞蹈家个人舞蹈表演为主的电视舞蹈;舞蹈专场晚会,舞蹈专场晚会是指专门进行舞蹈表演的文艺晚会;舞蹈比赛(评比)开幕式、闭幕式、颁奖晚会。

二、电视舞蹈节目的制作

（一）电视舞蹈节目的摄像

如何运用电视手段,使电视播出的舞蹈节目能基本接近舞台表现力? 为达到这个目的,首先应该对舞蹈的空间感、力度、材料等特性有所认识。同时,也应该了解舞台观众欣赏舞蹈时的动作感觉等问题。只有在对舞蹈有所认识,同时对观众的欣赏心理比较了解,才能保证电视上出现的舞蹈节目保持原汁原味,同时具有感染人的作用。各种电视手段的运用,必须遵守这样的原则,即正确传达舞蹈的整体含义。只有在这个原则下运用各种电视手段,才能增强电视舞蹈节目的画面效果及感染力。

从舞台上观看舞蹈表演与从电视上观看效果不太一样。现场的舞蹈往往给人更加强的感染力。这既与观看舞蹈的环境有关,也与电视语言的运用缺乏力度有关。从电视上看舞蹈,画面是由摄像师来选择决定的。如果摄像师对舞蹈语汇很熟悉,就能带领观众更好地欣赏舞蹈,如什么时候镜头移到足尖,什么时候出小道具的特写,什么时候镜头出现中景,什么时候让观众看演员的脸部表情等,这些都有赖于摄像师对舞蹈语汇的熟悉。

在一些电视舞蹈中,舞蹈通过电视传播后,其动作遭到了肢解。由于对表情与美丽面容本能的关注,对舞蹈的拍摄往往过多地拍摄舞蹈演员的面部特写,而不注意舞蹈本身动作的完整性,就会使镜头的表现脱离主题,使得画面表现舞蹈的语汇残缺不全,失去舞蹈的原味。镜头的景别选取不当,是损害舞蹈完整性的原因之一。我们知道,远景所包容的景物较多、较全,以人为对象,则可体现出人物全身,但人较小,可以表现人的运动及人与环境的关系。所以远景对于保持舞蹈语汇的完整性是最好的景别,但由于距离较远、人物太小而使其感染力大为减弱。所以,远景应该用于需交代舞蹈场景的部分,通常应该在舞蹈开头时用到,或者用于表现占据空间位置较大的群舞。在独舞中,远景镜头不能太多。但如果舞蹈主题与环境布景有很密切的联系,则需注意远景的运用。有时也用远景镜头叠中景镜头,达到既保存动作、姿态,又兼顾了表情的作用。但使用这种叠镜头时，背景必须单纯。全景镜头应该在舞蹈节目中占主体。全景镜头应该考虑到动作的空间感，适时地通过跟、移、升、降等移动镜头表现动作和姿态；全景镜头应将舞蹈者的动作全收。在持道具的舞蹈如彩绸舞中，全景应包括彩绸舞动起来的美丽曲线。在双人舞中，全景镜头应该尽量保持两舞者都在画面中，若演员处于运动中保证不了，则镜头应先对准主要动作的演员，然后再将两者框进画面。通过这样的空间联系，更好地表现两者的情感关系。

中景、近景和特写的运用必须以舞蹈内容为依据，不能滥用。中景有利于介绍舞蹈的重点元素，如上半身手之舞，下半身腿足之蹈；近景和特写类似于近处凝视的效果，能够造成观众与演员的亲近感，但这些镜头在舞蹈中不能过长，也不能过多，否则作为整体的舞蹈便会被肢解。好的中、近、特写应该有好的剪辑配合。这样，才能传达出舞蹈跳动的情思。例如快速切入的近景、特写，在表现旋转等动作时能很好地将动作感觉传达给观众。

俯拍有利于展现大场面，而仰拍则有利于保全舞蹈动作，也是一种主观感受。此外，灯光对于舞蹈来说，既是必不可少的，又不能太花哨，以避免喧宾夺主。特技运用得当，能增加舞蹈的魅力。比如，慢镜头能充分表现飞腾跳跃等动作美感等等。总之，各种形式、技巧的运用都应以表现舞蹈为中心。

另外，在电视舞蹈的制作中，应该注意如何编舞或如何进行场面的调度，使得有集体伴舞的歌舞节目或群舞在画面上主体分明，构图精巧。

（二）电视舞蹈节目的编辑

编辑对于表达舞蹈精神，传达舞蹈的动作感、节奏感，是十分重要的。舞蹈是用人体的动作来进行艺术表达的，编辑应努力反映这种节奏和韵律。电视舞蹈节目的编辑包括画面和音乐的编辑。

1. 画面编辑

画面编辑应以表达舞蹈语汇的完整性为原则，应采用全景镜头，并充分使用特技，以完美地表达舞蹈动作及情思。同时，电视的节奏应该与舞蹈的节奏相符合。舞蹈节奏快，电视画面的组接多采用动接动的方式，进行的节奏也快；舞蹈节奏慢，电视的节奏也慢。

2. 声音的编辑

电视舞蹈中的声音就是音乐。音乐是舞蹈的重要组成部分，音乐要求在速度、节奏、情绪、风格等方面与舞蹈保持高度的一致性，并且对舞蹈气氛加以渲染和烘托。在音乐的编辑中，一是要注意音乐在整个舞蹈中的完整性，不要肢解音乐；二是要声画统一，音乐要很好地配合舞蹈，表达舞蹈的思想、情感及内涵。声音的剪接点应与舞蹈画面同步，与画面同时出现同时结束。

（三）电视舞蹈的后期创作

电视舞蹈节目的电视化，实际上是用电视语言完美地转换成其他文艺形式的问题。

各类舞蹈专题片的电视语言，应向电视专题片的优秀节目看齐，努力从结构构思、镜头剪辑方面提高质量。如果舞蹈艺术能蓬勃发展的话，也争取创造一种类似"MTV"或电视剧样式的电视舞蹈节目。

舞蹈与电视如何协调，怎样能使二者均各得其所，是电视工作者和舞蹈工作者都应思考的问题。电视舞蹈节目要成为电视的重要节目之一，必须要有熟知电视语言的编舞家或熟知舞蹈语言的电视人。通过他们的努力，将电视与舞蹈完美地结合，创作出更多艺术水平高、为广大观众所喜闻乐见的电视舞蹈节目。

第十六章　舞台小品等语言类节目导演

综艺节目中的舞台小品、朗诵诗、情境表演等语言类节目,要求很强的表演功力。

表演是研究从演员通向角色的途径的一门艺术,也是一门科学。表演艺术是指必须经过表演而完成的艺术。表演艺术又指演员创造角色形象的多种艺术技巧的完美综合。是演员在理解生活的基础上,按照脚本规定的情境和角色的思想感情,充分发挥个人技巧,并在集体密切配合中实现的。

作为导演,一般情况之下并不需要亲自实践完成角色的表演过程,但"指导演员"是他的首要任务,所以必须了解表演艺术的要领与形成途径。

第一节　表演艺术的基本特性与要领

伊利·卡赞说:"一句话,导演的任务最终就是将心理转化为行为。"将心理转化为行为这一过程中的一部分,即将思想和感情转变为戏剧行为,被称为场面调度。

演员是导演最主要的创作手段之一,通过演员的表演,观众才能进入故事天地,他们的移动、姿势和相对于其他演员的位置都受制于特定的戏剧原则,本节将逐步探讨这些原则。

一、表演艺术的基本特性

表演艺术的特性主要体现在以下三个方面。

（一）"三位一体"性

演员以其自身为创作的手段和工具。演员创作的材料就是演员自己的脸、五官,自己的肌体,自己的思想、情感、语言等等。表演艺术的特点是:创作者、创作的工具和材料、创作的成果（人物形象）全部统一于演员自身，形成"三位一体"。比如，舞台上的"大忽悠"这个形象是从演员赵本山的肌体、语言、情感、心灵等表现出来的，创作者就是赵本山。这是表演艺术独具的特性。

"三位一体"的特性决定了演员要去磨炼自身的外部表现工具——形体、五官、声音、语言以及各种外部技能（包括骑马、射箭、开车、游泳、擒拿、格斗、歌唱、舞蹈及乐器演奏等特殊技能），并掌握一整套表达内心世界及情感的内部心理技巧。当然也包括演员自身对生活的理解和积累及各方面的修养等。

（二）"身份双重"性

表演艺术创作中，演员一方面表现为人物形象——角色，另一方面又作为形象的主人——创作者，两者"合二为一"。这就决定了艺术创作中演员必须过好双重生活，掌握双重人格。它是演员表演时所具有的一种独特的心理状态。演员要化身为角色，进入角色的规定情境，过着角色的精神生活；同时，演员作为角色的创作者，又时刻监督着自己的表演，驾驭表演角色的整个进程，使其沿着正确的创作目标行进，这就形成演员创作角色时其身份的双重特性。表演术语中，演员作为创作者的"我"，称为"第一自我"；所扮演角色的"我"，称为"第二自我"。如潘虹创作的角色陆文婷，就是她构思并体现出来的"第二自我"。

（三）"对立统一"性

表演创作中所有的形象，一方面都离不开具体的演员，另一方面又都是一个个活生生的剧中人物、舞台角色。演员在艺术创作中必须熟悉和驾驭矛盾、对立的双方——自我与角色。一方面要了解自我创作的优势、弱点和特点，探索自我的创作路子；另一方面又要熟悉角色，寻找到自我与每一个角色的桥梁。优秀的舞台喜剧演员范伟所以在不长的时间内，成功地塑造了不同阶层、不同职业、不同性格的三个屏幕形象：电影《求求你表扬我》中的"杨红旗"、电视剧《老大的幸福生活》中的"老大"、《雷哥老范》中的"雷哥"，一个重要的原因就是演员在创作中找到了通向角色的沟通点和桥梁，将演员"第一自我"与角色"第二自我"融为一体，运用了"演员与角色相互靠拢"的创作手法，塑造出具有独特魅力的角色。表演艺术的奥秘就在于使演员与角色和谐统一。统一的程度越高，越和谐，表演艺术就越精湛，进而达到"形象化身"的境界。总之，演员既不能离开自我去拼命演角色，也不能离开角色去一味地展现自我。银屏与舞台上的人物形象只能是演员与角色对立的统一体。

二、表演艺术的基本要领

无论经常合作的团队还是临时召集起来的演员，导演的首要任务是调动和保持他们的"三力"、"三功"。所谓"三力",是指演员的理解力、想象力、表现力。分述——

（一）理解力

演员要塑造好人物形象,必须加深对社会、对生活的理解;对剧本、对台词的理解;对人物、对角色的理解;对世界、对人生、对价值的理解等等。不具备这样的理解能力,表演就会不准确或很肤浅。正像潘虹在创作《人到中年》的备忘录中说的:"银幕形象的魅力和深度,根本上来自演员对社会、对人生、对美学理解的深度。"

（二）想象力

艺术创作必须具备丰富的想象力。想象力是一切创作的开端,是带领演员进入艺术宫殿的导游人,是指引演员驶向艺术海洋的导航船。想象又如同一架起重机,将演员从日常的现实生活中吊转到艺术的想象领域中。要使虚构的艺术转化为具有审美魅力的艺术真实,首先靠的是演员有魔力的艺术想象。实际上演员在舞台上、银屏上的一举一动、一言一行,都是正确想象的结果。

（三）表现力

理解了,想到了,必须表现出来,所以演员需要具备艺术的表现力。包括形体的、动作的、语言的、声音的、心理的、气质的,特别是面部及眼神的表现力。

"三功"是:语言基本功、创作基本功、表演基本功。

演员必须进行语言基本功的强化训练。训练内容包括普通话语音的声、韵、调,音变,绕口令,呼吸、发声、吐字,气息的运用与变化,声音的高低强弱,语言的速度节奏,语言的声音化妆等等。只有语言基本功练好了,才能谈得上处理角色台词的内部技巧和外部技巧。

演员必须进行创作基本功的强化训练。掌握一整套塑造人物形象的创作方法。包括理解人物、体验人物、体现人物的创作道路,性格化与"化身"的本领等等。演员还必须有正确的创作思维模式与创作观念。否则,就不能塑造出具有时代气息、受当代观众欢迎的艺术形象来。

演员必须进行表演基本功的强化训练。包括斯坦尼斯拉夫斯基关于表演的元素训练、各种小品的训练,以及肌体控制、人体动作、台词语言等方面的训练,以便掌握演员艺术创作的自我感觉,创造出艺术的第二天性。

斯坦尼斯拉夫斯基是原苏联著名的戏剧家,也是在近现代世界戏剧史上,真正堪称创立了戏剧表演体系的表演艺术家。他的表演基本功达到了炉火纯青的境界。据他自己回忆,三四岁时,就同舞台发生了联系。在一个名叫《一年四季》的戏里,他扮演冬季一角:身穿皮大衣,头戴皮帽,脸上挂着斑白的长须,一副老态龙钟的样子。在表演把一块木片扔进"篝火"(以燃着的一支蜡烛作代替)这个戏剧情节时,导演只要他装装样子,不料他却假戏真做,使舞台上的道具燃起可怕的火光。就这样,斯坦尼斯拉夫斯基开始了他的艺术生涯。

第二节 想象与设计

拿到了脚本,搭起了剧组,小品或其他语言类节目的导演从何入手?

一、想象

在整个艺术创作过程中,想象充当的是先锋。演员正是依据剧本提供的虚构事实和人物作基础,用自己对生活中熟悉、理解、感受、积累的素材,进入艺术构思的想象天地,不断丰富和深化人物形象和规定情境,并在内心造成相应的情绪,激起相应的体验、欲求、意向及动作。我们说,想象是通向角色的主航道,是打开艺术殿堂的金钥匙,是艺术航船之帆。

想象来源于丰富多彩的生活,来源于演员的人生体验,来源于演员形象思维的素质,来源于演员的心理体验和情绪记忆,来源于演员大胆的幻想与联想。当然,一切想象必须既符合生活的真实与逻辑,又符合艺术的规律。演员必须将培养想象力看做是自己毕生中头等重要的任务。因为想象贯串创作的始末,贯串演员整个创作生涯。

演员的想象力是指在表演上创造艺术形象的能力及这一过程的本身和结果。包括认识现实、创作构思、整理素材、加工提炼、艺术表现等手段。它是组成表演基本环节中的重要因素。演员如果仅仅停留在对角色进行一般的理性分析,许多结论当然是较容易作出的,而要使这一角色的精神附在演员身上,用演员的思想、感情、形体、语言来塑造角色,这就不是单靠分析认识可以解决的。为了寻找创造角色的自身和自身以外的精神材料,演员必须到火热的斗争中去,深入生活,体验生活。

诚然,感性材料的来源是多方面的。假如一个演员有深厚的生活积累,那他就可直接从大脑的表象记忆的"仓库"里获得。不论演员有没有角色的直接感受,你总要力所能及地寻找与作品中角色有关的文字、图书、画片、录音、影像、实物以及可能涉及到的资料,从间接生活中寻找感性的精神材料。这种间接生活还可通过各种渠道去探知了解。

一切想象都来自过去的感知(生活素材)。想象就是对这些记忆中的素材加工改造而成的新形象。丰富多彩的生活积累,直接间接的生活体验,是演员发挥创作想象的前提。如扮演一个战士形象,头脑里就应有十几个生动的战士原型,才能使"这一个"更可爱。比如:王宝强扮演的"顺溜"。

对各类艺术的研究欣赏、融会贯通,观察生活后的认真思考,能使创作的想象突破一般。任何角色的创造,都要在对生活的观察改造中完成,像生活但又不是生活原型。如卓别林的拧纽扣,盖叫天的老鹰展翅,李雪健、姜文、斯琴高娃等著名演员在表演中的典型细节造型,都是深刻地体验了生活,在丰富的想象中产生的。没有想象,精美的艺术创作也就不存在了。

培养、锻炼把感觉、文字与视听形象活化为自身动作的能力。也就是善于把听到的故事、阅读的材料在脑子里形象地活化起来,跨越时空,打破一个人生活经验的狭窄圈子。

当导演启发演员产生了丰富的想象,就能以假当真,产生表演的信念,相信假的规定情境,并从中获得感觉,真实地设计动作。它是一切创作的开端,能推动创作合乎逻辑的发展。演员有了丰富的想象,就能把观察生活所积累的创作素材运用到表演角色的创造中去,这是个集中、融合的加工过程。就能把作者的简单注释与说明、导演的提示与要求,用自己的想象来加以补充、丰富、深化。就能寻找到富有艺术魅力的表演手段,产生吸引人的表演。

二、设计

(1)明确作品的事件。在明确作品的事件后,在事物转化的关键处,划分单位,确定任务,寻找准确的动作,即我应怎么做。

(2)理清作品的动作线。作品是由人物在几个事件中一系列的动作过程相连而成。把每个事件中的动作串连起来,形成角色在表演中行动的动作线。要求动作线上每件事都是朝着既定高潮发展动作,是一环扣一环的。动作与动作的相连、衔接紧凑而有逻辑,是合乎事态发展情理的,并有"戏剧式"结构。

(3)挖掘与感受规定情境。此时此地我面临的一切主客观情况及其发展变化,即年代、时间、地点、环境、人物关系、事件等。

(4)情节结构要吸引人。不沉闷,不拖沓,能较快地步入变化,并注意情节的戏剧性效果。小品一定要有时间概念,动作发展不宜迟缓、松散。

(5)注意动作的可视性。努力创造具有视觉魅力的场景、事件与动作。尽最大可能寻找用形体动作表现人物的情节与细节。

三、选择表演的切入口

一般说来,只有当演员的动作看起来虚假,完全不符合角色的思想或感想或感情时,观众才会感觉到戏剧中雕琢的痕迹。观众这时知道"有什么东西不对",而没有意识到导演或演员没有把握住情感基调。但这种了解足以破坏观众的注意力,使观众拒绝进入那个魔幻世界,他们从电视或电影屏幕回到现实世界,重又成为一个无动于衷的旁观者。

当导演计划表演场景时,他们对方位的设计通常基于两点:逻辑性和戏剧性。逻辑性很容易理解。导演只要问问自己:"在这个场景下,这个具体时间,逻辑上讲这个人该干什么? 这位小姐遇到她痛恨的父亲或她爱的男人时,什么样的行为才最真实可信?"

角色相互接近或疏远时,这种行为是由特定的内部或外部动因引起的。这种因为情节需要或情感激发而产生的移动应符合逻辑。有时候剧本会明确指出这种行为。更经常地,导演需要用剧情或对白提供的提示来创造这些行为。

被称为"戏剧性"的因素有点复杂。我们可以将其中的一些要素归在通用术语"演技"之下,即用生动的、满怀激情的方式表达故事的思想。生活实际上可能是单调的。因此导演寻找能刺激观众的方法展现故事价值(即使之戏剧化)。场景的选择、角色的行为、态度甚至服装都能丰富场景的内涵。这里使用的"戏剧性"这个术语也和导演揭示、阐明或加强场景中的情感内涵这种实际的需要有关。

第三节 对白的有效性

既然是"语言类节目",它的主体元素当然是语言,也就是"台词"。台词的基本表现手段包括重音、停顿、语调。只有掌握了这些基本功,演员才能把剧本台词中的中心思想与真实感情正确地揭示和表达出来,才有可能为在银屏、舞台上创造出鲜明的性格化的人物形象打下良好的基础。导演必须十分严肃地要求演员认真地对待剧作者的台词,在深入研究的过程中,寻找准确的表达手段,真正使作者精心创造的艺术语言变成演员发自内心的台词语言。

一、重音

重音,说话者(演员)运用声音形式着意强调和突出的音节(词语或词组)。演员在说台词时,恰当地运用重音,能准确地表达语句所蕴涵的思想感情,鲜明地表达作品所突出的主题,并强烈地体现语言的节奏感和韵律感。如果演员在银屏、舞台上对台词语言的重音读得不当或者完全读错,立刻就会暴露演员的理解水平、学识层次和文化素养。

（一）重音的种类

重音的分类方法很多,这里,我们只把它分为逻辑重音和感情重音两种。

1. 逻辑重音

为了突出句中的核心思想,或者强调句中的特殊含义而读出的重音,叫做逻辑重音。它代表着一句话所要表明的中心意思,是句子的灵魂所在。缺了它,句子便失去生命力。

句子重音的出现,一般有如下十种情况:(1)动词成为重音;(2)副词成为重音;(3)代词成为重音;(4)数词成为重音;(5)时间处所词成为重音;(6)比喻词成为重音;(7)排比词成为重音;(8)歇后语的后语成为重音;(9)阶升词成为重音(例如:"他没有遗言,没有家产,没有坟墓,也没有骨灰。他似乎什么也没给我们留下,但他永远活在我们心里!");(10)列举事物词成为重音(例如:"这次出远门,我们要坐汽车,坐火车,坐轮船,坐飞机,还要带春夏秋冬四季的衣服,要准备很多很多的钱,要送许许多多的礼!")。

2. 感情重音

人们在说话(演员在念台词)时,除表达一定的思想含义外,还会为表达一定的感情色彩而对句中的一些词或词组甚至整个句子突出强调,加重音量,这就形成了感情重音。

感情重音是建立在逻辑重音基础上的,二者联系紧密,有时甚至重叠在一起,既是句中逻辑上要强调的地方,又是句中感情上要强调的地方。感情重音的作用,主要在于它能使语言色彩丰富,使台词增添血肉,使演员充满生机,使听众耳濡目染。

在同一个句子中,感情重音与逻辑重音往往是相辅相连的,不可分割更不容对立。

感情重音不是十分稳定的,它完全可以根据感情的实际需要进行灵活处理。同样的台词,可以处理成四组不同的问答,用感情重音逐步增添的方法,使感情色彩逐渐走向浓烈。总之,在具体的情境下,需要强调什么,应该视剧情的发展和人物的真实思想而定,切记形式服务于内容,不可想当然。

（二）重音的确定

如何确定重音,就像在数学的坐标图形上寻找一个"点"一样,要通过纵横两条线的交叉来一锤定音。

在剧本中,任何一组词、一句话,都不是孤立存在的,都有它的来龙去脉,都要承上启下。我们不能孤立地去分析每一个句子,必须联系上下文,顾及戏前戏后;必须仔细研究作品从词到句、从句到段、从段到篇的写作意图,这是一条纵线;同时,我们还要从说话的对象、对方的反应、人物的关系、问题的症结等方面找到作品的中心思想和事件实质,这是一条横线。将纵线和横线、垂直线和水平线交叉综合分析,便能寻求到事物的核心所在,即找到句子的重音。检验的方法,便是这个重音能否抹去。若能抹去,不是重音;不能抹去,此乃重音。

(三)重音的主次

在一段台词中,尤其是在大段的对白或独白中,表示重音的词往往不只一两个,而是有很多个。如果遇到重音都加以强调,不分轻重主次,那就很难把作品的主题揭示出来,把人物的思想表达清楚。在影视、舞台上,无论是多长的台词,无论有多少段落层次,总有一个最基本最主要的意思蕴藏其间。即一段话里,总有一两个词是主要重音,应着力去强调的音节,其余都是次要重音,不必过分强调的音节,有时甚至只需稍稍带过即可。这样处理,才能把台词要表达的中心思想表达得清楚明白。例如:

> 这份试卷里的作文,你们评阅了吗?

这句问话,可以找出三个重音:"这"、"作文"、"评阅"。假如问话的目的在于了解是否评卷,那么"评阅"一词便是主要重音,其余两词即为次要重音;若问话是针对"这份"试卷而言,那么"这"就应成为主要重音,"作文"、"评阅"则为次要重音;如果专指"作文"而言,那么"作文"一词就应升为主要重音,其余两词降为次要重音。

总之,分清重音的主次,有利于抓住主要矛盾,理清台词线索,掌握人物脉搏,揭示作品主题。

(四)重音的表达

重音的表达是指用有声语言把台词作品中的重音艺术地再现出来。这种艺术再现不能单纯地理解为只是加大音量,用足底气,增强音势,而应认识到,包含在重音中的思想感情是千变万化的,因而表达重音的方式方法也就变化多端。加大音量的强调法,只不过是其中较简单的一种。在较长、较复杂、感情较充沛的大段台词中,要想把重音表达得贴切、生动、感人,就需根据作品的具体内容,运用多种手段。这样,才能达到完美。常用的重音表达方式主要有以下几种。

1.加大音量。把重音读得重一些,响一些。例如:

> 你们是世界上最公正、最团结、最刚强的人,因为你们的名字叫"工人"!

2.拖长音节。把重音音节拖长。例如:

我们古往今来——多少画家——多少诗人——用他们的绘画彩笔——用他们的美好诗歌——歌颂自然之春!

3.夸大调值。把要强调的词语变调读得夸张一些。例如:

这就叫擒贼——先擒王——,打蛇——打在七——寸——上。

4.重音轻读。把要强调的词语减弱音势,降低音量,加重气息。例如:

如果世界上真有不知疲倦的人,我们敬爱的周总理呀,一生休息得最少、最少。

5.一字一顿。在重音前后连续顿歇。例如:

周——总理,我们的好—总—理! 你在哪里呀,你在哪—里? 你可知道,我们——想—念、一你! 你的人民——想—念—你!

6.音调对比。利用声调的高低进行对比。例如:

瞧这(降低)一幅图画,再瞧这(提高)一幅,这是两个兄弟的肖像。你看这(提高)一个的相貌多么高雅优美(提高)……这是一个男子的典型(提高)。这是你从前(提高)的丈夫。现在你再看这(降低)一个,这是你现在(降低)的丈夫,像一株霉烂的禾穗(降低)……

7.节奏对比。利用节奏的快慢进行对比。例如:

我正心不在焉的时候,他(节奏突然加快)突然出现在我的面前,我一下子(突然停滞)愣住了!

8.特殊技巧。运用笑语、泣诉、气音、颤音等装饰重音。例如:

此刻叫我说什么好呢? 我……只有一句话:感谢党! (气音)

我并不感到遗憾,作为一个战士,我恰恰感到这是无尚的光荣,我引以为自豪! (颤音、笑语)

二、停顿

停顿就是在有声语言表达过程中声音上暂时的间歇。它是各表达单位间的界线,或是联结两个语言单位的桥梁。由于人们的思维活动、感情起伏、呼吸状态的需要,自然而然会有各种不同的停顿。它不但出现在句与句之间,也可出现在词语或词组之间,还可出现在层次与段落之间,表示它们中间存在着一定的结构关系。

舞台语言的停顿,必须是演员在深入理解作品思想内容的基础上,根据台词和角色的需要而精心设计完成。

停顿在台词艺术中起着极为重要的作用,它对于深刻地揭示人物的思想,充分地抒发人物的情感,准确地展示台词的意境,都是万万不可缺少的因素。它是吸引和感染观众,增强影视、戏剧艺术效果的重要手段。

(一)停顿的种类

因为停顿涉及到结构、逻辑、心理、感情、舞台诸因素,所以我们把影视、舞台语言的停顿一般划分为以下五种类型:

1.结构停顿。按照篇章和句子的语言结构来处理的停顿叫结构停顿。例如:

> 总工会一声号令,全线的工人都罢了工,江岸一万多工人都上大街游行啊！^在那天晚上,天也是这么黑,也是这么冷……(表语意转折处的停顿)

> 我常想:杨柳婀娜多姿,可谓妩媚极了;桃李绚丽多彩,可谓鲜艳极了。但它们^给人一种^好看的印象,不能给人以力量。(某些关键性词语处的停顿)

> 这是一盏普通的灯吗？不,它点燃的是^周总理毕生的心血！是^敬爱的周总理的红心在闪耀！("是"后面的字句大多要停顿)

2.逻辑停顿。为了揭示人的思想,强调某一事物,突出某一特殊含义,表达事物之间的联系等而形成的停顿叫逻辑停顿。它是建立在结构停顿的基础上并与之相统一的。一般说来,凡是逻辑停顿的地方,很可能也是结构停顿的地方,但逻辑停顿的时间较结构停顿稍长些。

逻辑停顿分前停、后停、前后皆停三种。

(1)前停。强调和突出后面的语意。例如:

敌军围困万千重,我自岿然^不动。(强调"不动",突出红军的高大英雄形象和不可撼动的巨大力量)

(2)后停。强调和突出前面的语意。例如:

世间一切事物中,人^是第一个可宝贵的。(强调"人")

(3)前后皆停。特别强调和突出前后停顿中间的语意。例如:

医生强忍着悲痛说:"焦裕禄同志^恐怕最多^只有二十几天时间了！"("恐怕最多"之前的停顿表达了医生当时不想说而又不能不说的矛盾心理;之后的停顿,进一步表达了医生实在不忍心宣布这个残酷事实的迟疑的态度)

3.心理停顿。因受说话者的愿望、心情、感情支配而形成的停顿,或者在逻辑和文法上不能停顿的地方停顿,叫心理停顿。

演员在说台词或朗诵时,不仅要把词念得文理通顺、意思明白,还应富于感染力。即要将逻辑、语法停顿转化为心理停顿。声音停止,思维活动和心理活动非但不能停,且要更强烈,脑子里要出现潜台词和贯串行动。演员如果能在情节的重大转折时,人物感情激动的高峰时,将要作出重大的判断和决策时,恰到好处地运用心理停顿的艺术手段,便可产生感召人、激励人、鼓舞人的震撼效果和达到"此时无声胜有声"的艺术境界。

4.感情停顿。由心理的特殊变化,特别是情感的复杂变化而引起的停顿叫感情停顿。这种停顿可以大大增强语言的感染力。

(1)表现情感变化的。例如:

你已经把工人阶级的脸丢尽了⋯⋯你对不起党的培养⋯⋯更对不起你死去了的^亲生父母!

这是话剧《年轻的一代》中林坚的一段台词。林坚知道林育生走上了错路,心里十分不平静。他又是气愤又是痛心,又是疼爱又是担心。他想把育生的身世说出来,又怕育生经受不住感情的打击,内心极其矛盾,情感异常复杂,所以在"亲生父母"前运用了一个感情停顿。

(2)表现心理活动的。例如:

过去的事情^就^让它永远地^过去吧!

这是在心情极度痛苦、思想矛盾十分激烈的情况下说的话,必须运用心理状态的感情停顿。

5.舞台停顿。根据戏剧情节的发展与矛盾冲突的激化而使用的停顿叫舞台停顿。这种停顿多用于戏剧矛盾高潮时和人物情感震撼时。

(二)标点与停顿

标点是书面语里用来表示停顿、语调以及语句的性质、作用的符号,是书面语不可缺少的组成部分。影视、戏剧台词中不用标点,演员就无法理解作品的深刻含义和人物的思想感情,更不明白停顿的句读(dou)、语气和语调。国家统一规定使用的标点符号共计十五种,分为点号和标号两类。按《常用标点符号用法简表》的顺序,依次是:句号、逗号、顿号、分号、冒号、问号、感叹号、引号、括号、省略号、破折号、连接号、书名号、间隔号、着重号。表示停顿用法的主要是点号,它也是台词语言中常用的符号。例如,顿号(、)表示句中并列的词或词组之间的停顿;逗号(,)表示一句话中间的停顿;分号(;)表示一句话中并列分句之间的停顿;冒号(:)表示提起下文或总结上文时的停顿;句号(。)表示一句话完了之后的停顿;问号(?)表示一句问话完了之后的停顿;感叹号(!)表示一句感叹话完了之后的停顿。

标点符号的停顿处理,我们可以设计下面一个公式:

顿号＜逗号＜分号、冒号＜句号(包括问号、感叹号、破折号、省略号)＜段落间。

（三）气息与停顿

人与外界总是有规律有节奏地进行气体交换,这种交换就叫呼吸。人们读文章、念台词是在不停地呼吸之中进行的。一篇文章、一段台词不可能一口气读完,中间必须要不断地换气。也就是说,必须在音节之间、断句之处安排气口。气口安排在什么地方为宜呢?要根据词句的语意、作品的内容、事件的发展、人物的感情而定。气口安排得恰当,读起来舒服,念起来轻松,听起来畅快,闻起来铿锵。快,快得上去;缓,缓得下来。思想感情就能通过声音的高低和节奏的快慢自然地传达出来,生发开去。

气口,就是换气的地方。换气有多种形式,如取气、续气、偷气、就气、歇气、大换气、倒抽一口气,等等。停顿才能换气,但停顿不一定都要换气,有时只作声音的顿歇,气息不动。

停顿与换气的变化,一般来说,有下列三种情况:

1. 停顿与换气同步

在停顿的同时出现换气,二者相统一。如一首怀念周总理的诗中的一节:

> 我只相信,
> 即使把他交给火,
> 也不会垂下辛勤的双臂。
> 但,‸千山默哀
> 万水波息…………

在"但"后面的这个停顿较长,而且要大换一口气。因为这里的"但"是个大转折:前面说,不相信总理去世;后面却说,天地人间沉浸在悲痛哀悼之中,自己不得不信其是真。

2. 停顿而不换气

在停顿的时候并不换气。一般用在思想的延续发展中和情绪的正在积累中。感情要一气呵成,也可停顿不换气。

3. 不停顿而换气

在不需要停顿的地方换上一口气。一般用在语句连续不断地向前推进,逐渐要形成思想发展高潮之时。

例如一首悼念周总理的诗中的一节:

> ……

车轮呀，莫再转动，∨

马达呀，快快停息，∨

敬爱的周总理，∨

难道你再不能回到我们中间……

这里，在"转动"、"停息"、"周总理"之后都需要换气，但这三个地方的停顿都要非常短促，几乎使人感觉不到。这样，既可使语句造成向前推进的动势，读起来有紧迫感，又能为达到下面即将到来的高潮做好准备。

三、语调

语调是由于思想感情、语言环境的不同或是为了加强某种表达效果而在读音上所表现出来的高低升降曲直变化的声音形式。简言之，语调就是语言所具有的声音色彩。它是情感的产物，语言的各种表情都体现在语调之中。

剧作家是写出来的台词作者，即摇笔杆子的作者，演员是说出来的台词作者，即角色语调的作者。演员要把台词说得准确鲜明，生动活泼，充满情趣，就全靠色彩斑斓的语气语调。

语调就像是音乐的曲谱、旋律和节奏，它包括声音技巧的各种变化：高低升降，抑扬顿挫，轻重缓急。因为语调丰富多彩，所以语言才富有音乐味、旋律美和节奏感。这就要求演员必须通过自己的想象力和生活体验，把剧作者提供的台词语言在头脑和心灵中进行再创造、再加工，然后展现出来，使之成为有声有色、多姿多彩的生活画面，以此来打动观众、影响观众、教育观众。

（一）语调的种类

人们说话总是带着一种口气。至于用什么口气说话，要看他对当时情势所持的态度，而态度又是在行动过程中表现出来的。因此不同的言语行动就反映出不同的态度，不同的态度就显出不同的口气，不同的口气就说出不同的语调。

实际生活中，说话的语调纷繁多变。根据台词表情达意的功能，一般把语调的声音形式分为升调、降调、平调、曲调四种基本类型。

1. 升调

全句的语调逐渐上升，音高的最高点靠近句尾。凡在言语行动中含有责备、埋怨、发问、反问、命令、号召、呼唤、欢迎、鼓动、拒绝、揭露、愤怒、痛斥、惊异、批判、警告、宣布等类口气时，其声音形式一般用升调。这种语调有加强效果、引起听众留意的作用。例如：

谁是最可爱的人呢？（发问）

> 难道你不后悔吗？（反问）
>
> 起来，不愿做奴隶的人们！（号召）
>
> 同志们，为了祖国和人民，冲啊！（鼓动）

2. 降调

全句的语调逐渐下降，音高的最高点靠近句首。凡在言语行动中含有陈述、说明、解释、请求、帮助、坚信、自信、肯定、愿望、悔恨、嘱咐、启发、悼念、怀念、回忆、感叹等语气时，其声音形式一般用降调。这种语调有表明态度、传达愿望、鼓励听众的作用。例如：

> 面包会有的，一切都会有的！（坚信）
>
> 不！你猜错了，我是有件事情想和你谈一谈。（解释）
>
> 毛主席永远活在人民的心里！（怀念）
>
> 请你多为教学改革献计献策！（请求）

3. 平调

全句的语调平稳，没有显著的升降变化。

凡在言语行动中含有庄重、严肃、虔诚、神秘、敷衍、推托、嘲讽、迟疑、克制、判断、叙述、服从、冷淡、沉思等口气时，其声音形式一般用平调。这种语调起到表情稳重、达意明白、态度严肃的作用。例如：

> 共产党的干部都是人民的公仆。（叙述）
>
> 她就是刘胡兰。（判断）
>
> 我想那缥缈的空中，——定然有美丽的街市。——街市上陈列的一些物品，——定然是世上没有的珍奇。（神秘）

4. 曲调

全句语调弯曲，或先升后降，或先降后升。往往把句中需要突出的词语加强、拖长拐弯着念。声调的高低长短变化不一，起伏不定。凡在言语行动中含有赞美、颂扬、欣赏、抒发、敬佩、讽刺、厌恶、幽默、含蓄、怀疑、夸张、反语、双关、描绘、辩解、诉说、控诉等口气时，其声音形式一般用曲调。这种语调起到提高讲话的生动性、渲染语言的感情色彩的作用。例如：

> 鸠山先生，但愿你天天如此，长命百岁！（讽刺）
>
> 你又做买卖又当兵，到底是干什么的？（怀疑）
>
> 杨子荣：来了好哇，我这儿正等着他呢。（双关）

（二）标点与语调

小小标点，作用巨大。具体来说，主要有四大作用：一是组织作用。把短小精悍或长篇大论的书面语言组织起来，使之成为一个不可分割的整体。二是顿歇作用。指示人们说话时应有时间长短和程度大小的停顿。三是表达作用。帮助人们清晰而明确地表达自己的思想感情。四是指点作用。告诉人们每句话应使用何种基本语气。

由于不同的标点起着不同的作用，反映着不同的思想和感情，因而也就规定着人们说话时不同的声音和语调。例如：

逗号——表示一句话尚未完结，中间需要有适当的顿歇。说话时，既要考虑时间的停顿，又要保持语气的延续，直至一个完整的意思结束为止。

句号——表示一句话完了之后的停顿。说话时，尾音趋于下降，顿住，造成语气的结束感。就是说，一般要使用降调。

问号——表示一句问话完了之后的停顿。旨在提起对方注意，并要求对方作答。语调应是先平后扬，或是先曲后翘，以刺激对方兴奋和精力集中。

叹号——表示言语充满感情色彩。或激动、惊讶，语调上扬；或赞赏、慨叹，语调下抑。

冒号——表示提起下文或总结上文。说话时，一是要启发对方领会下面的语意；二是要暗示对方小结上面的内容。语调总是在平直中延伸。就是说，一般使用平调。

省略号——表示言犹未尽，含有不必说出或不能说出的意思，"树欲静而风不止"。说话时的声音形式：或有延续感；或有断续感；或有掩饰感；或有中止感。旨在留给人们去思考、去揣摩、去想象。

（三）行动与语调

构成语调变化的因素不只是标点符号。标点符号能直接影响语调的变化，但并不起决定作用。能起决定性作用的因素是行动。

下面我们先来看同一句台词。因为行动不同，语调就不一样。

你的这些想法和他谈过了吗？

行动——关心对方；语调——亲切温和（平调）。

行动——责备对方；语调——严厉生硬（升调）。

行动——嘲笑讽刺；语调——晦涩轻飘（曲调）。

由此可见，行动对于语调的变化起着决定性作用，这是标点符号所不能替代的。因为三种行动标点符号都是问号。

（四）情绪与语调

人的情绪不是一成不变的，总是有时很好，有时比较好，有时也还好，有时不好，有时很糟糕。这些变化往往与外界环境、周围事物、人际关系等等，有着密切的联系。而情绪的好坏又直接影响着语言,影响着声音的形式,即语气语调。一个人高兴时,说话常常笑容满面,语调高扬;忧郁时,说话常常愁眉苦脸,语调平缓;悲哀时,说话常常泪流不止,语调低沉。这就说明,不同的心情产生不同的语调。

1.上扬。因感情无比激动而引起语调上扬。例如:

不前进,难道坐以待毙吗?(急剧上升)

2.起伏。因心情异常激昂而引起语调起伏。例如:

我做梦也没有想到能同你结为伉俪,我简直太幸福啦!(心情异常高兴)

3.平淡。因心情十分平静而引起语调平淡。例如:

你的入党申请书我看过了,还是多务点实少务点虚吧。(态度冷淡)

4.低沉。因情绪极度悲观而引起语调低沉。例如:

我死后,你们不要管我,就当是世界上没有这个人吧。(感情极度痛苦)

5.下落。因感情消极颓废而引起语调降落。例如:

"夕阳无限好,只是近黄昏"。我是再拼搏进取也没有多大奔头啦!(下降较缓慢)

6.跳跃。因情绪轻松欢快而引起语调跳跃。例如:

一看见《还珠格格》里的小燕子,我就忍不住要笑的,她太天真无邪、活泼可爱了!(心情无比欢乐)

7.曲折。因情绪复杂变化而引起语调曲折。例如:

你去爱你的那个白马王子吧!我是配不上你,你明白吗?还是请你离开我,越远越好!(情绪极不稳定)

8.断连。因情绪失控慌乱而引起语调断线。例如:

不!他怎么会死呢?没有……死,他好像还在……对我……微……笑,笑得是那样……安祥……那样……甜……(情绪过分激动)

关于语调受情绪的影响,上面我们讲了八种形式。而实际生活中,语调的构成与变化远非这样简单。生活丰富多彩,语调自然也变化万千。要想准确地把握每句台词的语调,全靠对作品潜心钻研,深刻领会,设身处地,仔细揣摩,以达到惟妙惟肖的境界。

对白经常与场景的根本意图几乎没有什么关系。有时它只不过是附加物。一个更极端的例子可能就是:在一个场景中角色在谈论某件事时暗指的却是完全不同的另一件事。一位母亲参加上初中的女儿的学校接待日活动。在参观艺术班时,她吃惊地发现这个老师正是一年前与她有过一夕之欢的男人。他们立刻认出了对方,由于女儿在场,他们只能谈些学生们的素描和水彩画等。他们的对白毫无意义。但在这平常的词句下,更重要的谈话发生了。交换的眼神、过长时间的握手、掩饰的询问以及暗示等才是这一场景的本质所在。知道他们以前有私情的观众会注意潜在的内容,它不是通过对白而变得戏剧化,而是"完全和对白无关",巨大的吸引力是因为某些东西隐藏于老师与家长之间显然无意的偶遇。

大多数戏剧的中心是情感:角色感受到了什么,他们对这种情感如何反应。以某种方式将这些情感外化("将心理转化为行为")是导演的工作。演员的面部表情是揭示情感的一种方法,事件和行为是另一种,对白又是一种。

CBS前副总裁托尼·巴尔在北好莱坞领导着一个成功的演员公司。他给学生的训练之一是一个小片断,其中的对白全无特色,且可以有各种各样的解释。

> 他:早上好。
>
> 她:早上好。
>
> 他:感觉怎么样?
>
> 她:很好。
>
> 他:我相信。
>
> 她:早餐吃什么?
>
> 他:无所谓。
>
> 她:我给你做些炒蛋吧。
>
> 他:好的。
>
> 她:你今天去上班吗?
>
> 他:不得不去。
>
> 她:噢。
>
> 他:你想我留在家里?
>
> 她:你自己决定。
>
> 他:我怕不行。
>
> 她:我说过——你自己决定。

托尼·巴尔要求学生在摄像机前表演几次。每次他都给他们一个完全不同的"准备"（情感基调）。第一次他提示说他们才度完蜜月回来正沐浴在火热的爱河之中。第二次他提示说这个丈夫与女秘书幽会后凌晨4点才回来，丈夫和妻子激烈地争吵过。最后一次，巴尔提示说这对夫妇昨天刚知道丈夫得了绝症。

在所有三个版本中，当然，语言是一样的。演员们在没有导演的情况下自己设法表达语言后面的情感。甚至那些相对来说没什么经验的演员表演时，三个版本之间的区别也是巨大的。在第一场中，对白和动作给人以感官愉悦，充满温情的暗示，演员相互依偎，抚摸。镜头很近，暗示着他们的亲密无间。

在第二个版本中，语言短促，冷淡，隐藏着憎恨与痛苦。丈夫和妻子隔着餐桌相距很远。负疚感使丈夫坐立不安，不敢看自己的妻子。

在第三个版本中，演员有时明显地在演悲剧；有时他们仅仅偶尔通过断断续续的语言显示破碎的心，并试图掩盖这种痛苦。有时候扮演妻子的女演员选择表现得很温柔。有时候她试图回避这个痛苦的消息，当发现她不能时，突然从丈夫身边跑开以隐藏自己的泪水。但不管演员选择哪种方式表演，剧中潜在的情感不仅规定了演员们的声音色彩和面部表情，而且规定了他们的行动。

尽管每一种版本中的对白是一样的，但这三个故事却以三种完全不同的方式表现出来，这再次说明了语言经常是次要的，重要的是语言下面的情感。

第四节　动作的有效性

所谓动作，是指人们为了实现某种意图和目的而进行的活动。人的各种动作，都是由外界刺激引起，而在大脑神经支配下的一种应答性反应。在意识的支配下，通过骨骼肌肉的工作，有目的地实现某种愿望，完成某个动作。动作是演员艺术的实质和基础，表演是动作的艺术。

动作的构成，包括"做什么"、"为什么做"和"怎样做"。具体指动作的任务、动作的内容方式、动作所要达到的目的。在完成动作中，三者是互相联系又互相制约的。这是人在动作时的基本规律。

一、"动作"的本质

表演中的动作都是虚构的。演员在镜头前或舞台上，要把剧本提供的事件和情境，通过想象，如同在真实生活中一样表现出来，所以演员必须知道自己要做什么、怎样去做和这样做的目的是什么。

动作是由意识、判断、行动三个环节组成的，它们有机地联系在一起，缺一不可。意识是通过感觉器官的作用而产生的对客观世界的反应；判断是对客观存在的理解；行动是意识、判断的结果。

动作具有两大特征：一是由意志产生的。一切动作都是产生于意志与愿望之后。二是有一定的目的。任何动作都有它的目的，而目的是为了改变该动作的对象。

就像语言在揭示思想或情感时不可完全信赖一样，行为也是如此。胆小的角色可能会趾高气扬，害相思病的角色可能会假装漠不关心。行为有时曲解真实，但相对于语言，它们仍是一个很精确的晴雨表。

作为导演，我们应该认识到表演通常可以证明比讲述更有优势，更具可视性和更直接。更重要的是，它更有力。为什么更有力呢？因为表演要求观众一定程度上的参与。观众必须诠释这些行为。他们必须对这些行为的重要性做出结论。动作要求观众用记忆中的经历参与戏剧情节。通过这种参与，观众会自动地更深地卷入戏剧情节之中。

也许创造动作的最直接的原因就是因为它提供了真实的幻觉。现实生活中，人们很少站在房间的中央相互交谈。相反，他们总是忙着那些成百上千充斥于生活之中的必须要做的事情。一位女士与一个生意伙伴一起在办公室时，她可能会做些笔记，整理办公桌，或打几个电话。如果这些行为使场景的主旨更突出，当然更好。一个男人在家里与一个邻居在一起时，可能会修篱笆、修剪草坪或给草坪浇水。这些行为对真实的幻觉有所帮助，同时也表明了这个男人的本质。

动作分两大类型，即形体动作与心理动作。形体动作可作为完成某种心理动作的手段，它是带有从属性的。形体动作以心理任务为依据，而完成一个心理动作，往往需要完成一系列形体动作。因此，心理动作不同，就会产生不同的做法，心理动作决定形体动作的性质。心理动作可分为表情性的与言语性的，外在的与内在的。心理动作除通过外部动作形式表达外，还可借助语言和面部表情来表现。特别是面部的细微表情，即特写的微相学。

演员处在光天化日之中、众目睽睽之下，加上表演中的一切又都是假的，如果事先缺乏心理素质和身体素质的培养、锻炼，进行表演时，就很容易出现精神紧张和肌体紧张，以至造成心慌意乱，心跳过速，四肢僵硬，手足无措。倘若这样，演员就必须强化意志，全面锻炼心理素质和身体素质，消除私心杂念和外界干扰，将注意力集中于角色之中，集中于与对手的交流之中。无论遇到何种场合和何种情况，都能战胜心理的紧张和恐惧，达到泰然自若，镇定自如。

二、动作与规定情境

规定情境,指演员塑造角色面临及身处的各种情况的总称。包括剧本的情节、事件、时代,剧情发生的时间、地点,人物活动的环境。人物之间的关系,人物在此之前及此时此刻所处的境况等。

弄清楚剧本的规定情境,是为了使演员能够把握住并且感觉到角色的具体生存环境。有的剧作家在剧本中对规定情境描写得非常明白。如剧情发生的时间、地点与生活环境等。

(一)规定情境与动作的关系

规定情境与动作密切相关,二者相互作用,相互依存。规定情境是角色展开动作的依据和条件,它制约着角色动作的性质、样式和角色的心理活动,使动作具体化、多样化和个性化。演员在创作中对角色的规定情境感受得愈具体、深入、生动,动作就愈鲜明、形象、准确。掌握好规定情境,并不断地深入地挖掘,强化规定情境,是使表演动作克服一般化,达到有艺术吸引力的重要因素。

在规定情境发生变化下的表演,就是我们在表演中说到的事件、判断和适应。

事件——在一个行动过程中,发生了意外的情况,影响、干扰或阻碍了动作按原来的目的正常进行。

判断——对周围环境或自身的情况发生变化的观察、感受和分析过程(表演中常以内心独白的形式出现,即表演中的思维、感受的过程)。

适应——为完成既定任务(原有目的的动作),对变化了的主客观情况所采取的新的动作,以排除障碍达到目的或改变原目的。

在表演中,只有做到在规定情境发生变化的事件中,能够正确地判断并有机地适应,同时能进行新的动作时,才算有了初步的表演能力。学会在不同规定情境下的有机动作,也是在表演训练中能概括一切的极其丰富的重要内容。它既是表演的入门,也是表演升华到高层次产生出闪光魅力的关键所在。

一个导演如何向观众传递角色的所思所想。在小说或故事中,这种传递很容易:作者只要告诉读者人物头脑中正在想的事就行了。对导演来说,这个问题就有些困难了。

一个有效的解决方法是选择一种观众都明白的象征物。我们的生活充满这种象征物:我们所爱的人送给我们一件有趣的 T 恤衫、一个高中时棒球赛的奖杯、一叠发黄的信、一只童年时代破旧的玩具熊。角色对这些象征物的态度使观众能了解他们心中所想的和他们的感受。例如,当一个前重量级拳王深情地看着挂在墙上的拳击手套时，观众会明白他正在想什么。当一个妇女擦拭死去的儿子的自行车时，观众会理解她的感受。

观众要比演艺业中那些自大的人所想象的聪明得多。观众会抓住任何一个导演给予的暗示，渴望去了解，愿意去参与。但他们需要一个契机，一个有象征意义的地点、事件或人，这是导演必须提供的。

导演的一个主要职能是控制观众的注意力，使之能注意在故事发展过程中每一个最具戏剧效果的事物。导演主要通过设计演员和摄影机的位置，将他们认为重要的因素最大化，不重要的因素最小化；强调积极因素，消除消极因素。另外，通过一系列的技巧，导演还能决定他们的素材应对观众产生多大的影响。

（二）思想或情感通过动作外化

观众如何辨认出真实的情感呢？通过角色的言语？还是通过他们的行为？

"事实胜于雄辩"这句老话适用于所有视觉的戏剧媒体。虽然对白通常对角色思想或情感提供了可靠的洞察途径，但是有时候言语并不可信。一个显著的例子是：人们会撒谎以掩盖自己的弱点。一个胆小鬼会勇敢地否认自己的恐惧，一个在新工作环境中感到紧张的妇女会假装很镇静。问问一些人感觉如何，有些人会夸大其词，有些人会轻描淡写，另有些想博取同情的人会干脆编造一些表面的问题。

一个害羞的男孩与一个胆小的女孩在月光下可能会谈100件与他们心中所想所感毫无关系的事情。但他们的思想和情感是这个场景中最重要的内容。因此，导演的目标是将这些情感外表化，使观众感知他们这种情感的深度和本质。

情感是大部分场景中的重要内容，但它是潜在的、观众不能看到的，因而必须通过对白、面部表情、演员的动作或身体语言将情感外化。

在现实生活中，心理与外部特征完全相同的两个人是找不着的。而人与人的差异正是由一系列的特征所区别，这些特征的总和构成人的个性。在日常生活里，最普遍最直接的观察就是看被观察对象怎样说、怎样动等。只要我们留心观察、善于观察、细心观察，便会看到人的心灵深处，看到诗情画意，看到生活中的戏剧……

1. 穿着打扮与道具装饰

人们的穿着打扮，是民族、地域、职业、地位、爱好的反映，也是人物性格和精神面貌的表露。什么样的人穿戴打扮成什么"相"。比如衣服的式样、价值、品牌等。特别要注意细微的变化，这是内心情绪变化的外观。当然，也有和身份不合的穿着打扮的特殊情况,只要仔细观察,就会发现有的人像是穿着别人的衣服似的。另外还有"伪装"的情况。

道具装饰方面,什么人拿什么,穿什么,用什么,各有所好,各不相同。女人拎什么包,戴什么首饰;男人抽什么烟,是旱烟、水烟、香烟、雪茄,还是抽烟斗,还是马合烟。人物的身份区别很大,不同的道具装饰,体现不同的职业、特点及其态度。

2. 神态情绪与姿态举动

一个人总是生活在他自己一定的精神天地里,为着一定的生活目的而活动着。虽有外露和抑制的种种情况,但总是能让人看见的。特别是眼睛这扇心灵的窗户,很难隐藏住内心情绪的秘密。脸庞上的肌肉结构与神态,从嘴角、眉梢,可透出内心的喜悦;从皱纹的排列方向,可感到抑制不住的心底悲痛和苦难经历;兴奋时,呼吸急深,能清楚地在面部表情上显露,并会引起声调和音色上的明显变化等等。但也有真实情感在一种掩饰下表露为另一种形态,甚至相反的。如紧张故作镇静,沉重反作轻松。另外对事物态度的表现是敏捷或是迟钝,应观察分析其原因。

姿态举动方面,每个人的站、坐、行、走各有特点。有共同的,也有不同个性的。舞蹈演员和运动员,工人和农民,知识分子和军人,领导干部和一般群众,在姿态举动上各有所异。职业带来的习惯动作,常为我们创作人物提供了典型的表现手段。有时衣着变了,但从姿态举动可看出这个人过去的历史痕迹,如一个人穿着老百姓的衣服,但他的姿态,一举一动,都说明他是行伍出身,当过军人。

3. 言语谈吐与行为方式

什么人物说什么话,用什么词汇和什么语气,以及言语的表达方式,都是因人而异的。就连口头语、习惯用语也会各显特点。言语谈吐关系到一个人的民族地域、不同年龄、文化修养、兴趣爱好、性格特征、表达能力,特别是在不同的情境下,会有不同的语言内容以及不同的言语形式。要特别观察语言的个性色彩和那些言简意赅的寓意深刻的言语,同时要记住幽默风趣的言语。在创造人物时,把生活里生动活泼的语言用上去,就会创造一个个活生生的人在说话,而不是生搬硬套的非人物的言语。生活中的人物说话的声调、语气、语言动作、语言结构都是个性化的、丰富多样的。好的作品,在行为方式方面,注意对不同表现形式的富有个性特点的动作观察,可看到不同人物所作出的千差万别、妙趣横生的行为方式来。

表演人的艺术,光有技巧还不行。只有有了对社会各阶层的人的细致、深刻的观察了解,才能体验出作品里所描写的人是否真实;只有有了对社会的人的观察、体验、分析、研究,才能有正确表达作品中所描写的人物感情的基础。

演员要创造众多的人物形象,把自己在现实中的体验,把反复想起和反复感到的东西传达给别人,就必须有自己对生活的观察,积累丰富的创作仓库,仅靠编剧和导演对生活的观察体验是不能代替的。

第五节　舞台调度

一、发掘演员的舞台感

舞台感是戏剧演员特有的舞台创造感觉,它是演员经过长期舞台艺术实践,对舞台表现性规律的感觉和把握的总和。

影视演员与戏剧演员在表演上有共同点,也存在着重要区别。最大的共同点,都是为了塑造剧中的人物形象,都是人物形象的创造者、体现者,都是以本人内部和外部的技术为工具进行表演的。所以,他们都需要熟悉脚本、熟悉生活等过程。不同的是,舞台感是对舞台表演艺术的直接作用,最终是舞台形象;而镜头感则是对影视表演艺术的间接作用,最终是银屏形象。

舞台感在对舞台表演艺术的直接作用中,必须遵循以下原则:

（一）照顾视听距离

1.在声音方面须夸大音量,加强对语言表现力的强调。如:对呼吸、逻辑重音、感情重音、结构重音、语气、语调、韵律、语言性格化等的强调。

2.在行动方面夸张动作幅度,强调姿态的表现力和典型的视觉特点。如:强调张望的姿态、气愤的姿态、哭与笑的姿态等;强调运动的状态,如跑、站起、坐下等。跑不是要求真跑,而是"跑"的心情和外部状态。

3.以突出的声音(笑声)加强表情,以形体动作强化表情。舞台表演创造需要一定的"舞台创作紧张度",仅仅有角色的一般肌肉松紧状态是无法实现舞台表演技巧的。从这个意义上讲,舞台感也是一种相对镜头感,更具"紧张度"的创造感觉。

（二）照顾单视点

1.照顾单视点,可通过灵活的舞台调度去实现。舞台运动中,常常不走直线,不正对观众。除特殊处理外,一般走弧线、斜线、曲线等。

2.对于姿态有着特殊的强调。如相对而言时,要半侧,以留出"观察面",常常和交流对手构成身体角度,使身体正对的面和回头交流的对象形成"运动角度",以便照顾更广泛的观众角度。

3.加强可能而合理的运动数量,强调人体姿态在重点事件和"渲染点"上的造型意义。

4.以突出音量、语言的手段来补充视觉传达的局限性。

(三)照顾舞台时空局限

1.从运动空间看

舞台由于空间的局限,要求演员应有一套在舞台空间中表现角色的运动速度与技巧。如舞台很难展示人在急速运动中的状态,所以常常是静中求动,以静态造型为主、动态造型为辅地表现人的运动。

2.从时间运用看

舞台有一套以时间的夸张法来表现人物心理的技巧。如夸大重要判断的时间,缩短与对手冲突进程的段落时间等。

(四)节奏见诸速度和停顿的夸张

舞台上为了突出某一重点人物的节奏,常常夸张某一个人的速度,或加速或减速;而对其他在场人物常常"反夸张"其速度,或"夸张停顿",以加速节奏的震撼力。显然,舞台表演节奏一般不同于生活中人的自然节奏,运用速度与停顿的夸张可算是一条规律。

以上四条原则,远远不能包容舞台演员探索舞台表演技巧的全部内容,但舞台感和表现技巧归结为一句话——你有责任叫观众看清楚、听清楚你和观众的交流。否则,舞台表演就毫无实际意义。

二、突出与强调的方法

演员站在舞台前部中央时,他们吸引观众的注意力最强,当他们走向旁边或舞台后部时,他们的影响渐渐变小直至消失(注意:舞台前部离观众最近,舞台后部离观众最远)。

演员面对观众时,获得最大的重视。当他们转开身去,就慢慢地失去吸引力直到最后背对观众时,他们受到观众的注意最少(例外:如果面对舞台后部的演员是台上唯一的演员,他或她仍会受到观众某种程度上的重视)。

——演员的目光指向:受到台上其他演员注目的演员获得主要的强调。

——与群体分开:一个离开群体的演员通常受到观众注意。

——运动:运动中的演员比处于静态的演员受到更多的注意。

——层次:在另一不同台阶上的演员比其他人更受重视。同样,站着的演员比其他坐着的演员更受注意。如果所有人都站着,那么坐着的那个演员最受注意。

——灯光:一个受到强灯照耀或在阴暗中只有一个侧影的演员比那些用

正常灯光照明的演员受到更多重视。

——服装：一个穿着打扮与众不同的演员毫无疑问会吸引注意力。

——画面布局构图：布景因素能引导观众对一个主要演员的注意，例如，一段楼梯的斜线会将观众的注意力引向在梯子上面的演员。拱顶、门廊和窗户都会对演员形成一个框架（因此突出了他们）。

注意：在这一系列的分类中，注意力都是由于"与众不同"获得的，那就是，一个角色由于服装、灯光和位置与其他角色不同而显得突出。

导演利用这些舞台技巧，可以强调突出某个特定演员或特定时刻，然后随着场景中戏剧焦点的变化再将那种注意力转移到其他人身上。

强调还可通过对白与动作的关系或对白与运动的关系获得。

为得到恰如其分的强调，导演必须知道在一场戏中哪些时刻重要，哪些时刻不重要，以及由情节和角色决定的重要"程度"。尽管这种了解也就是对戏剧本身的了解，很大程度上是主观性的，导演们都各有自己的见解，但是这里的几条提示可能会有所帮助。

三、调度的核心是交流与适应

（一）交流

交流，指演员在表演过程中与对手间的思想、感情、意志、愿望、言语、动作等多方面的相互传递、相互作用和相互影响。舞台调度须时刻想着为交流架构渠道和场面。

交流，有外部的形体交流和内部的精神交流；有演员的自我交流，银屏、舞台的无对象交流，某种特殊风格演出中的演员与观众的交流等。表演中，演员所扮演的角色（主体）与实际并不存在的假想客体（包括人、物、景等）进行的交流，称作无对象交流。表演中，演员通过内心独白或是通过自己的智慧和情感进行的交流，称作自我交流。在某种意义上说，就是人物的理智和情感的冲突。

在表演中，最主要的交流形式还是和同演者进行的交流。这种交流因为是在相互行动中进行的，所以也有人将它称之为"相互行动"。交流主要是指在思想、情感、目的和欲求上的相互给予、相互作用和相互影响。正如斯坦尼斯拉夫斯基所说的是"同对象的活的心灵的交流"，即演员是以自己的身心作为所创造的角色的载体。

在一个角色的创作过程中，真实、有机的交流，对塑造完整的人物形象有着十分重要的作用。表演是群体性艺术。一出戏，当演员一开始动作，就会有交流对手相配合。对手给你的目光和语气是真切的，会使你充实、自信，帮你产生真实的感受,让你自如地生活在假定情境中。表演创作,常常是在不断的排练过程中,与对手相互交流,相互适应,逐渐挖掘剧本与人物,丰富表演细节,选择表达情感的手段,调整自己原有的案头设计。交流可使表演艺术由必然王国进入自由王国。

掌握交流,达到最佳状态,关键在于一个"真"字。要做到真听、真看、真的去感受。在表演的此时此刻,真正看到对方在做什么,听到对方在说什么,从对方的态度反应中接受刺激,受到感染,从而在"活"的交流中,促使自己说出要说的话,作出要做的动作,产生相应的心理活动,使人物"活"起来。好演员都非常看重并且依靠对手给自己的刺激和交流来获得准确的自我感觉,并且时时刻刻想引起对方的反应。演员不但要分析人物间这种互相交流的关系,更重要的是要全身心地感受到这种关系,把这种感情落实到具体人的身上。只有真正的交流,才能唤起内心的真实感,引发出人物心灵深处的秘密,加深动作的意义,使表演变得真实可信,顺畅自如。

(二)适应

适应,指演员在表演中与对手交流时彼此作出的各种不同反应并影响对手的一种技能。包括:(1)演员对不同的人物形象都要有自己独特的适应方式;(2)规定情境的改变,演员要引起相适应的变化;(3)演员表达及接受的体验到的各种情感,都要彼此适应,前后适应;(4)一切交流形式以及在各个时间、环境、场合下进行的交流,演员都要有相应的反应,包括每一个对手。

适应的作用:(1)可吸引和控制对手的注意;(2)可表露或掩饰自己的情感和心境,加强交流,影响对手;(3)可变幻自己的适应,把体验到的所有情感色彩都传达出来,迫使对手接受;(4)可补充语言的不足,把只能意会而无法言传的内容传达给对方。

语言类节目不比歌舞,首要考虑的不是形式、画面的美感,而是前文所述之强调、突出、交流与适应。

第十七章　电视戏曲节目编导

电视综艺节目的主体元素中,包含"戏曲"。戏曲是以演员的表演为中心,把文学、音乐、舞蹈、美术、武术、杂技等融为一体的一种特殊艺术。戏曲的美学特征是:综合性、程式性、虚拟性。

电视戏曲是中国传统戏曲与电视技术相结合所产生的一种电视文艺形态。它指运用电视技术手段,突破戏曲舞台的时间局限,适当采用实景及镜头组接艺术表现戏曲艺术、反映戏曲文化现象的一种电视文艺形态。

划归综艺节目的电视戏曲的主要种类有:电视戏曲栏目、电视戏曲专题片、电视戏曲综艺。综艺节目编导制作人员必须对戏曲有所认识,有所了解,才能制作出好的电视戏曲节目。

第一节　戏曲的美学特征

戏曲是中国传统的戏剧形式和最具特色的艺术形式之一,在中国民族传统文化中源远流长。中国戏曲最早起源于原始社会中的部落歌舞。发展到汉代,出现了"百戏"。经过几千年的发展变化,形成了完整的戏剧体系和特有的戏剧美学。中国戏曲艺术美其形态上的独特风格和民族特色,在世界剧坛上独树一帜,具有很大影响。

中国的戏曲种类有京剧、昆剧、越剧、评剧、豫剧、晋剧、河北梆子、粤剧、黄梅戏等300多种,其中京剧已有多年历史,流行最为广泛,分布全国,内容非常充实,被称为"国粹"。戏曲的美学特征主要有——

一、综合性

中国戏曲的综合性主要体现在,以歌、舞、白这三大类要素的有机结合而构成的艺术形式去表现某个完整的故事。戏曲中的"歌"不同于歌剧和独唱，它还配合着舞蹈和对白。戏曲中的"舞"不同于歌剧和独舞，它在舞蹈中有歌和对白，有文舞和武打，并且糅进一些杂技和特技的表演。戏曲中的"白"又不同于话剧和朗诵，特别讲究字正腔圆、音调的婉转起伏和音韵的节奏美。在戏曲表演中，歌、舞、白这三者不能孤立分割地存在，而必须有机地融为一个整体。这跟舞蹈、话剧艺术的综合性是有区别的。

二、程式性

程式就是把形式纳入一定的标准，使之成为一种定型的有规范性的套子，即把日常生活的自然形态加以精选、提炼和装饰，使之简练、准确、鲜明、富于节奏感、舞蹈化、美化。中国戏曲讲究"四功五法"，即唱、念、做、打和手法、眼法、身法、发法、步法。这些都有基本固定的格式规则，约定俗成。程式表现为以下几个方面：

（一）行当（角色分行）的程式

根据角色的性别、年龄以及气质性格等特点，对演员所扮的角色分类：

生——

老生：又称须生，扮演重唱的中老年男子。所戴胡须（京剧叫髯口）按年龄不同有黑、白、灰三色。其中又分为老生、武老生。戏曲中的"末"原指男子，后并入生的行。

小生：扮演青年男子，唱念用小嗓，表示文雅和带稚气。分文小生，多为书生；武小生，多为年轻将领。

武生：又分长靠武生和短打武生。长靠武生扮演英勇善战的武将；短打武生扮演武艺高强的绿林好汉。

旦——

正旦：又称青衣，扮演重唱工的中青年女子，角色多为悲剧。

花旦：扮演重做工的中青年女子，多为喜剧角色。

武旦：扮演重做工的武功的女子。又分刀马旦和武旦，前者指英勇善战的女将或女英雄，后者多为神话中的女精灵。

老旦：扮演重唱工的老年女子。

彩旦：又称丑旦，扮演喜剧或闹剧的人物。

净（又称花脸）——

大花脸：又称铜锤或黑头，以唱工为主，多为朝廷重臣。

二花脸：又称架子花脸，以做工为主，多为豪爽之士。

武花脸：又称武净，重武功，专攻武打翻摔。

丑（又称三花脸）——

丑角多扮演喜剧人物，又分文丑和武丑。

（二）脸谱的程式

中国戏曲中的脸谱用来突出人物的性格特征和寄托人们对历史人物千秋功罪的评说。脸谱的勾绘具有一定的寓意。脸谱的基本色表示人物的性格。

红色：表示耿直、忠义、威武、庄严，多用于富有血性的人物。

黑色：表示刚直、勇敢、公正、无私，多用于富有正气的人物。

白色：象征阴险、毒辣、强权、专横，多用于奸诈凶恶的人物。

脸谱的勾画反映了人们对历史人物的看法和评价，如包公的黑脑门上往往画一个白色的月牙，这是赞颂包公秉公断案像黑夜中的皓月那样清明。

（三）动作的程式

戏曲艺术中的动作源于生活，是把生活中的动作经过选择、提炼，使之节奏化、舞蹈化、规范化。如戏曲中骑马的程式动作是由扶鞍、执鞭、踩蹬、上马、扬鞭等一系列的动作组成的。

（四）音乐的程式

中国戏曲的音乐主要表现在唱腔的文武场上。优美动人、丰富多彩的唱腔是中国戏曲美的一大特点。

戏曲乐器的伴奏也称"文武场"。文场即用京胡、京二胡、月琴（称三大件）和小弦、笛子、唢呐、奏琴等乐器演奏来伴唱。武场即用板鼓、大鼓、铙钹、小镲、堂鼓等打击乐器演奏来伴舞（打）。

三、虚拟性

中国民族艺术悠久的美学传统就是追求意境。中国戏曲在这一美学传统下，形成了追求虚拟的艺术风格。虚拟性表现在以下几个方面：

（一）道具布景的虚拟

戏曲舞台上往往只有很少的几件道具，常用的就是一桌二椅，而且基本上不用布景。

如剧中人手拿马鞭，便是以鞭代马，观众可想象舞台即是广阔的原野；剧中人手执"车旗"，象征着推车而行；剧中人挥舞"火旗"，则象征大火熊熊、烈焰奔腾。

舞台上道具布景的虚拟，可以使观众生发活泼自由的想象，获得一种回味无穷的艺术享受，还可以使舞台留出大片空地，有利于进行歌舞表演。

（二）舞台时空的虚拟

中国戏曲表演过程中，舞台上时间和空间的显示与变化，往往不是真实客观的，而是根据剧情需要，时间可以延长或压缩，空间可以自由流动和转换。

如《失·空·斩》中，探子向诸葛亮接连三次报告，最后一报"司马懿的大兵正奔西城而来呀！"其实这"三报"在现实中并非一二分钟报告一次，但这是时间压缩，观众完全可以理解。《将相和》中表现蔺相如赴宴，他在舞台上走了一个"圆场"，就由大街到了小巷，这是空间的虚拟。这种戏曲的"时空转换自由"，更增加了戏曲艺术的感染力。

（三）表演动作的虚拟

中国戏曲表演中，演员讲究"虚中见实，假戏真做"。这种虚拟的动作暗示出舞台并不存在一些实物和情境。例如演员出门和进门的表演，并不需要门的存在，只需要做出开门、关门的动作就完了。

第二节　综艺类电视戏曲节目的形态

电视戏曲是电视与戏曲相结合的艺术。戏曲作为一门独立的艺术，其内容是丰富多彩的，有传统的、新编的、现代的以及各地方的戏曲等，而电视有其声、光画面和拍摄手法等表现手段的多样性。将这两门艺术相结合，则派生出各种不同艺术样式的电视戏曲。综艺类电视戏曲节目形态主要有：电视戏曲栏目、电视戏曲专题片、电视戏曲综艺。

一、电视戏曲综艺

戏曲电视综艺指戏曲艺术因子与其他艺术元素（例如歌舞、小品、音乐MTV等）结合，充分运用电子技术手段对戏曲艺术进行二度创作，既突出发挥戏曲的艺术价值与魅力，又充分体现电视技术创作功能的一种电视综艺节目。综艺类的电视戏曲大都只保留了戏曲诸多艺术元素的一部分，有的得戏曲之"声"，有的得戏曲之"形"，有的得戏曲之"神"，有的只得戏曲之"影"。但无一例外，它们来自戏曲，脱胎于戏曲，吸取了戏曲的一部分精华，同时与电视化合，借助电子技术神奇而特殊的创作功能，产生全新的艺术形式。

综艺类电视戏曲，可以说是最活跃、最无定型、最新颖可爱的一类形式，也是最具现代审美特色、最能为年轻观众接受的一种形式。

目前在电视屏幕上涌现的电视戏曲综艺类节目有很多样式。

（一）戏歌

戏歌，显然是戏曲之"声"。戏曲的旋律，经过了千锤百炼，具有浓郁的民族文化风格和淳美的韵味，动听动情，能调动人特殊的文化感受和体验。戏歌化用戏曲的曲牌、曲调,填上反映当代人生活情感的歌词,用歌唱的发声和现代感的配器,古为今用,歌曲具有独特的艺术魅力,很受听众喜爱。

"戏"与"歌"结合成的戏歌目前的形式大致有两种:

一种是改造流行歌曲、脍炙人口的历史歌曲和好的美声歌曲;二是创新、改造成戏歌的知名歌曲,保留了原歌曲主要的旋律和内涵,又增添了戏曲的声韵,比一般通俗歌曲更富地方色彩和民族风味,受到观众的热烈欢迎。

（二）戏曲 MTV

戏曲 MTV 是以戏曲唱段为依托制作的 MTV,是将优秀的戏曲唱段与不断变化的电视画面结合成视听一体的形式。它目前还不流行,还只是音乐电视兴起之后刚开始尝试的样式。

优秀的唱段大都经历了舞台实践的锤炼,经过了许多戏曲艺术家的推敲,往往凝聚着故事情节和人物内心强烈情感,叙事与抒情水乳交融。运用电视手段,打破舞台的时空界限,采用特殊的拍摄技巧、多变的别景、光线、色彩甚至三维动画特技,诠释唱段深韵的内涵,强化演唱效果的冲击力和渗透力,吸引观众,打动观众。

如起名《心曲》的一组六个越剧 MTV 就拍得清丽古雅,每一幅画面都像一幅高调拍摄的艺术照片,充满浓郁的浪漫色彩。

（三）戏曲歌舞、戏曲小品

综艺晚会中的戏曲节目,包括戏曲歌舞、戏曲小品等,可以说得戏曲之"形"或戏曲之"影"。这类节目是戏曲的元素加上其他艺术形式的元素,再与电视化合而成,是一种新的艺术样式。

在综艺晚会中,最常见的节目形式就是戏曲歌舞、戏曲经典段落演唱和戏曲小品。另外还有新生的不可归类的戏曲综艺。

戏曲歌舞是戏曲与歌舞的化合。由于歌舞节目场面大,演员多,常常用于渲染烘托气氛。所以戏曲歌舞中有一种就是"开场歌舞",用曼妙的戏曲舞蹈、重新配词的戏歌、热烈的戏曲锣鼓,浓浓地渲染喜庆。

戏曲名段还有一种倾向,是变换伴奏乐器以期获得不同凡响的艺术效果。较常见的就是交响乐伴唱,甚至电声音乐伴奏。

戏曲小品是电视戏曲节目中观众最喜闻乐见的形式。小品节目是近十几年来才在荧屏上兴起的节目形式。因其短小精悍、人物性格鲜明、矛盾冲突集中,具有警世的作用而在晚会上得到广大观众的喜爱。

小品与戏曲相结合,节目也就更精彩、更好看了。较早的戏曲小品是1986 年的春节晚会上的《断桥》。由越剧、川剧和豫剧三个剧种的三个演员来扮演《白蛇传·断桥》中的白娘子、小青和许仙。三个剧种艺术风格各不相同,道白方言互不相通。越剧的白娘子温柔似水,川剧的小青泼辣如火,豫剧的许仙憨直诚恳,剧种的魅力与人物的性格相对照,非常贴切。不同性格的情节发展过程中又引起各种冲突和矛盾。三个人物各唱各的腔,各说各的话,各行各的事,表演的都是名剧种中的名段和特色,使观众在轻松愉快中着实过了一把戏瘾。

二、电视戏曲专题片

电视戏曲专题片是指独立地按照专题片创作规律专门拍摄的,表现戏曲艺术、戏曲文化、戏曲艺术家艺术生涯等内容的电视专题片。电视戏曲专题片具备一切电视专题片的特性,同时又具备自己鲜明、独特的个性。

专题片不同于电视剧,也不同于电视文艺节目。它最大的特点是:

第一,内容的真实性和专一性。它表现的是现实生活中的真人真事真景,是已有的现象和曾有现象的痕迹。不能虚构,排斥表演。

第二,内容的深入性和思辨性。它不满足于记录个别事件、反映生活的表象,避免落入图解概念的模式,力图艺术化地反映生活的真实,揭示生活的底蕴,揭示社会、人生的种种规律和意义。

第三,专题片在电视技术手法方面有更深入广泛的尝试,能够调用艺术手段来体现理想。因此,在各个种类的电视艺术形式中,专题片也是一种最具综合性的节目类型,兼有艺术性和新闻性的多重特点,可以调动多种艺术手段来表达思想,表达主题。

电视戏曲专题片的历史很短,从20世纪80年代才开始出现。电视戏曲专题片,既是包容戏曲的艺术,也是包容电视专题片的创作方式,故而既有专题片的体裁特点,也具有戏曲独特的艺术特点。它真实又朴实,具有思辨性,体现着创作者独特的个性追求和对戏曲艺术的领悟。

同时,电视戏曲专题片可以不拘一格,根据题材和编导的创作追求和风格特点,根据搜集到的素材做成各种各样的类型。而且还可以与其他领域的内容交叉融合,做成复合化的新类型。电视戏曲专题片的类型可分为:

(一)知识报道型

知识报道型指对戏曲艺术和戏曲文化的有关知识作普及报道性的专题片,这又分写人与论事两类。如电视戏曲专题片《京剧名家迟小秋》就属于写人的类型。

(二)文化思考型

文化思考型指运用戏曲艺术的素材,对戏曲文化和中外文化的有关侧面作较为深入探讨的一类。这是最体现专题片特性的样式。

（三）赏析型

赏析型指对戏曲艺术的优秀作品做评论和鉴赏性加工的一类。

电视戏曲专题片必须解决好真实性和文化性两个方面的结合问题。

三、电视戏曲栏目

电视戏曲栏目，是指每天定时在电视台播出的归纳在各种栏目中的戏曲节目。开办电视戏曲栏目，中央电视台始终是主力军。1985 年推出的《戏曲欣赏》和 1986 年开办的以播出各类演出录像剪辑为主的《电视剧场》是中央电视台最早开办的戏曲专栏之一。

较早开办戏曲栏目的，还有 80 年代后期北京电视台的《菊苑乐》；天津电视台的《戏曲之花》、《金艺戏曲》；上海电视台的《戏曲大舞台》等。自 1984 年以来，《戏曲大舞台》专栏播出了中青年演员的"南北大会串"；著名京剧艺术家的交流演出以及越剧大奖赛等等，在社会上产生了较为广泛的影响。

陕西电视台的戏曲专栏节目《秦之声》正式命名于 1988 年，每周五播出。其前身是开办于 1979 年的《地方戏》栏目，旨在弘扬民族文化，满足广大观众，特别是占全省人口 80％的农民群众的艺术欣赏需要。在 1988 年，该栏目举办了全省秦腔优秀青年演员"公主杯"电视大奖赛和西北五省（区）秦腔新秀"咸阳杯"电视大赛。1989 年，该节目又举办了"本台摄制的戏曲艺术片选播"和"迎接国庆优秀现代戏展播"等活动，赢得了观众的喜爱。对振兴以秦腔为代表的陕西地方戏起到了积极的推动作用，也收到了非常好的社会效果。广西电视台的《家乡戏》栏目，开办于 1989 年 1 月 6 日，每周播出一次。它采取"拼盘式"结构，荟萃了京剧、外省地方戏和广西地方戏，以及杂技等，以观众点播的形式，把一个个短小精彩的节目串联起来，让观众品尝不同的风味。同年 7 月，又增设了《优秀节目点评》，每次播出一个艺术水平较高的剧目，主持人采取夹叙夹议的方式进行讲解评论。剧目中的一些高难度动作，则使用电视特技手法进行重放、定格，让观众加深了解，仔细欣赏。四川电视台的《川剧欣赏》，开办于 1989 年 1 月，每月播出一次，时间为 40 分钟左右。该栏目注意将欣赏性、趣味性和知识性结合起来，从不同的角度介绍川剧表演艺术，既注意介绍优秀的传统剧目，也注意向观众推荐新创作的剧目和整理改编的剧目；既介绍著名表演艺术家的表演特色，也让观众熟悉川剧的后起之秀。

1996 年 1 月 1 日中央电视台开办了"戏曲·音乐"频道。上半年，中央电视台的戏曲栏目由《九州戏苑》、《电视剧场》两个增加到 6 个。到下半年，栏目进一步增加到 9 个。除了欣赏性的《戏曲大舞台》、《名段欣赏》、《戏苑百家》、《戏曲直播》等栏目外，围绕着戏曲艺术的新闻报道、艺术研究专题、人物专访、介绍戏曲知识有了《梨园群英》、《戏曲采风》、《九州戏苑》、《知识库》,还为戏迷观众专设了《戏迷园地》栏目。

除此之外,国际频道还有一档《神州戏曲》,中国教育台有《京剧知识与欣赏》栏目。

各地方省市电视台根据需要也都设立了自己相应的戏曲专栏。像浙江电视台设立了《荧屏舞台》、《百花戏苑》、《钱塘晚潮》三档戏曲栏目,分别满足不同戏曲观众的需求。北京电视台分别开办过《菊苑乐》、《学京剧》、《戏曲欣赏》和现在的《同乐园》。河南电视台分别开办过《观戏潮》、《百花舞台》和现在的《梨园春》。福建电视台有《闽海观剧》,湖北电视台有《戏曲大看台》,广东电视台有《南粤戏曲》、《缤纷梨园》、《粤韵风华》,四川电视台有《川剧苑》,安徽电视台有《花戏楼》。

值得大书一笔的是上海有线电视戏剧频道。这是全国第一个以戏剧为专业的频道。他们打出的口号是"不出家门,天天看戏"。每天播出戏曲节目由14个小时增加到16小时,收视率在上海有线各频道中经常名列前茅。他们的节目以戏曲曲艺为主干,开设了15个栏目,有《上海大剧院》、《戏迷俱乐部》、《戏曲人》、《戏曲教唱》、《戏剧影院》等等,为普及推广戏曲艺术,提携戏曲新秀起到了积极的推动作用。

从以上所作的并不全面的巡视可以得知,目前的戏曲栏目,从中央到地方,已经初步建立起了一个戏曲传播体系。中央台是全方位关照,地方台突出乡土特色、地域风貌。戏曲有了自己的空中大舞台,电视为戏曲提供了一片再展英姿的新天地。

戏曲栏目中,有的节目定位比较明确、固定,像中央电视台,《名段欣赏》每期15分钟播放名家名段。《戏苑百家》每期60~140分钟,是一个专门欣赏大型戏曲节目的栏目。内容包括平时录制的全国各类戏曲剧种的传统戏、新编历史戏、现代戏、各类大型戏曲晚会、演唱会、各类戏曲展演、会演、调演的优秀剧目。中央电视台与各地方电视台合作录制的中国地方戏曲精品库节目,包括各地方戏曲剧种的优秀剧目,以及中央电视台近几年录制的京剧音配像节目。《戏曲大舞台》转播或录播全本的首都各剧场上演的舞台戏曲剧目。《戏曲直播》则是采用现场直播的电视手段,将全国文艺舞台上演出的精彩戏曲节目及时播送到寻常百姓家。

中央台的《九州戏苑》是全国性著名老牌戏曲栏目,1993年11月由原来的《戏曲欣赏》改版而来,几年来为扶植、繁荣戏曲艺术、丰富荧屏成绩突出,是宣传戏曲艺术的一个重要窗口。《九州戏苑》整体上说节奏明快、信息量大,在保持欣赏性的同时,充实了知识性、参与性的节目。突破了那种"你演我看"的剧场模式,沟通了主持人、演员和观众的关系,拉近了戏曲与现代生活的距离,增强了趣味性和可视性。近年来,《九州戏苑》还注意发掘各省地方戏曲资源,安排地方戏主题专集。曾经做过安徽、贵州、陕西、黑龙江、浙江、河南、河北等省的专集。

浙江电视台的《百花戏苑》节目也是一个拥有众多观众的戏曲栏目。《百花戏苑》观众对象定位在年轻戏曲观众,每周一晚上播出 30 分钟。这个栏目下设 10 个小栏目,分为知识、欣赏、人物、参与四大类。作为争取青年观众的窗口,这个栏目追求创意新颖、精良制作,既努力保持戏曲艺术的高雅文化品质,又较充分地发挥了现代传媒手段的艺术优势,使节目不但信息丰富、节奏明快,而且风格清新、雅俗共赏。

中国教育电视台的《京剧知识与欣赏》,周二晚上 9 点 40 分播出,由著名京剧演员吴江燕编导兼主持人。这个栏目发挥主持人熟悉戏曲、热爱戏曲、能演能讲的特点,把传授京剧知识、访谈戏曲艺术家、介绍戏曲动态与节目欣赏有机地结合在一起,开办以来越办越好。

北京电视台 1999 年 4 月新开办了《同乐园》栏目。这是一个打破传统戏曲节目制作思路的新型栏目,以"欢快、活泼、热烈火爆、竞争"为基调。这个栏目由"竞猜急急风"、"梅花三弄"、"去伪存真"、"嘉宾学戏"、"同喜同乐幸运抽奖"等富有创意的小板块轮换拼接,是一个定位于为喜爱戏曲又不大懂戏曲的观众提供丰盛的电视戏曲文化套餐的栏目。

中央电视台 1999 年 8 月底在对"戏曲·音乐"频道各栏目进行调整过程中,增加了一个新栏目《新视听》。这个栏目由三个子栏目《当代音乐台》、《艺术无极限》、《今日过把瘾》组成,是一个集音乐、文化、戏曲为一体的大型综合栏目,其中子栏目《今日过把瘾》以传播戏曲知识、满足戏迷需求、真诚为戏迷服务为宗旨。更加注重观众的参与性,在邀请著名戏曲表演艺术家和各界明星参与表演的同时,以游艺形式吸引观众参与。让观众不仅能欣赏到精彩的戏曲表演节目,同时还能在学唱、学演过程中更加体会到戏曲艺术的精妙。

河南电视台的《梨园春》栏目,创办于 1994 年 10 月,至今已经 16 年了。中间有过几次变动,1999 年上半年再次进行改版。台领导班子和编委会经过充分酝酿、讨论,决定把《梨园春》作为河南卫视的重点栏目、拳头栏目来办。新版《梨园春》延长了节目时间。由每期 50 分钟延长为每期 90 分钟。原来的 50 分钟,节目容量较小,每期五六个节目,许多观众感到不过瘾,纷纷写信要求延长时间。现在改为 90 分钟,就在长度上和节目容量上满足了多数观众的要求。同时增加了播出密度,即从原来的隔周一期改为每周一期。增强视觉冲击力,激发观众的观赏兴趣。还扩充了节目内容,即不仅有本省剧种的名家、名剧、名段,还选了省外一些剧种的名家、名剧、名段,如京剧、评剧、河北梆子、黄梅戏、越剧、川剧、晋剧、秦腔、二人转、昆曲等。不光有戏曲,还吸收了与戏曲相近的姊妹表演艺术,如相声、戏剧小品、杂技、曲艺等。更重要的变动是加强了观众参与。从形式上说,有戏迷参与(擂台赛),有现场观众参与(如点戏、打分),还有电视机前的观众参与(如回答问题、拨打168声讯电话、点戏)。从分量上说,新版《梨园春》目前的观众参与节目几乎占了节目总时间的一半。

全国各省的戏曲栏目各有构思和特色,此处难以尽数。

第三节 电视戏曲节目的个性与制作

从电视戏曲已有栏目来看,如果从戏曲被改造的程度这个角度来观察的话,可分这样三类:

一类是原生态型,是原汁原味的,未经电视改造过的,基本保持舞台表演原始面貌的栏目。

第二类是栏目化型,经过了电视栏目化改造,在节目原素材料基础上经过了技术处理,或加评说,或加快、放慢,或有画面切割镶拼,或经动画处理。我称之为"解放脚"型。

第三类是"新新型",是节目形态都大加改动的,编导的制作思路是抢占荧屏"制高点",紧跟娱乐兴奋潮流,将戏曲改制、包装成时尚的各种形式。不管哪一类,电视戏曲栏目都为戏曲提供着演出舞台,为观众提供了观赏戏曲的美好窗口。

一、电视戏曲节目的个性

电视戏曲栏目具有所有杂志性节目的共性:每个栏目有特定的名称、标志和内容范围,在表现形式上各自讲究一定的特色和格调,播出时间长度和周期是固定的。同时,由于戏曲艺术的介入,电视戏曲栏目又具有自身鲜明的、独特的个性。它围绕戏曲艺术和戏曲文化构架,介绍、分析评论戏曲名家名段,还注意观察研究戏曲与其他艺术的关系,并及时播报戏曲发展演出的新动向。

其鲜明的特征是:

(一)包容性

第一,电视戏曲节目的包容性体现在其内容上。它的内容可以包罗万象,相互之间无须太多的关联,只要某一点符合栏目名称就可以。

第二,形式的包容性。它可容纳直播、录播及利用各种电视手段制作的各种形式的电视戏曲。戏曲栏目可以做成专题与欣赏结合的节目,如《戏曲采风》、《梨园群英》。可以做成游艺性娱乐杂志型节目,有竞猜游艺的内容。如新开辟的《同乐园》和《新观听》栏目中的《今日过把瘾》,吸引青年观众的关注和参与。提高收视率,普及推广戏曲艺术。可以把春节戏曲晚会拆整为零,穿插到相关的节目中去;还可以打破时间、篇幅的常规,将某一栏目的一期办成特别专题节目。

第三,风格的包容性。电视戏曲栏目可以根据不同的定位形成不同风格,或沉静思辨,或轻松诙谐,或优美抒情,或玩闹火爆。甚至同一个栏目,也允许根据不同期的内容和编导个人的艺术追求而呈现不同的风格,诸多艺术风格在电视戏曲节目中可以兼容并蓄。

(二)机动性

一是电视戏曲编排方式的灵活性。电视戏曲栏目小板块的形式,有利于选取戏曲精华,使节目编排机动灵活。有些节目可以根据某个主题来编排某一期或一组系列栏目的内容;也可以相对散漫,板块式组合;还可以将自创节目与现成节目混合编排。

二是其内容选取方面具有鲜明的机动性和灵活性。选取戏曲专题片,既可以整部整集地播出,又可以每部、每集分几次播出;甚至可以拆出段落、资料来做其他节目的素材、例证。

三是栏目的选材、主题的灵活性。编导可以竖向思维,以某题材的发展演变来构思组合,编成一期节目。

总之,选取内容的长短、编排组合、题材的选择以及播放位置可以非常机动灵活。只要编导有完整的构思,有统一的艺术风格,有精心的串联编排,都可以做出好看的戏曲节目来。

(三)大众性

与戏曲专题片、戏曲电视剧和戏曲综艺比较而言,戏曲栏目最具大众性,最容易得到观众的反馈并能最快得到相应改进。戏曲栏目天天定时定点播出,对于爱好戏曲的观众朋友来说,好像是一位忠实的老朋友。观众与之爱好的电视戏曲栏目节目天天见,所以对节目中的优劣就有了自己的看法,而且通过各种方式反馈给创作者。

电视戏曲栏目化,是电视发展到一定时期的必然结果。无论是中国还是外国,都经历过初期电视以简短的新闻节目和零碎的文艺节目以及大量电影充填时间的阶段:国外 40 年代末第一次出现专栏节目,像《骆驼新闻大篷车》等新闻节目,开始打破初期电视播出的原始格局。80 年代初,国外的栏目化播出进入发达时期。日本的 NHK 电视台,1981 年有 21 个栏目,1982 年增加到 66 个。原苏联中央电视台也在 20 世纪 80 年代先后开办了有近百个栏目。我国电视到 80 年代中后期,才开始接受专栏节目,后来发展越来越快,越来越充分。戏曲节目则是中央电视台最早归入栏目的电视文艺之一。

电视戏曲栏目,既然指的是每天定时在电视台播出的、归纳在各种栏目中的戏曲节目,那么与其他三类电视戏曲相比,显然是形态最多变、可塑性最强的一类,也是最经常面对观众、最为平易近人的一类。因此,电视戏曲栏目质量的优劣对于争取观众关系重大。

二、办好电视戏曲栏目的要点与难点

电视戏曲既然是电视文艺重要的组成部分,它在继承弘扬中国传统戏曲艺术方面承担着不容推卸的历史使命。戏曲艺术延续了几百年,大家都承认其是民族文化艺术的瑰宝。但是在新的历史时期怎样顺应时代的发展而创新发展,是一个难题。作为电视文艺工作者,就有义务、有责任把电视戏曲搞好,否则我们这一代人就没有尽到职责,是个败家子。虽然任何一种艺术的成长、发展、兴盛、衰落有它自身的规律,戏曲的兴衰主要由戏曲工作者承担责任,但是作为传媒、电视人,仍然要在促进戏曲的再生、创新方面有着自己应尽的职责。戏曲栏目应该办好,也能够办好。当然搞戏曲栏目的电视人可以说比别的栏目更难,除了同样有驾驭题材内容方面的艰难外,额外还有经费、人员方面的许多艰难。没有从业人员的事业心与献身精神,戏曲栏目无法维持至今。目前的戏曲栏目,应该说尽了很大的努力,做了很多工作,克服了很多困难,有了许多骄人的成绩,但仍然有很大的改进余地。要想把节目做好,主要还得找差距。

搞好戏曲栏目,有这样几个方面的问题需要考虑:

（一）定位问题

频道有频道的定位,栏目有栏目的定位。戏曲频道和栏目,到底针对什么样的观众群,做成什么品位的节目,是做成复古性陈旧节目,强调原汁原味满足老戏迷?还是做成改头换面的新潮娱乐节目,用戏曲作异样口味的调味品来吸引青少年一代?还是认真分析可能的各个层次的观众,设置分工更明确、更准确、更有针对性的栏目?都需要认真论证。目前的定位给人的感觉是焦点不够准,现在有点两头够不着,老戏迷、老行家觉得不够味、不地道、小玩闹;年轻观众觉得太陈旧、太缓慢、不耐烦、看不懂。作为频道,可以考虑几个层次的受众,立足于基本观众,争取其他层次的观众,通过不同的栏目满足较大范围的观众。作为栏目,定位要更细致。各个栏目允许有交叉,但不要面目模糊,相互混同。

在考虑定位问题时,有两点要注意协调平衡。第一是戏曲的文化品位与娱乐性的协调问题,第二是舞台艺术与写实艺术的协调平衡问题。

戏曲是一种文化,它凝聚着历史的、文化艺术的符号。它的各种程式是当时社会生活、文化历史的象征。它与当时的观众有一种解读的共识,但今天的观众却有着欣赏的障碍。它反映的制度习俗、思维方式,对于今天的青年是陌生的,不可理解、不好接受的。不要说几年前的社会生活习俗了,解放以前的,甚至文化大革命以前的社会习俗,今天的年轻一代都感到有隔阂。这是时代历史发展的规律,不仅戏曲,中外古典艺术经典在今天都有解读的障碍。这不奇怪。关键在于今天设置栏目的指导思想要清醒,要注意解析与普及。可以在解析、普及的基础上发挥戏曲的娱乐功能,先让不懂戏的观众能看懂,然后才能品味到它含蓄凝炼的优美,产生兴趣和爱好。做到这一点也并不很困难,北京电视台的《菊苑乐》曾经有过一个小栏目"看戏说戏"。有一次是评论赏析《拾玉镯》,通过画外音、快放、慢放等手法评点孙玉姣的表演和心理活动,把一段戏表现得十分幽默有趣。《拾玉镯》是一个大家都比较熟悉的折子戏,但经过这样处理后让戏迷们有看老戏品新味的愉快。曾经把这段节目挑出来放给青年学生看,课堂上始终充满会心的笑声。这就说明他们完全能看懂而且领会其中的幽默与喜剧因素。有观众提出希望有"名段欣赏"和"京剧 ABC"这样的栏目,就可以承担这样的功能。对于老戏迷,对于一些观众不熟悉、题材偏冷僻的节目,也可以开设"聊戏侃戏"、"边看边议"之类的栏目。播戏之前,介绍戏的情节、人物、特点和有关的梨园掌故、历史背景,甚至介绍化妆和服饰、勾脸的脸谱特点、后台花絮等等。播演之后,议议表演得失、演员的甘苦心得,沟通演员与观众,拉近戏曲与现代生活、与观众的距离。

戏曲作为一种文化,有一种凝重的基调,有固定不变的规范。但它同时又是艺术表演,有轻松娱乐的成分,应该能够找到协调平衡点(不能为了照顾老戏迷就死搬硬演,原封不动)。戏曲本身从内容到形式都是精华与糟粕糅杂在一起的,要研究哪些是可舍弃的部分,哪些是要保持发扬、精心表现的东西。陈旧的演出形式,连戏曲舞台表演都在寻求改进的方式。只要看梅兰芳青年时代就开始的对舞台表演从服饰、唱腔到表演程式的种种改革;只要看舞台的一桌二椅到如今的保留虚拟表演却美轮美奂的舞美大制作,就可以体会到戏曲舞台表演其实已经改进改变了许多。作为电视戏曲更可以注意发扬现代传媒的优势,在运用电视技术、压缩过渡、精选剧目方面下工夫。

定位明确了,每个栏目的规划就好做了。长计划与短安排怎样有机结合,就可以做到胸有成竹,不慌不忙,不草率应付。节目质量就可以有基本保证。

（二）资源问题

资源问题是其他一切电视节目都应该注意的问题。但戏曲栏目与其他电视文艺栏目有所不同的是，戏曲栏目很大程度上可以依靠已有的音像资料。这是栏目的生产资源。关于生产资源，有两个议题：一是资源的运用与挖掘，二是资源的保管与储存。

戏曲栏目要天天、月月、年年播出，节目需求量相当大。虽说中国戏曲有近800年的历史，目前还存活有近300个剧种，资源称得上丰富。但如果大材小用，细粮粗作，像黑瞎子掰苞米，掰一个扔一个，资源也很快就会浪费一空。最后落入让观众颠来倒去看旧剧目的恶性循环。观众失去新鲜感，编导陷入巧妇难为无米之炊的窘迫。这又涉及电视戏曲工作者自身的业务素养与能力问题。文艺产品生产也应该讲究利用率。而资源的挖掘运用与保管储存是相关相连的。前些年，原广播电影电视部副部长刘习良同志就在讲话中多次提到要"高度重视戏曲图像资料的积累"，要"筹建正规的音像资料中心"。这是极有远见的指示。资料贵在完整齐全，现在就应该注意搜集过去拍摄的戏曲影片和录制的戏曲电视片，要尽量搜集齐全，分门别类建立档案。为了久远保存，其中特别有价值的还可以转录为激光视盘。搜集的过程也是盘点的过程，如果发现有哪些戏种、哪些演员、哪些剧目还缺少音像资料，现在还来得及组织人力物力抢拍补救。这种工作宜早不宜迟，晚了就成为历史的遗憾。青岛电视台与中国剧协1998年拍成了50集《中国地方戏曲》大型电视艺术片。他们历时两年，行程约20万公里，拍摄了50多个剧种70多个优秀的剧目。大家都深感他们做了一件大好事，功德无量。

有些戏，有些剧种，有的演员，如果没有这次的记录，就永久失传了。像广东潮剧《柴房会》中有李老三夜宿客栈柴房遇女冤鬼的情节，根据剧情需要，在表演人物心理方面的一段梯子功，是高难度的绝技。扮演李老三的表演艺术家也已多年不演这出戏，为了拍摄电视艺术片，这次硬是苦练了两个月，找回了功夫，成功地记录了下来。再过几年？年事更高，恐怕再也无法重现绝技的光彩，一出名戏就会在我们这一代湮没。资料的抢救与保存，不仅在今天有实用的功效，而且对于未来的观众、未来的人们来说，文化、艺术的文物，价值和意义更大，可以说是无价之宝。眼界更宽一点看世界，中国戏曲是世界独一份。将来国际影视界也会建立资料库。中国戏曲这种独特的资源是我国独家拥有的部分。在未来的国际性信息资源交流过程中，这部分音像资料肯定会升值，会被视作奇珍异宝。今天，在事态尚未过晚的形势下，以只争朝夕的紧迫感来考虑戏曲资料的搜集与保存，实在是迫在眉睫的大事。

建立起资料库之后的问题就是熟悉、使用的问题了。如果做到了对库存心中有数,注意收藏,做好编目,保障资料的质量、延长使用年限,定期交流资料信息,资源就可以再生性反复使用,多功能多角度使用,功效相当于资源的新开发。先进发达国家经常讲生产资源的深加工和再生性使用,道理是一样的。对资源的运用,可以往深掘做细方面努力。比如流派的比较欣赏,同一出戏,不同流派的唱腔、表演各有特色,可以在比较过程中,体味到流派风格的独特魅力。还可以做同一演员不同剧目的比较欣赏。在不同的剧目中,虽然是同一行当,优秀的演员仍然会在程式的范围内追求独特的个性,塑造不同性格的形象,体现演员不凡的表演功力。这也是观众乐于欣赏的。还可以做同一剧目不同剧种的比较展演和评析。中国的各剧种风采各异,每个剧种都有自己的表演特长,在表演同一剧目的时候运用的表现手法都各有不同:豫剧《穆桂英挂帅》以大段唱腔见长,京剧《穆桂英挂帅》就以身段做工与唱腔并重。京剧有《窦娥冤》,昆曲、赣剧、越剧等剧种也有《窦娥冤》,各个剧种在唱腔、表演、身段、服饰、情节处理各方面都有不同,甚至昆曲还有一场实验昆曲《窦娥冤》演出,将复古与创新糅合在一起,排出一种非常特殊的风格来。这些,应该也是观众乐于了解、一睹为快的。

除了运用旧有的演出资料外,戏曲栏目也经常会根据需要组织现拍一些戏曲表演片段。这些新资料同样可以加入到资源库中去,以备在其他节目中反复调用,这些都需要专门人才来进行科学的管理。

（三）制作环节

节目好坏当然首先决定于创意和定位,而且制作投入还要受人力、物力和时间的限制。但在同等条件下起作用的主要还是指导思想和制作标准。有高标准,有追求,才会有好节目。戏曲栏目由于它的定期、定时、长期播出的特点,由于它的日常操作性以及对原素材的大量需要,也容易产生无暇多思、大材小用、浅尝辄止和操作疲劳等的不足。解决日常播出与追求节目质量之间的矛盾是一个重要的课题。

现在有些栏目,经常由几块演出节目为骨干,主持人串联,有的用现场采访或者嘉宾问答组成,形式较少变化。不紧不慢,画面单调,吸引力自然就会减少。甚至个别节目衔接不紧密,不恰当。结尾时不等播完就插广告。字幕出现漏字、错字、别字等失误,更是不应该出现的问题。与其他几类戏曲节目比较,目前戏曲栏目的制作停留在最基础、最简单的加工上,粗针大线连缀成篇而已。电视媒体的技术和传播特长远远没有开发利用,图表、文字、资料、图像的结合、镜头特技、电脑运用等都谈不上。我们在谈电视戏曲栏目的成绩、成就的时候,衡量的标准往往是优秀节目达到的水平。但是衡量这一类节目的水平,还应该有一个参数,就是达到优秀水平的比率。如果认真统计、严格要求的话,我们目前称得上优秀的戏曲栏目并不多,必须承认戏曲栏目的制作水平不理想。在各类电视戏曲中,恰恰是天天与观众见面的戏曲节目做得最漫不经心,应该看到这是自杀性行为。

许多人常常抱怨观众对戏曲栏目缺乏热情,但是也有不少专盯着戏曲频道、戏曲栏目的观众,他们是最热情的,总不能让他们也失望。他们也曾发出过抱怨:"不是观众对戏曲栏目不热情,而是戏曲栏目对观众缺乏真正动了脑筋的真热情。"这是对我们一些质量不高的节目最尖锐、最诚恳的批评。现在音像制品在市场上公开销售,与其看敷衍了事的戏曲栏目,还不如自己买音像制品。今天对付一个节目,就可能推拒一批观众,引起的是恶性循环的连锁反应。是不是可以这样说:世界上没有真正的冷栏目,冷与热是辩证的,可以互相置换的。同样是戏曲节目,春节戏曲晚会能够做得好看、火爆,戏曲栏目就可以做得更精良。

主要参考文献

[1]张凤铸主编:《影视艺术前沿》,中国广播电视出版社1999年版。
[2]何丹主编:《电视文艺》,中国广播电视出版社2001年版。
[3]何日丹主编:《电视文字语言写作》,中国广播电视出版社2001年版。
[4]胡敏,林素韵编著:《银幕·荧屏·舞台》,湖南师大出版社1999年版。
[5]徐天荣:《笑的艺术》,中国广播电视出版社2004年版。
[6]泥子等:《21年春节联欢晚会内部消息》,新华出版社2004年版。
[7]贯涌主编:《戏曲剧作法教程》,文化艺术出版社2002年版。
[8]张静民著:《电视节目策划与编导》,暨南大学出版社2001年版。
[9]杨燕著:《电视戏曲论纲》,中国广播电视出版社2000年版。
[10]何立主编:《艺术词典》,学苑出版社1999年版。
[11]项仲平,王国臣著:《广播电视文艺编导》,浙江大学出版社2003年版。
[12]《王国臣作品选》(曲艺说唱卷),黑龙江人民出版社1994年版。

图书在版编目（CIP）数据

电视综艺节目编导 / 王国臣著. —杭州：浙江大
学出版社，2011.7（2019.5 重印）
ISBN 978-7-308-08885-5

Ⅰ. ①电…　Ⅱ. ①王…　Ⅲ.①电视节目—制作②电视
节目—导演艺术　Ⅳ. ①G222.3

中国版本图书馆 CIP 数据核字（2011）第 139530 号

电视综艺节目编导

王国臣　著

丛书策划	李海燕
责任编辑	李海燕
封面设计	俞亚彤
出版发行	浙江大学出版社
	（杭州市天目山路 148 号　邮政编码 310007）
	（网址：http://www.zjupress.com）
排　　版	杭州中大图文设计有限公司
印　　刷	浙江省邮电印刷股份有限公司
开　　本	787mm×960mm　1/16
印　　张	18.75
字　　数	337 千字
版 印 次	2011 年 7 月第 1 版　2019 年 5 月第 5 次印刷
书　　号	ISBN 978-7-308-08885-5
定　　价	34.00 元